Marcel van der Linden

»… erkämpft das Menschenrecht«

Gedruckt mit Unterstützung des International Institute of Social History, Amsterdam und der Stiftung für Sozialgeschichte des 20. Jahrhunderts, Bremen

Bibliografische Information der Deutschen Bibliothek:
Die Deutsche Bibliothek verzeichnet diese Publikation
in der Deutschen Nationalbibliografie.

Coverfoto: »Der Streik« von Robert Koehler (1886), Wikimedia Commons

Lektorat: Eva Himmelstoss

Druck: CPI Clausen & Bosse Leck
Printed in Germany
ISBN: 978-3-85371-537-6

Promedia Verlag
E-Mail: promedia@mediashop.at
Web: www.mediashop.at
www.verlag-promedia.de

MARCEL VAN DER LINDEN

„... ERKÄMPFT DAS MENSCHENRECHT“

VOM AUFSTIEG UND NIEDERGANG KLASSISCHER ARBEITERINNENBEWEGUNGEN

PROMEDIA

Über den Autor

Marcel van der Linden, geboren 1952, war Forschungsdirektor des Internationalen Instituts für Sozialgeschichte und Professor für die Geschichte der Sozialbewegungen an der Universität von Amsterdam. Träger des deutschen Historikerpreises 2014 und seit 2023 Fellow der britischen Royal Historical Society. Er gab im Promedia Verlag den Band »Was war die Sowjetunion? Kritische Texte zum real existierenden Sozialismus« heraus.

Tabellen und Abbildungen

Tabellen

Abbildungen

Inhalt

1. Einleitung

Seit einiger Zeit werden die alten Organisationen der ArbeiterInnenbewegung in Frage gestellt. So nahm der renommierte Sozialphilosoph und Journalist André Gorz 1980 *Abschied vom Proletariat*; drei Jahre später sprach der Historiker Erhard Lucas *Vom Scheitern der deutschen Arbeiterbewegung*. Weitere vier Jahre später bemerkte die prominente deutsche Historikerin Helga Grebing über ihre eigene Partei, die SPD: »Sie ist inzwischen fast noch nicht einmal mehr eine ›interklassistische Volkspartei‹ (wie die französische Sozialistische Partei), geschweige denn eine Arbeiterpartei, was heißen soll: eine Partei der Arbeiterbewegung.« Und 1990 sprach der linke Politologe Denis Berger vom »Ende einer Ära«.[1]

Im vorliegenden Band möchte ich diese Entwicklung näher beleuchten. Dabei beschränke ich mich auf das, was ich die »klassische« ArbeiterInnenbewegung nenne, d.h. die ArbeiterInnenorganisationen und -aktionen, die etwa zwischen der Mitte des 19. und der Mitte des 20. Jahrhunderts entstanden sind. Ich befasse mich insbesondere mit den Geschicken und Aktivitäten von anarchistischen und syndikalistischen Organisationen, sozialdemokratischen und kommunistischen Parteien und Gewerkschaften. Den kommunistischen Parteien widme ich nur Aufmerksamkeit, solange sie (noch) nicht die volle Staatsmacht errungen und damit ihren Bewegungscharakter endgültig verloren haben. Christlich-demokratische und sozial-liberale Bewegungen lasse ich überwiegend außen vor.

Der Niedergang, von dem verschiedene Kommentatoren sprechen, scheint unmittelbar nach dem Zweiten Weltkrieg eingesetzt zu haben. Der Historiker Eric Hobsbawm stellte fest: »Seit Anfang der 1950er Jahre wurde deutlich, dass die sozialistischen Arbeiterparteien in den meisten Teilen der Welt, wo sie eine Massenbasis erworben hatten, nicht mehr

1 *Adieux au prolétariat. Au delà du socialisme* (Paris 1980). Deutsche Übersetzung: *Abschied vom Proletariat. Jenseits des Sozialismus* (Reinbek 1987); Erhard Lucas, *Vom Scheitern der deutschen Arbeiterbewegung* (Basel u. Frankfurt 1983); Helga Grebing, »›Abschied von der Arbeiterbewegung‹ – Ein international vergleichbares Phänomen in nachindustriellen Gesellschaften?«, *Gewerkschaftliche Monatshefte*, 1987-2, S. 76–91, hier 89–90; Denis Berger, »Mouvement ouvrier: la fin d'une ère«, *L'Homme et la société*, H. 98 (1990), S. 59–75.

auf dem Vormarsch waren, sondern, wenn überhaupt, eher an Boden verloren, sei es in ihrer sozialdemokratischen oder kommunistischen Form.«[2]

Die große Mehrheit der klassischen ArbeiterInnen- und sozialistischen Bewegungen befindet sich in Schwierigkeiten. Die drei Hauptformen der organisierten ArbeiterInnenbewegung zeigen dies. An erster Stelle stehen die Konsumgenossenschaften. Sie gehen auf das 18. Jahrhundert zurück und erlebten ihre Blütezeit in der Zwischenkriegszeit und in der ersten Zeit danach. Die darauffolgenden Herausforderungen (das Aufkommen von Supermärkten und Handelsketten sowie ein verändertes Verbraucherverhalten) erforderten drastische Veränderungen, die die interne Demokratie der meisten Unternehmen untergruben. Eine aktuelle Analyse kommt zu dem Schluss:

> »Dort, wo Genossenschaften fusionierten, um Standardisierung und Größenvorteile zu erzielen, distanzierten sich die Mitglieder durch den größeren Umfang der Genossenschaften vom allgemeinen Management, [...] wodurch ihre demokratische Anziehungskraft geschwächt wurde. Im Gegensatz dazu waren Bewegungen, die eine stark dezentralisierte lokale Autonomie aufrechterhielten, [...] nicht in der Lage, die notwendige Kapitalisierung vorzunehmen, um dem Wettbewerb mit den großen, nicht-genossenschaftlichen Einzelhandelsketten standzuhalten.«[3]

In Großbritannien, nach Meinung vieler das Mutterland der modernen Verbrauchergenossenschaften, ist die Zahl der Organisationen innerhalb eines Jahrhunderts von über 1400 auf achtzehn gesunken.[4] Ähnliche Trends sind in vielen anderen Ländern zu beobachten.[5]

2 Eric Hobsbawm, »The Influence of Marxism 1945–83«, in: Hobsbawm, *How to Change the World. Marx and Marxism 1840–2011* (London 2011), S. 344–84, hier 361.

3 Silke Neunsinger u. Greg Patmore, »Conclusion: Consumer Co-operatives Past, Present and Future«, in: Mary Hilson, Silke Neunsinger u. Greg Patmore (Hg.), *A Global History of Consumer Co-operation since 1850* (Leiden u. Boston 2017), S. 729–751, hier 748–749. Eigene Übersetzung.

4 Andrew Bibby, »Why are Co-operative Societies on the Decline?«, *The Guardian*, 14. November 2013.

5 Peter Kramper, »Why Cooperatives Fail: Case Studies from Europe, Japan, and the United States, 1950–2010«, in Patrizia Battilani u. Harm G. Schröter (Hg.), *The Cooperative Business Movement, 1950 to the Present* (Cambridge 2012), S. 126–149.

Zweitens hat die Macht der unabhängigen Gewerkschaften in den meisten Ländern abgenommen. Als Indikator hierfür verwende ich den gewerkschaftlichen Organisationsgrad, d. h. die Zahl der Gewerkschaftsmitglieder als Prozentsatz der gesamten Erwerbsbevölkerung. Mir ist klar, dass dieser Indikator gewerkschaftliche Macht nur unzureichend wiedergibt, da auch kleine Gewerkschaften energisch handeln können, indem sie radikale Aktionen unternehmen, aber dennoch muss ich feststellen, dass die Gewerkschaften derzeit weltweit nur einen kleinen Prozentsatz ihrer Zielgruppe organisieren können und die Mehrheit dieser Zielgruppe in der relativ wohlhabenden nordatlantischen Region lebt.[6]

Der bei weitem wichtigste globale Dachverband ist der Internationale Gewerkschaftsbund (IGB), der 2006 aus dem Zusammenschluss zweier älterer Organisationen, dem säkularen, reformorientierten Internationalen Bund Freier Gewerkschaften und dem Christlichen Weltbund der Arbeit, hervorgegangen ist. Im Jahr 2014 schätzte der IGB, dass weltweit etwa 200 Millionen Beschäftigte einer Gewerkschaft angehörten (ohne die chinesische) und dass 176 Millionen davon im IGB organisiert waren. Der IGB schätzte außerdem, dass die Gesamtzahl der Beschäftigten im Jahr 2014 weltweit etwa 2,9 Milliarden betrug (von denen 1,2 Milliarden in der informellen Wirtschaft arbeiteten). Der weltweite gewerkschaftliche Organisationsgrad betrug also zu diesem Zeitpunkt nicht mehr als 7 % (200 Millionen von 2,9 Milliarden). Inzwischen dürfte er auf nur noch 6 % oder weniger gesunken sein. In den OECD-Ländern sank der gewerkschaftliche Organisationsgrad zwischen 2000 und 2019 von 20,9 auf 15,8 %.[7] In vielen Ländern zeigt die langfristige Entwicklung der Gewerkschaftsbewegung ein »gebirgiges« Muster, wie zum Beispiel im Fall der Vereinigten Staaten (Abbildung 1.1).

6 Zur Problematik des gewerkschaftlichen Organisationsgrades als Indikator: Pietman Roos u. Derek Yu, *A Critique of Union Density as a Measure of Union Strength in South Africa* (Stellenbosch Economic Working Paper WP04/2023), www.ekon.sun.ac.za/wpapers/2023/wp042023, abgerufen 21. Mai 2024. Eine aktuelle Studie, die ein anderes Maß verwendet, kommt jedoch ebenfalls zu dem Schluss, dass »in mehr industrialisierten Ländern (…) die Stärke der kollektiven Arbeitskraft rückläufig ist.« Anne Metten, »Rethinking Trade Union Density: A New Index for Measuring Union Strength«, *Industrial Relations Journal*, 52 (2021), S. 528–549, hier 541.

7 https://stats.oecd.org/viewhtml.aspx?datasetcode=TUD&lang=en, abgerufen 21. Mai 2024.

Abbildung 1.1: Gewerkschaftlicher Organisationsgrad in den Vereinigten Staaten, 1880–2018

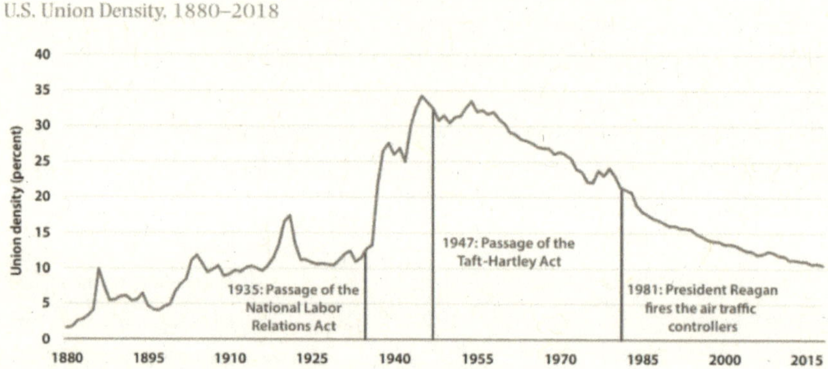

Quelle: Ryan Nunn, Jimmy O'Donnell u. Jay Shambaugh, »The Shift in Private Sector Union Participation: Explanation and Effects«, The Hamilton Project Paper, Brookings, August 2019, S. 3: https://www.hamiltonproject.org/assets/files/UnionsEA_Web_8.19.pdf.

Das dritte wichtige Element der ArbeiterInnenbewegungen sind die politischen Organisationen. Der Anarchismus unter den ArbeiterInnen und armen Bauern/Bäuerinnen blühte etwa zwischen 1870 und 1940 auf, wobei er in den Jahrzehnten vor dem Ersten Weltkrieg weltweit seinen Höhepunkt erlebte. Der revolutionäre Syndikalismus hatte, global gesehen, zwischen 1900 und 1940 seine Blütezeit. Auch den Sozialdemokratischen und Labour-Parteien geht es in letzter Zeit nicht gut; ihre größte Popularität bei den WählerInnen erreichten die meisten zwischen 1920 und 1989.[8]

Darüber hinaus wurden etliche kommunistische Parteien in nichtkommunistischen Ländern nach Wahlniederlagen, Spaltungen oder finanziellem Bankrott aufgelöst. Die meisten anderen haben einen schweren Stand. Auch hier ist oft ein »bergiges« oder »parabolisches« Muster zu beobachten, wie die Wahlentwicklung vieler Parteien zeigt.[9]

8 Für eine ausführlichere Analyse siehe Marcel van der Linden (Hg.), *The Cambridge History of Socialism*, 2 Bde. (Cambridge 2023). Relevant ist auch Tabelle 4.1 im vorliegenden Band.

9 Der Begriff »parabolisch« stammt von Philippe Buton, »Les effectifs communistes en Europe occidentale depuis 1968«, *Communisme*, H. 17 (1988), S. 6–29, hier 10 u. 12.

Ein weiterer wichtiger Faktor, der bei all dem eine Rolle spielt, ist das endgültige Scheitern der »realsozialistischen« Versuche in der Sowjetunion, in Osteuropa, China und Südostasien. Das Sowjetimperium ist zusammengebrochen, und China und Vietnam haben den Weg zum Kapitalismus eingeschlagen. Obwohl es vor dem Zusammenbruch fast überall viel Kritik an den »kommunistischen« Gesellschaften gab, war diese Entwicklung für viele Linke demoralisierend, denn damit war scheinbar der praktische Beweis erbracht worden, dass eine nicht-kapitalistische Gesellschaft auf Dauer unmöglich ist.

Alles in allem scheinen die obigen Ausführungen auf drei Dinge hinzudeuten: Weltweit sind die Konsumgenossenschaften entweder darnieder gegangen, oder sie haben sich in Einzelhandelsunternehmen verwandelt, wo die Mitglieder nicht mehr über demokratische Macht verfügen. Die Gewerkschaften sind nicht nur eine schwache Kraft, sondern ihre Macht nimmt sogar ab; und in vielen Ländern haben die Gewerkschaften ihre Verbündeten, die ArbeiterInnenparteien, verloren, entweder weil diese Parteien untergegangen sind oder weil sie neoliberale Positionen übernommen haben. Der Niedergang der ArbeiterInnenbewegungen scheint fast allumfassend zu sein.

Über die klassischen ArbeiterInnenorganisationen ist in vielen Sprachen viel geschrieben worden, in der Regel in Form chronologischer Erzählungen, in denen Führungspersönlichkeiten, Kongresse und wichtige Ereignisse hervorgehoben werden. Dieser eingeschränkte Ansatz hat zwei wesentliche Schwächen. Er verwendet einen engen ArbeiterInnenklassenbegriff, der sich auf LohnarbeiterInnen in der Industrie, den Bergwerken, Häfen und der Landwirtschaft beschränkt. Hausfrauen, Bedienstete usw. kommen dabei nicht vor. Und zudem wurden die ArbeiterInnen selbst und »die wirtschaftlichen und technischen Bedingungen, die das Wirksamwerden von Arbeiterbewegungen ermöglichten bzw. verhinderten«,[10] vernachlässigt.

Es ist aber wichtig, die Geschichte der ArbeiterInnenorganisationen in ihren breiteren politischen, wirtschaftlichen und kulturellen Kontext zu stellen, um verstehen zu können, weshalb viele dieser Organisationen in Schwierigkeiten geraten sind. »Was wir brauchen, ist eine Theorie,

10 Eric Hobsbawm, *Labouring Men. Studies in the History of Labour* (London 1964), S. VII.

die die interne Logik von Organisationsformen mit den sozialen Kräften außerhalb der Organisation in Beziehung setzt.«[11] Es ist wichtig, Organisationen als (temporäre) Kristallisationen zu sehen, als kontextgebundene, mehr oder weniger formal strukturierte menschliche Konstrukte. Jede Organisationsform drückt in erster Linie ein kollektives Reagieren auf eine bestimmte gesellschaftliche Entwicklung aus.

Der Abwärtstrend hat zwei wesentliche Auswirkungen. Erstens den Aufstieg rechtsextremer Parteien, die die »einheimischen« ArbeiterInnen gegen »die AusländerInnen« ausspielen und so versuchen, die alten ArbeiterInnenparteien zu verdrängen. Und zweitens den Aufstieg von Nichtregierungsorganisationen, die teilweise Aufgaben übernommen haben, für die traditionell die internationale Gewerkschaftsbewegung zuständig gewesen wäre.

Die Krise der ArbeiterInnenbewegungen scheint das Ende eines langen Zyklus zu markieren. Nach einem Vorspiel im 14. Jahrhundert sind seit dem 18. Jahrhundert zahllose Bemühungen um Selbstorganisation und politische Artikulation von ArbeiterInneninteressen zu beobachten, die unter anderem mit den Revolutionen in Haiti (1791), Russland (1917) und Bolivien (1952) und dem Aufstieg mächtiger ArbeiterInnenorganisationen in Teilen Amerikas, Europas, des südlichen Afrikas, Ostasiens und des westlichen Pazifiks ihren Höhepunkt erreichten. Natürlich bestand dieser Fortschritt nicht ausschließlich aus Erfolgen, und die Niederlagen mögen die Siege sogar überwiegen. Lange Zeit schien es jedoch so, als ginge der allgemeine Trend in Richtung Verbesserung: »Die Internationale erkämpft das Menschenrecht!« Inzwischen hat sich dieser Trend umgekehrt.

Der vorliegende Band versucht die Krise zu erklären durch eine Analyse der Entwicklungslogik der wichtigsten Bewegungstypen. Das Kapitel zwei zeigt auf, wie der Wandel des staatlichen Handelns im 19. Jahrhundert zum Aufstieg des Anarchismus führte und wie dieser Anarchismus in den ersten Jahrzehnten des 20. Jahrhunderts durch die Entstehung von Wohlfahrtsstaaten wieder untergraben wurde.

Kapitel drei rekonstruiert, wie sich ein Teil der neu entstandenen Massengewerkschaften Ende des 19. Jahrhunderts zum (revolutionären)

11 Jerry Lembcke, »Class and Class Capacities: A Problem of Organizational Efficacy«, in: Rhonda F. Levine u. Jerry Lembcke (Hg.), *Recapturing Marxism. An Appraisal of Recent Trends in Sociological Theory* (New York 1987), S. 64–95, hier 86.

Syndikalismus hin wandte. Das Aufkommen des Wohlfahrtsstaates und die langfristige Integration der ArbeiterInnen in die entwickelten kapitalistischen Volkswirtschaften ließen den Bewegungen schließlich nur drei Optionen: Marginalisierung, Aufgabe der Prinzipien oder Auflösung bzw. Aufgehen in einer nicht-syndikalistischen Gewerkschaft.

Kapitel vier zeigt, wie die im späten 19. Jahrhundert entstandenen sozialdemokratischen Parteien in den Jahren nach dem Ersten Weltkrieg parlamentarische Durchbrüche erlangten, aber gegen Ende des 20. Jahrhunderts durch Verschiebungen in den Sozialstrukturen, das Entstehen neuer sozialer Bewegungen und Kulturveränderungen zunehmend geschwächt wurden.

Kapitel fünf diskutiert die historischen Charakteristika des »bolschewistischen Modells«, wie es sich in Russland bis 1918 entwickelte. Der Text hebt hervor, dass Bolschewismus und Leninismus nie deckungsgleich waren und dass die Oktoberrevolution wahrscheinlich nur deshalb gelingen konnte, weil die bolschewistische Partei *nicht* rein leninistisch war.

Kapitel sechs verfolgt die Entwicklung der kommunistischen Parteien seit der Oktoberrevolution 1917. Hervorgehoben wird die Gabelung dieser Bewegungen. Ein Zweig beteiligte sich, wo möglich, an parlamentarischen Aktivitäten, entwickelte sich, oft nach scharfen Kurswechseln, nach dem Zweiten Weltkrieg immer mehr in eine reformistische Richtung und befand sich, vorwiegend schon vor dem Zusammenbruch der Sowjetunion, im Niedergang. Ein anderer Zweig vollzog (vor allem in Asien) eine Wendung weg von den ArbeiterInnenklassen hin zum Bauerntum.

Kapitel sieben analysiert die Stadien der internationalen Gewerkschaftsbewegung seit der sogenannten Ersten Internationale im 19. Jahrhundert bis heute und legt dar, warum sie sich seit einigen Jahrzehnten in einer noch unklaren Übergangsphase befindet.

Kapitel acht bringt die gemachten Analysen zusammen und bespricht die Paradoxie einer weltweit zunehmenden Proletarisierung parallel zu einer Schwächung der ArbeiterInnenbewegungen. Die weltweite Gleichzeitigkeit der Krise der Bewegungen lässt vermuten, dass nicht das Scheitern einzelner Organisationen bzw. deren Führung die Hauptursache bildet, sondern dass hier allgemeinere Faktoren zum Tragen kommen. Hervorgehoben werden u. a. die Wiederkehr des Handelskapitals und des

Verlagswesens sowie die Verinnerlichung der Normen abstrakter Arbeit beim größten Teil der Lohnabhängigen in der nordatlantischen Region.

Kapitel neun bespricht kurz die künftigen Perspektiven von ArbeiterInnenbewegungen im Allgemeinen und entwickelt Gedanken für eine erneuerte ArbeiterInnenbewegung, die sich erfolgreich den heutigen Herausforderungen stellen kann.

Das Buch als Ganzes soll nicht mehr als einen ersten Anstoß für weitere Analysen geben. Eine umfassende kritische Interpretation von zweihundert Jahren ArbeiterInnenbewegung ist eine Aufgabe, die wahrscheinlich nicht von einer Einzelperson geleistet werden kann, sondern am besten durch einen intensiven Dialog zwischen HistorikerInnen und SozialwissenschaftlerInnen aus vielen Teilen der Welt.

Gendering

Wo es möglich war, habe ich die weibliche Form durch ein Binnen-I berücksichtigt, also zum Beispiel ArbeiterIn statt Arbeiter. Allerdings habe ich zwei Ausnahmen gemacht: Zitate von anderen AutorInnen habe ich grundsätzlich unverändert gelassen, und in historischen Situationen, die ausschließlich Männer betreffen, habe ich nur die männliche Form verwendet.

Provenienz

Dieses Buches stützt sich in mancher Hinsicht auf Teilanalysen, die ich früher veröffentlicht habe. Ich erwähne insbesondere meine Bücher *Transnational Labour History* (Aldershot 2003), *Workers of the World* (Leiden u. Boston 2008; deutsche Übersetzung Frankfurt/Main u. New York 2017); *The World Wide Web of Work* (London 2023), und Aufsätze in *Economic and Political Weekly* (2017), *Sozial.Geschichte Online* (2022), und natürlich auch meinen Beitrag im Gedächtnisband für den viel zu früh verstorbenen Thomas Welskopp: Gleb Albert, Daniel Siemens u. Frank Wolff (Hg.), *Entbehrung und Erfüllung: Praktiken von Arbeit, Körper und Konsum in der Geschichte moderner Gesellschaften* (Bonn 2021).

Dank

Das dritte Kapitel (Syndikalismus) basiert auf einem Text, den ich vor einiger Zeit mit meinem kanadischen Kollegen Wayne Thorpe geschrieben habe. Unser damaliger Gedankenaustausch war eine wichtige Grundlage für dieses Buch.

Im Laufe der Zeit hatte ich außerdem das Glück, mit einigen FreundInnen und KollegInnen zu diskutieren, die meine Gedanken kritisiert, geschärft oder ergänzt haben. Ich stehe in der Schuld von Görkem Akgöz, Sven Beckert, Pepijn Brandon, Jan Breman, Eddie Cottle, Ralph Darlington, Angelika Ebbinghaus, Leon Fink, Chitra Joshi, Don Kalb, Amarjit Kaur, Jürgen Kocka, Andrea Komlosy, Sandrine Kott, Sigi Mattl, Catharina Lis, David Mayer, Nicole Mayer-Ahuja, Prabhu Mohapatra, André Mommen, Alice Mul, Dieter Nelles, Magaly Rodríguez García, Karl Heinz Roth, Beverly Silver, Dilip Simeon, Hugo Soly, Heinz Sünker, Raquel Varela, Jelle Visser, Berthold Unfried, Michael Vester und Susan Zimmermann.

Mein Verleger bei Promedia, Stefan Kraft, hat die Herausgabe dieses Buches mit großem Geschick und Enthusiasmus betreut und einige Teile selber aus dem Englischen übersetzt, nachdem zuvor Rosemarie Giese, Klaus Mellenthin und Irmgard Schrand ebenfalls Teile ins Deutsche übertragen hatten. Eva Himmelstoss hat dann mit ihrer bekannten Akribie dem gesamten Text den letzten Schliff gegeben. Ich bin allen zu großem Dank verpflichtet.

Das Buch hätte nicht veröffentlicht werden können ohne die finanzielle Unterstützung durch zwei Institutionen, denen ich mich sehr verbunden fühle, nämlich des Internationalen Instituts für Sozialgeschichte in Amsterdam und der Stiftung für Sozialgeschichte des 20. Jahrhunderts in Bremen.

Amsterdam, 31. Juli 2024,
Marcel van der Linden

2. Anarchismus

Während der Begriff »Anarchie« in der Bedeutung von »Herrschaftslosigkeit« (*αναρχια*) aus der griechischen Antike stammt und einen vorwiegend negativen Klang besaß, entstand das Wort »anarchiste« in der Französischen Revolution und wurde dort vor allem als Pejorativbezeichnung für die Jakobiner verwendet. Zur politischen Theorie entwickelte der Anarchismus sich erst in den Jahren nach 1848, obwohl es frühere Ansätze gab, z. B. in William Godwins *Enquiry Concerning Political Justice* (1793) und Max Stirners (das ist Johann Caspar Schmidt) *Der Einzige und sein Eigentum* (1845). Es waren insbesondere Pierre-Joseph Proudhon (1809–1865), Michail Bakunin (1814–1876) und Petr Kropotkin (1842–1921), die die anarchistische Theorie voll entwickelten.

Obgleich sich im Laufe der Zeit ein breites Spektrum anarchistischer Theorien bildete, lassen sich einige grundlegende Gemeinsamkeiten erkennen. Das *Ziel* des Anarchismus ist die freiwillige Assoziation aller Menschen. Um dieses Ziel zu erreichen, ist die Erfüllung von zwei Voraussetzungen erforderlich. *Negative Bedingung* ist die vollständige Abschaffung des Staates, entweder durch seine gewaltsame Zerschlagung oder durch seine Nicht-Beachtung. *Positive Bedingung* ist der ansatzweise Aufbau der neuen Gesellschaft innerhalb der alten durch Organisationsformen und Kampfmittel, welche die angestrebte freie Assoziation präfigurieren.

Antistaatliche Tendenzen gab es natürlich schon vor Tausenden von Jahren. Der historische Soziologe Charles Tilly argumentierte Folgendes: »Wenn Schutzgelderpressung das organisierte Verbrechen schlechthin darstellt, dann sind Kriegsrisiko und Staatsmacherei – essenzielle Schutzgelderpressung mit dem Vorteil der Legitimität – unsere besten Beispiele für organisiertes Verbrechen.«[12] Mit Recht wies Tilly darauf hin, dass Staaten in Kern eigentlich nichts anderes sind als historisch erfolgreiche kriminelle Banden, die ein bestimmtes Maß von Legitimität erworben haben. Sie erpressen die eigene Bevölkerung zu finanziellen

12 Charles Tilly, »War Making and State Making as Organized Crime«, in: Peter Evans, Dietrich Rueschemeyer, Theda Skocpol (Hg.), *Bringing the State Back In* (Cambridge 1985), S. 169–86, auf S. 169. Eigene Übersetzung.

und Dienstleistungen und bieten im Tausch dafür Schutz gegen andere Staaten.

Es ist deshalb kaum verwunderlich, dass Bauern und andere, die sich dazu in der Lage sahen, sehr oft dem staatlichen Machtbereich ausgewichen. Mein Amsterdamer Kollege Willem van Schendel – spezialisiert auf süd- und südostasiatische Geschichte – wies vor etwas mehr als zwanzig Jahren darauf hin, dass es im Norden Indochinas, in Thailand, Burma und Südwest-China ein riesiges, gebirgiges Gebiet gibt, wo ethnische Minderheiten leben, die sich bis heute mit Erfolg staatlicher Eingriffe entziehen. Dieses Gebiet hat eine Oberfläche von circa 2,5 Millionen Quadratkilometern und wird *Zomia* genannt. Der Begriff stammt von *Zomi*, was im Tibetisch-Burmanischen »Hochländer« (*highlander*) bedeutet.[13] Der bekannte Anthropologe James C. Scott hat den Zomia-Gedanken ausgearbeitet. In seiner Studie aus 2009, *The Art of Not Being Governed*, versucht er zu beweisen, dass die Zomia-Bewohner sich bewusst der Moderne entziehen, um in ihren kleinen Gemeinschaften zu leben. Zomia ist seines Erachtens das größte Gebiet auf Erden, das nicht von Staaten absorbiert worden ist.[14]

Bei näherer Betrachtung stellt sich heraus, dass es in anderen Teilen der Welt gleichfalls Zomias gab und noch gibt, nur fallen sie kleiner aus. Bekannt ist z. B. das Great Dismal Swamp (der »Große Schreckliche Morast«) in den USA, in Virginia und South Carolina. Das Gebiet von ungefähr 4000 Quadratkilometern diente u. a. im 19. Jahrhundert als Zufluchtsort von mindestens tausend entlaufenen Sklaven und Sklavinnen und war auch das Zuhause vieler Amerinder (Indianer).

Sehen wir uns diesen Staat als Schutzgelderpresser, als organisiertes Verbrechertum, genauer an. Den größten Teil der Menschheitsgeschichte hindurch gab es bekanntlich keinen Staat. Unsere Vorfahren waren Jäger und Sammlerinnen, später auch halb-nomadische Bauern. In der vormodernen Periode (grob gesagt die Zeit, die wir mit dem Feudalismus und Absolutismus assoziieren) waren Staaten für die Unterschichten in allen Teilen der Welt kaum sichtbar, und wenn sie sichtbar wurden, war das

13 Willem van Schendel, »Geographies of Knowing, Geographies of Ignorance: Jumping Scale in Southeast Asia«, *Environment and Planning D: Society and Space* 20, 6 (2002), S. 647–68.

14 James C. Scott, *The Art of Not Being Governed: An Anarchist History of Upland Southeast Asia* (New Haven u. London 2009).

für die meisten Menschen absolut kein Vergnügen. Die frühen Staaten verwendeten gewöhnlich ein System *indirekter Herrschaft*. Sie griffen fast niemals *direkt* in das tägliche Leben der einfachen Menschen ein, sondern nur über relativ autonome örtliche Vertreter. Und wenn sie dann in dieses Leben eintraten, dann ging es vor allem um das *Nehmen* (Geld, Güter, Menschen) und höchst selten um das *Geben*.

Solche Staaten bestanden wesentlich aus drei Kernbereichen: einem Apparat zur Besteuerung der Bevölkerung; einem Apparat zur Ausübung von Gewalt, sowohl nach außen als auch zur Unterdrückung rebellischer Tendenzen im Inneren; und einem Zentrum, wo die großen Entscheidungen fielen (ein Königshaus zum Beispiel). Diese drei Apparate sind noch immer das Rückgrat *aller* Staaten, wo und wann auch immer.

Menschen aus den unteren Klassen, die unter solchen Verhältnissen Verschlechterungen widerstehen oder ihr Los verbessern wollten, dachten nicht in erster Linie – und wahrscheinlich überhaupt nicht – an den zentralen Staat. Als in Europa und Nordamerika der Kapitalismus aufzublühen begann und größere ArbeiterInnen- und HandwerkerInnengruppen entstanden, entwickelten sie in dieser frühen Phase deshalb vor allem Alternativen, in denen der Staat *keine* bedeutende Rolle einnahm. Gewerkschaften, Gesellenvereine usw. waren buchstäblich transnational und koordinierten nicht selten Aktivitäten über Staatsgrenzen hinweg. Alternative Vorstellungen bezogen sich auf autonome Kooperationen und Experimente. Auch die Idee der sozialen Revolution war in dieser Periode für viele attraktiv, wurde doch der Staat oft als ein feindlicher und fiskalischer Apparat, der besser schnell aus dem Weg geräumt werden sollte, aufgefasst. In einem gewissen Sinne bestand die große Mehrheit der Untertanen in diesen Jahrhunderten aus AnarchistInnen – aber AnarchistInnen ohne anarchistische Ideologie.

»Gebende« Staatsintervention

Diese Phase kam als Folge der napoleonischen Kriege und deren Nachwirkungen in dem »langen 19. Jahrhundert« an ihr Ende. Die immensen Bürgerarmeen des nachrevolutionären Frankreichs und anderer Länder, die das französische Beispiel kopierten, sowie das Aufkommen beträchtlicher, umfangreicher Steuersysteme bewirkten ein qualitativ stärkeres Bemühen des Staates gegenüber den alltäglichen sozialen Verhältnissen. Die Grundstruktur des »nehmenden« Staates blieb natürlich erhalten, aber der Staat übernahm zusätzliche Aufgaben. Diese Wendung ging einher mit einem Übergang zur *direkten Herrschaft,* wobei die zentralen Behörden begannen, sich viel unmittelbarer mit der Bevölkerung zu befassen, als es früher der Fall gewesen war. Direkte Herrschaft hatte ihrerseits zu Folge, dass sich der Interventionsbereich des Staates schnell auszudehnen begann. Die nichtmilitärischen Staatsausgaben stiegen sprunghaft. Staaten begannen, in die Arbeitsbedingungen einzugreifen, in den Unterricht, die Armenfürsorge, in Wohnungswesen, Kommunikation und Transport. Mehr oder weniger parallel wurden Überwachungssysteme entwickelt, die darauf zu achten hatten, dass keine für die Staaten und ihre Klienten bedrohlichen Protest- oder Widerstandsformen entstanden.[15]

Diese Tendenz wurde noch bedeutend gestärkt in der zweiten Hälfte des 19. Jahrhunderts, als sich die Rollen von Staat und Markt im nordatlantischen Raum, aber auch anderswo veränderten. In weiten Teilen Europas und Nordamerikas begann die kapitalistische Wirtschaft mit ihrer Dynamik und ihren unvermeidlichen periodischen Krisen in immer weitere Teile der Gesellschaft vorzudringen; zuerst natürlich in Großbritannien, aber bald auch anderswo. Die städtische Wirtschaft florierte, und die ländlichen Gebiete wurden in den Handel integriert. Diese Entwicklung verlief sehr ungleichmäßig, und es blieb eine hartnäckige Trennung zwischen Industrie- und ländlichen Gebieten bestehen. In den 1840er Jahren begann die Integration der britischen Arbeitsmärkte.[16] In den Vereinigten Staaten dauerte dieser Prozess mindestens vierzig Jahre länger.[17]

Parallel zu dieser Entwicklung, aber auch als Teil davon, fanden zwischen 1850 und 1880 große Veränderungen in der Rolle des Staates statt. Die Vereinigten Staaten wurden nach dem Bürgerkrieg von 1860–65 neu konstituiert, die Leibeigenschaft wurde 1861 in Russland abgeschafft, in

15 Charles Tilly, »Futures of European States«, *Social Research* 59, 4 (Winter 1992), S. 705–717. Dass diese Logik in z. B. Lateinamerika nicht funktionierte, zeigt Miguel Angel Centeno, »Blood and Debt: War and Taxation in Nineteenth-Century Latin America«, *American Journal of Sociology*, 102, 6 (Mai 1997), S. 1565–1605.

16 Humphrey Southall, »Towards a Geography of Unionization: The Spatial Organization and Distribution of Early British Trade Unions«, *Transactions of the Institute of British Geographers* 13, 4 (1988), S. 466–83.

17 John R. Commons, »Introduction«, in: Commons et al., *History of Labour in the United* States, Bd. 1 (New York 1918), S. 3–21, hier 8.

Österreich-Ungarn kam 1867 die Doppelmonarchie zustande, während in Japan 1868 die Meiji wiederhergestellt wurde. Sowohl Italien als auch Deutschland wurden 1870–71 vereinigt. Und so weiter. Der Wettbewerbsdruck zwischen den Staaten war wahrscheinlich die Hauptursache für diese Art von Veränderungen, obwohl auch innenpolitische Herausforderungen eine Rolle spielten.[18] Es entstanden relativ umfassende Steuersysteme – mit unterschiedlichem Tempo in den verschiedenen Ländern –, und die nichtmilitärischen Staatsausgaben wuchsen. Die Staaten »begannen, Arbeitskonflikte und Arbeitsbedingungen zu überwachen, nationale Bildungssysteme einzurichten und zu regulieren, Hilfe für die Armen und Behinderten zu organisieren, Kommunikationsleitungen aufzubauen und zu unterhalten, Zölle zugunsten der heimischen Industrien einzuführen.«[19] Der anarchosyndikalistische Theoretiker Gerhard Wartenberg (H. W. Gerhard) bemerkte schon während der Weimarer Republik:

> »Der Staat hat sozial notwendige Funktionen übernommen, er ist in die Gesellschaft hineingewachsen. [...] Ich leugne [...] keineswegs, daß der Staat neben diesen sozialen Funktionen noch seine alte Unterdrückerrolle weiterspielt, daß er dem Kapital willfährig ist. Aber ich will darauf aufmerksam machen, daß der Staat heute weitgehend Funktionen übernommen hat, deren Erfüllung notwendig ist, deren Nichterfüllung Desorganisation, Hunger zur Folge haben würde.«[20]

Damit wuchs nicht nur der Einfluss der Staaten, sondern auch deren Umfang. Zuvor war der Staatsapparat sehr klein gewesen (1848 hatte das britische Innenministerium insgesamt nur zweiundzwanzig ständige Beamte, Türhüter und dergleichen ausgenommen[21]), aber nun begann sich dieser Staatsapparat in eine Bürokratie umzuwandeln, und die Zahl des Verwaltungspersonals stieg stark an. Natürlich führten diese

18 Charles S. Maier, »Leviathan 2.0: Inventing Modern Statehood«, in Emily S. Rosenberg (Hg.), *A World Connecting: 1870–1945* (Cambridge, MA u. London 2012), S. 27–282, hier 93–94.

19 Charles Tilly, *Coercion, Capital, and European States, AD 990–1990* (Cambridge, MA u. Oxford 1990), S. 115.

20 H. W. Gerhard, »Unsere Staatsauffassung«, *Die Internationale. Zeitschrift für die revolutionäre Arbeiterbewegung, Gesellschaftskritik und sozialistischen Neuaufbau* (FAUD), 4, 6 (April 1931), S. 128–31, hier 129. Ich danke Dieter Nelles für den Hinweis auf diesen wichtigen Text.

21 John Saville, *1848: The British State and the Chartist Movement* (Cambridge 1987), S. 18.

Innovationen zu einem explosionsartigen Anstieg der Staatsausgaben. Um 1890 formulierte der Ökonom Adolph Wagner sein »Gesetz«, das besagt, dass der Anteil der öffentlichen Ausgaben parallel zum Volkseinkommen steigt. Dafür gebe es drei Gründe: die Ersetzung privater Aktivitäten durch öffentliche Aktivitäten; die Erhöhung der Ausgaben für Kultur, Bildung und Wohlfahrt; und die Verstaatlichung natürlicher Ressourcen.[22]

Staatsnegation in der Scharnierzeit

Diese Entwicklungen erforderten eine grundlegende Neuorientierung der entstehenden ArbeiterInnenbewegungen und der ihnen eng verbundenen SozialistInnen. Zuvor – etwa bis zu den Revolutionen von 1848/49 – hatten sie den Staat ja normalerweise nicht als Lösung sozialer und wirtschaftlicher Probleme betrachtet. In den seltenen Fällen, in denen Staaten in den Alltag eindrangen, bestand ihre Hauptaufgabe darin, zu nehmen (Steuern, Wehrpflichtige), und fast nie, zu geben. Unter diesen Umständen dachten die ArbeiterInnen, die darauf hofften, die sich verschlechternden Bedingungen aufhalten oder sogar ihr Schicksal verbessern zu können, dabei zunächst nicht und wahrscheinlich überhaupt nicht an den Staat. ArbeiterInnengruppen ersonnen daher vor allem Alternativen, die keine nennenswerte Rolle des Staates vorsahen. Im nordatlantischen Raum waren Gewerkschaften, Gesellenvereine und dergleichen transnational *avant la lettre*, und in vielen Fällen koordinierten sie Operationen über nationale Grenzen hinweg. Alternative Konzepte basierten auf autonomen Genossenschaften und auf liberalen Experimenten. Auch für »fortgeschrittene« Bevölkerungsgruppen strahlte das Konzept der sozialen Revolution oft eine breite Anziehungskraft aus, da der Staat eher als feindlicher Militär- und Steuereintreibungsapparat angesehen wurde, der beseitigt werden musste.

Es gab eine breite *communis opinio*, dass soziale Gerechtigkeit in erster Linie auf autonomer Verwaltung beruhen sollte und dass der Staat diese Art von Aktivität bestenfalls nur erleichtern könne. Wie Otto Kirchheimer

22 Adolph H. Wagner, *Finanzwissenschaft*, 3 Bände (Leipzig 1889–1892). Das Wagnersche Gesetz wurde vielfach durch die historische Forschung bestätigt. Ein Versuch einer weiteren Erklärung findet sich in der Neuausgabe von James O'Connor, *The Fiscal Crisis of the State* (New Brunswick, NJ 2002), S. 150–74.

sagte: »Der Kampf für Freiheit und Gleichheit und die Bestimmung der Stellung des Einzelnen sollte innerhalb der Gesellschaft stattfinden, wobei der Staat nur einen regulativen Nachgedanken bildete.«[23]

Als jetzt die Staaten mehr von ihren Untertanen verlangten und sich intensiver mit ihnen befassten, begannen diese, Gegenleistungen zu verlangen. Das moderne Bürgertum (*citizenship*), das früher zuweilen schon auf städtischem Niveau bestanden hatte, wurde parallel zum Aufkommen der direkten Herrschaft eine nationale Erscheinung. Es ist genau diese Phase, in der der »Untertan« zum »Bürger« zu werden beginnt, in der der Anarchismus als politisch-philosophische Tendenz zur Entwicklung kam. *Der Anarchismus als Ideologie ist das Produkt jener »Scharnierzeit«, in der der nehmende Staat noch stark in aller Bewusstsein war und der gebende Staat noch nicht voll entwickelt.* In dieser Zeit des Übergangs sehen wir das Entstehen explizit anarchistischer Bewegungen, meistens in Verbindung mit Teilen der aufkommenden ArbeiterInnenbewegungen. Dem »gebenden« Staat wurde nicht getraut, und er wurde entlarvt als *im Wesentlichen* ein »nehmender« Staat. Besser, als sich durch die Angebote des »neuen« Staates verführen zu lassen, sei es, an den alten Autonomiebestrebungen festzuhalten.

Seinen größten Einfluss in der internationalen ArbeiterInnenbewegung hatte der Anarchismus zwischen zirka 1870 und 1940. Von Europa breitete er sich zunächst vor allem in den ehemaligen Siedlerkolonien Amerikas aus: in Nordamerika, aber noch mehr in weiten Teilen Lateinamerikas und der Karibik (Argentinien, Brasilien, Chile, Kuba etc.).[24] Tim Wätzold hat einige dieser Bewegungen sogar zusammengefasst unter dem Nenner eines »libertären Atlantik«.[25] In Afrika war der anarchistische Einfluss aufgrund des langsamen Tempos der Industrialisierung und Proletarisierung begrenzter, aber, wie Steven Hirsch und Lucien van der Walt bemerkten: »Wie im Fall Lateinamerikas entstand die Bewegung in

23 Otto Kirchheimer, »Confining Conditions and Revolutionary Breakthroughs«, *The American Political Science Review*, 59, 4 (1965), S. 964–74, hier 972.

24 Nationale Fallstudien in Marcel van der Linden (Hg.), *The Cambridge History of Socialism*, Bd. 1 (Cambridge 2023); Steven Hirsch u. Lucien van der Walt (Hg.), *Anarchism and Syndicalism in the Colonial and Postcolonial World, 1870–1940* (Leiden u. Boston 2010); Ilham Khuri-Makdisi, *The Eastern Mediterranean and the Making of Global Radicalism, 1860–1914* (Berkeley 2013).

25 Tim Wätzold, »Nostra Patria é il Mondo Intero: Libertarian Internationalism in the Era of Mass Migration and the Development of the South American Labour Movement (1870–1920)«, *Moving the Social. Journal of Social History and the History of Social Movements* H. 52 (2014), S. 171–97.

den Bereichen, die am engsten mit den globalen Prozessen der Kapitalakkumulation und imperialen Durchdringung verbunden sind: Südliches Afrika und der Mittelmeerraum Nordafrikas.«[26]

In Ostasien fand der Anarchismus wahrscheinlich seine ersten Anhänger während des Russisch-Japanischen Krieges von 1904–05, als der Pazifist Shūsui Kōtoku im Gefängnis Kropotkins *Fields, Factories and Workshops* las. Kōtoku näherte sich dem Anarchismus »nicht im Sinne der Arbeiterpolitik, sondern der aufopferungsvollen Hingabe der hochgesinnten Liberalen niederer Samurai-Herkunft«.[27] 1911 wurde er wegen Hochverrats hingerichtet. Inzwischen hatten andere, wie Sakae Ōsugi, anarchistische Ideen aufgegriffen, obwohl ihr Einfluss begrenzt geblieben zu sein scheint.[28] Von Japan aus verbreiteten sich anarchistische Ideen nach Korea, damals eine japanische Kolonie, und nach China, wo die Bewegung von 1918 oder 1919 bis in die frühen 1930er Jahre einen gewissen Einfluss unter Intellektuellen und in der ArbeiterInnenbewegung gewann.[29] Eine Zeit lang, in seiner Jugend, fühlte sich sogar Mao Zedong vom Anarchismus angezogen.

Der Anarchismus war von Anfang an eine internationale Bewegung. Militante Exilanten, wandernde Handwerker, Seeleute und ArbeitsmigrantInnen verbreiteten anarchistische Ideen in weiten Teilen der Welt. Selbst wenn es keine internationalen anarchistischen Organisationen gab oder sie schwach waren, bestand immer noch eine »schwarze Internationale« in diesem Sinne.[30]

26 Lucien van der Walt u. Steven J. Hirsch, »Rethinking Anarchism and Syndicalism: The Colonial and Postcolonial Experience, 1870–1940«, in: Hirsch u. van der Walt, *Anarchism and Syndicalism*, S. xxxi-lxxiii, hier xliii.

27 Chushichi Tsuzuki, »Anarchism in Japan«, *Government and Opposition* 5, 4 (1970), S. 501–22, Zitat auf S. 502.

28 *A Short History of the Anarchist Movement in Japan* (Tokyo 1979); Ira L. Plotkin, *Anarchism in Japan: A Study of the Great Treason Affair, 1910–1911* (Lewiston, NY 1990); John Crump, *Hatta Shūzō and Pure Anarchism in Interwar Japan* (New York 1993).

29 Zu Korea: Dongyoun Hwang, *Anarchism in Korea: Independence, Transnationalism, and the Question of National Development, 1919–1984* (Albany, NY 2016). Zu China: Arif Dirlik, *Anarchism in the Chinese Revolution* (Berkeley 1991); Gotelind Müller, *China, Kropotkin und der Anarchismus: eine Kulturbewegung im China des frühen 20. Jahrhunderts unter dem Einfluß des Westens und japanischer Vorbilder* (Wiesbaden 2001).

30 Im Laufe der Jahre haben NichtanarchistInnen manchmal antiautoritäre Ideen entwickelt, deren praktische Ergebnisse mit dem Anarchismus vereinbar waren, obwohl sie weder sich selbst als AnarchistInnen betrachteten noch von AnarchistInnen als solche angesehen wurden. Beispielsweise die Theoretiker des Rätekommunismus Anton Pannekoek (1873–1960), Otto Rühle (1874–1943) und Paul Mattick (1904–1981) sowie der Verfechter der »autonomen Gesellschaft« Cornelius Castoriadis (1922–1997).

In Verbindung mit gewerkschaftlichen Bewegungen entwickelte der Anarchismus sich in mehreren Ländern zum Syndikalismus, der zum Teil Massencharakter bekam. Anarchismus und Syndikalismus wurden jedoch beide nach dem Ersten Weltkrieg und der Russischen Revolution erheblich geschwächt, trotz Ausnahmen (China bis 1927, Spanien bis 1939). Vor mehr als dreißig Jahren haben Wayne Thorpe und ich eine Studie veröffentlicht, in der wir zwölf syndikalistische Bewegungen in Europa, Nord-Amerika und Lateinamerika miteinander verglichen. Wir kamen zum Schluss, dass diese Bewegungen spätestens um 1940 alle ihren Impetus verloren hatten.[31]

Schwächung des Anarchismus

In den Jahrzehnten vor dem Zweiten Weltkrieg begannen immer größere Teile der internationalen ArbeiterInnenbewegung zu erkennen, dass sie den Staat nicht mehr ignorieren konnten. Zunehmend setzte sich die Überzeugung durch, dass sie ihn nicht vernichten, sondern fortan beeinflussen oder selbst erobern sollten – eventuell mit der Absicht, ihn in einem späteren Stadium nachträglich abzuschaffen. Die anarchistischen Einflüsse ermatteten in dieser Periode und verschwanden letztendlich fast völlig. Ein aufschlussreiches Zeichen war Benedict Andersons Beobachtung, dass »keine einzige nationale Revolution [im globalen Süden] nach dem Zweiten Weltkrieg vom Anarchismus angeführt wurde« – eine Tatsache, die ihn nicht überraschte, da alle Unabhängigkeitsbewegungen darauf abzielten, Mitglied der Vereinigten Nationen zu werden, was auch immer ihre ideologische Orientierung war.[32]

An der Stelle anarchistischer Bewegungen gewannen Strömungen an Einfluss, die über den Staat Reformen realisieren wollten – als Vorboten einer sozialen Revolution oder als kumulative Strategie kleiner Schritte. Dieser vornehmlich sozialdemokratische oder kommunistische »Partei-Sozialismus« erreichte zwischen 1920 und 1990 seinen internationalen Höhepunkt und verlor danach auch stark an Einfluss.

31 Marcel van der Linden u. Wayne Thorpe, »Aufstieg und Niedergang des revolutionären Syndikalismus«, *1999. Zeitschrift für Sozialgeschichte des 20. und 21. Jahrhunderts*, 5, 3 (Juli 1990), S. 9–38. Siehe auch dieses Buch, Kap. 3.

32 Benedict Anderson, »Foreword«, in: Hirsch u. van der Walt, *Anarchism and Syndicalism*, S. xiii-xxix, hier S. xxv.

Warum konnte der Anarchismus sich nicht behaupten? Wichtig war in vielen Fällen die staatliche Repression. Das erklärt allerdings nicht hinreichend das andauernde Fehlen bedeutender syndikalistischer Bewegungen. *Meine These ist: Wo der »gebende« Staat sich durchsetzte, hatte der Anarchismus auf Dauer keine Chance.* Sehen wir uns doch einmal kurz einige Resultate des »gebenden« Staates an. Die Einführung des Schulzwangs; die Einführung von Sozialversicherungen, die Schutz boten im Falle von Invalidität, Erkrankung, Alter oder Arbeitslosigkeit; die Einführung des allgemeinen Wahlrechts, zumeist erst für Männer und später für Frauen – all dies trug dazu bei, dass die Unterschichten sich tendenziell weniger als Außenseiter und mehr als Teilhaber an der Gesellschaft betrachteten. Neben dem Wohlfahrtsstaat sind die integrativen Auswirkungen der entwickelten kapitalistischen Beziehungen zwischen Produktion und Konsumtion (manchmal fälschlicherweise als »fordistisch« bezeichnet) zu beachten. Sie führen dazu, dass Arbeiterfamilien nicht nur produzieren und ihre Arbeitskraft reproduzieren, um sie zu verkaufen, sondern gleichzeitig als Personen des individualisierten Massenkonsums handeln, indem sie viele Konsumgüter, die sie produzieren, innerhalb eines Systems erwerben, das es dem Kapital ermöglicht, zu expandieren, und den ArbeiterInnen, ihren materiellen Lebensstandard zu verbessern.

Das Aufkommen des Wohlfahrtsstaates und die Gegebenheiten einer langfristigen Integration der ArbeiterInnen in die entwickelten kapitalistischen Volkswirtschaften ließen den anarchistischen und syndikalistischen Bewegungen, die nicht schon durch staatliche Repression zerschlagen worden waren, nur drei Optionen, von denen jede letztlich tödliche Folgen haben musste. Eine Bewegung konnte (1.) an ihren Prinzipien festhalten – in diesem Fall würde sie unweigerlich vollkommen marginalisiert werden, (2.) ihren Kurs völlig verändern und sich den neuen Bedingungen anpassen – in diesem Fall würde sie ihre Prinzipien aufgeben müssen; oder (3.) wenn diese beiden Alternativen ausschieden, sich auflösen, oder, was dem gleichkommt, in einer nicht-anarchistischen Bewegung aufgehen.[33]

33 Vergleiche auch Kap. 3.

Der neue Libertarismus

Seit den 1960er Jahren sind staatsverneinende Strömungen zurückgekehrt, allerdings in veränderter Form. Die erste anarchistische Welle von 1860–1940 stellte sich als Reaktion auf den wachsenden Einfluss von Staat und Großindustrie diesem sogenannten Fortschritt entgegen und strebte eine landwirtschaftliche und handwerkliche Idylle an. Sozial von HandwerkerInnen, ArbeiterInnen und Bauern/Bäuerinnen getragen, strebte sie vor allem nach politischer, sozialer und wirtschaftlicher Gleichberechtigung, meistens jedoch mit männlichem Unterton. Mit dem Ende der euphorischen Fortschrittsstimmung in den letzten Jahrzehnten scheinen sich die »romantischen Mängel« des Anarchismus für manche in einen Vorteil zu verwandeln. Dass viele das Streben nach einer humaneren und ökologisch verantwortlicheren Gesellschaft in einem kleineren Rahmen verwirklichbar sehen, entspricht ganz oder teilweise dem alten anarchistischen Projekt. Die zweite Welle, die noch andauert, ist stärker kulturell inspiriert und zieht AnhängerInnen vor allem aus dem Kreis hochgebildeter junger Menschen an, die zunehmend auch offen für Diskussionen über Geschlecht und Ethnizität sind.[34]

Es gibt zwei bemerkenswerte Aspekte des erneuten Engagements von AnarchistInnen. Erstens sind die sozialen Bewegungen, durch die sich dieses Engagement ausdrückt, im Allgemeinen nicht rein anarchistisch; die anarchistischen Elemente sind tatsächlich Teil einer umfassenderen, libertären politischen Kultur. Die mexikanischen Zapatistas, die brasilianische Sem-Terra-Bewegung landloser Bauern/Bäuerinnen, die Gegner der kapitalistischen »Globalisierung« und die *Occupy*-Bewegung – sie alle waren nie anarchistisch im engeren Sinne, aber alle priorisierten direkte Aktionen und wollten »Herrschaftsmechanismen aufdecken, delegitimieren und abbauen bei gleichzeitiger Gewinnung immer größerer Autonomieräume.«[35]

Der zweite Aspekt ist, dass die neuen AnarchistInnen viel Inspiration von Gesellschaften aus der Peripherie des Weltsystems beziehen. Sie sympathisieren einerseits mit traditionellen Gesellschaften, die

34 Einen guten Überblick gibt Felipe Corrêa, »The Global Revival of Anarchism and Syndicalism«, in: van der Linden, *Cambridge History of Socialism*, Bd. 1, S. 621–47.

35 David Graeber, »The New Anarchists«, *New Left Review*, 13 (Jänner-Februar 2002), S. 61–73, hier 68.

Staatsbildungsprozesse bewusst zurückhalten (wie das oben genannte Zomia),[36] und zum anderen mit Rojava im Nordwesten Syriens, wo während des Syrienkrieges ab Juli 2012 auf einer Fläche von knapp über 18.000 Quadratkilometern drei »autonome demokratische Zonen« – Cizîrê, Efrîn und Kobanê – geschaffen wurden, mit knapp einer Million Menschen. Formal inspiriert von den Ideen des nordamerikanischen »libertären Kommunalisten« Murray Bookchin (1921–2006) führte die kurdische *Partiya Yekîtiya Demokrat* (PYD) in diesen Zonen ein vierstufiges Rätesystem ein. Die Basis dieses abgestuften Systems bilden kleine Dörfer oder Stadtbezirke mit 30 bis 150 Haushalten; diese bilden über Zwischenstufen den Volksrat von Westkurdistan (*Meclîsa Gel a Rojavayê Kurdistanê,* MGRK). Alle Ebenen folgen dem Prinzip des Co-Vorsitzes, das heißt, alle Räte werden immer gemeinsam von einem Mann und einer Frau geleitet. Darüber hinaus gibt es auch autonome Frauenräte. Je höher in der Hierarchie, desto stärker der Einfluss der PYD und ihrer Frontorganisationen. Während auf Dorfebene tatsächlich ein hohes Maß an Demokratie zu herrschen scheint, nimmt es in den höheren Rängen deutlich ab. Natürlich könnte man zu seiner Verteidigung argumentieren, dass das Rojava-Experiment dadurch verzerrt wird, dass es mitten in einem Kriegsgebiet durchgeführt wird, aber es bleibt eine historisch einzigartige Kombination aus Rätedemokratie und einem Einparteiensystem.[37] Ungeachtet seiner Mängel demonstriert Rojava in den Augen vieler AnarchistInnen die Machbarkeit direkter Demokratie.

Beide Tendenzen scheinen auf eine ziemlich breite Sympathie für autonome Strukturen hinzuweisen, wahrscheinlich besonders unter jungen Menschen.

36 Einer der ersten Autoren, der dies untersuchte, war der Anthropologe Pierre Clastres, insbesondere in *La Société contre l'État. Recherches d'anthropologie politique* (Paris 1974); deutsch: *Staatsfeinde: Studien zur politischen Anthropologie* (Frankfurt/Main 1976); Neuausgabe: Konstanz 2020, mit einem Nachwort von Andreas Gehrlach u. Morten Paul.

37 Thomas Schmidinger, *Krieg und Revolution in Syrisch-Kurdistan: Analysen und Stimmen aus Rojava* (Wien 2014); Anja Flach, Ercan Ayboğa u. Michael Knapp, *Revolution in Rojava: Frauenbewegung und Kommunalismus zwischen Krieg und Embargo* (Hamburg 2015).

Eine neue Epoche

Die neue anarchistische Tendenz steht – genau wie die Jugendproteste der späten 1960er und frühen 1970er Jahre insgesamt, die ihr Entstehen anregten – am Anfang einer neuen Epoche, deren Konturen sich erst allmählich enthüllen. Es findet eine schrittweise *Schwächung* des gebenden *und* des nehmenden Staates statt. Nicht weil der Staat verschwindet, sondern weil er seine Interventionsbereiche neu definiert und immer mehr Aufgaben supranational regulieren lässt. Der Sozialstaat wird umstrukturiert (Hartz IV, »Reform« der Altersrenten, usw.); supranationale Autoritäten wie die EU gewinnen an Einfluss und greifen immer öfter auch in Alltagsbereiche ein; Armeen sind in supranationale Verbände integriert (z. B. die NATO) und intervenieren weltweit; wirtschaftliche Bündnisse werden ebenfalls auf supranationaler Ebene organisiert (Welthandelsorganisation usw.).

Genau in dieser Sattelzeit sind auch die alten, staatsorientierten ArbeiterInnenbewegungen in eine Krise geraten. Dies bedeutet m. E. nach, dass wir uns in einer Scharnierzeit befinden. Immanuel Wallerstein hatte wohl nicht ganz Unrecht, als er sagte, dass wir in einer Übergangsperiode leben. Der alte Kapitalismus versucht sich zu erneuern, steckt aber in einer tiefen Krise, und die Gegenkräfte von unten sind zersplittert und noch im Embryonalstadium. Es gibt zwar neue Aktionsformen, wie wir z. B. in der Occupy-Bewegung haben sehen können, und auch embryonale Formen autonomer Organisation, aber diese haben noch nicht zu stabileren Strukturen mit einer inhaltlich relativ klaren Linie gefunden.

Jetzt ist die Zeit für eine kritische Evaluation des klassischen Anarchismus gekommen. Dabei gilt es, auch die anti-emanzipatorischen und politisch unsympathischen Aspekte ernst zu nehmen. Beispielsweise Pierre-Joseph Proudhon, der in seinem Tagebuch festhielt: »Der Jude ist der Feind der Menschheit. Diese Rasse muss nach Asien zurückgeschickt oder ausgerottet werden.«[38] Proudhon rechtfertigte auch die, wie er es nannte, Negersklaverei, und war der Meinung, dass Frauen nur für die Ehe, den Haushalt und das Kinderkriegen geeignet sind. Mit diesen Auffassungen war Proudhon in den damaligen anarchistischen Kreisen nicht

38 Pierre-Joseph Proudhon, *Carnets*, Bd. 2 (Paris 1961), S. 337 (1847).

alleine. Der Niederländer Ferdinand Domela Nieuwenhuis neigte z. B. zum Antisemitismus und war übrigens auch Teilhaber einer Plantagenwirtschaft im kolonialen Indonesien.

Befreit von derartigen Entstellungen könnte der Anarchismus (auf jeden Fall der Sozialanarchismus) durchaus eine wichtige Anregung für neue soziale Bewegungen werden. Dabei gilt es aber zu bedenken, dass eine 100 %ige Rückkehr zum klassischen Anarchismus höchstwahrscheinlich nur für marginale Gruppen interessant sein dürfte. Auch wenn der national orientierte, nehmende und gebende Staat allmählich zu verschwinden scheint, ist eine vollständig anti-staatliche Politik wohl nicht mehr durchsetzbar. Der Staat ist tief in die Poren unseres Alltagslebens eingedrungen (man denke z. B. nur an Infrastrukturen), auch alternative Strategien werden nicht mehr ganz ohne Staatlichkeit auskommen. Auch der Gedanke einer plötzlichen und totalen gesellschaftlichen Umwälzung kann wohl nicht länger als sinnvoll betrachtet werden.[39]

39 Dazu ausführlicher Marcel van der Linden, »Workers and Revolutions: A Historical Paradox«, in: Pepijn Brandon, Peyman Jafari u. Stefan Müller (Hg.), *Worlds of Labour Turned Upside Down. Revolutions and Labour Relations in Global Historical Perspective* (Leiden u. Boston 2020), S. 19–49.

3. Syndikalismus

Revolutionärer Syndikalismus im weitesten Sinne[40] war stärker als jede andere Strömung der organisierten ArbeiterInnenbewegung beseelt von der Vision der revolutionären Kraft und der Kreativität autonomer ArbeiterInnen, dem Beharren auf ihr Recht auf kollektive Selbstverwaltung und dem Glauben an die Fähigkeit, ihre Belange selbstständig regeln zu können. Es gelang dieser Strömung zwar nie, eine Minderheitenposition zu überwinden und die dominante sozialdemokratische ArbeiterInnenbewegung zu ersetzen, aber sie war dennoch ein besonderer Ausdruck für die Lehren, die die ArbeiterInnen des späten 19. und frühen 20. Jahrhunderts aus ihren Erfahrungen zogen und die sich vielerorts in der Gründung syndikalistischer Organisationen manifestierten.

Trotz aller regionalen und nationalen Unterschiede war der Syndikalismus eine internationale Bewegung. Diese war in mehreren Ländern aktiv, von Argentinien und Kanada bis Ägypten, Korea und Uruguay.[41] Anhand eines Vergleichs zwischen den syndikalistischen Bewegungen in zwölf Ländern – die in der Aufstellung in Tabelle 3.1 aufgeführt sind – versucht dieses Kapitel eine Analyse der Faktoren, die zum Aufstieg und Niedergang des Syndikalismus beitrugen.

Syndikalistischen Organisationen und Bewegungen waren viele Charakteristika gemeinsam. Ihre AnhängerInnen vertraten klassenkämpferische Positionen und bekannten sich zu revolutionären Zielen. Die

40 Die revolutionären Bewegungen mit ihrem Konzept der direkten Aktion, die in diesem Kapitel diskutiert werden, können unterschiedlich als »revolutionärer Industrialismus«, »revolutionäre Gewerkschaftsbewegung«, »Anarchosyndikalismus«, »Rätebewegung« oder sogar als »one big unionism« bezeichnet werden, wobei ich mir im Klaren darüber bin, dass »revolutionärer Syndikalismus« zuweilen eine dieser Bezeichnungen meint. Im Gegensatz dazu dient der Terminus »Syndikalismus« manchmal dazu, alle revolutionären Organisationen, die das Konzept der direkten Aktion vertreten, zusammenzufassen. In diesem Sinne wird er hier verwendet.

41 Marcel van der Linden u. Wayne Thorpe (Hg.), *Revolutionary Syndicalism: An International Perspective* (Aldershot 1990); Ralph Darlington, *Radical Unionism: The Rise and Fall of Revolutionary Syndicalism* (Chicago 2013); Dave Berry u. Constance Bantman (Hg.), *New Perspectives on Anarchism, Labour and Syndicalism: The Individual, the National and the Transnational* (Cambridge 2010); Steven Hirsch u. Lucien van der Walt (Hg.), *Anarchism and Syndicalism in the Colonial and Postcolonial World, 1870–1940: The Praxis of National Liberation, Internationalism, and Social Revolution* (Leiden u. Boston 2010). Überblicke syndikalistischer Bewegungen in Argentinien, Brasilien, China, Frankreich, Großbritannien, Italien, Mexiko, Spanien, Südafrika und den USA finden sich in Marcel van der Linden (Hg.), *The Cambridge History of Socialism*, Bd. 1 (Cambridge 2023).

unterschiedlichen Klasseninteressen galten als letztendlich unvereinbar und der Klassenkampf daher als unvermeidlich. Langfristig setzten sie sich für die Zerschlagung des Kapitalismus und den Aufbau eines Systems ein, in dem ArbeiterInnen kollektiv produktives Eigentum verwalteten, während ihre Organisationen sich kurzfristig um Verbesserungen der Situation der ArbeiterInnen innerhalb des herrschenden Systems bemühten. In der kollektiven, direkten Aktion von ArbeiterInnen sahen die SyndikalistInnen das wirksamste Mittel, sowohl kurz- als auch langfristige Ziele zu erreichen. Diese Aktion war zwar primär gegen die Unternehmer an der vordersten Front des Klassenkampfes gerichtet, aber generell gegen das ganze gesellschaftspolitische System, das die kapitalistische Wirtschaft stützte. Dabei legten die SyndikalistInnen besonderen Nachdruck auf die Organisation der ArbeiterInnen in der Produktion selbst, in ihrer Eigenschaft als ArbeiterInnen, und in Gewerkschaften, die damit zum wichtigsten Instrument im Kampf um die Erringung sowohl lang- als auch kurzfristiger Ziele wurden. Für die SyndikalistInnen bildete die ArbeiterInnenklasse die verändernde Kraft, die Ökonomie ihr natürliches Schlachtfeld, die direkte Aktion ihre natürliche Waffe und die autonomen ArbeiterInnenverbände die natürliche Schaltstelle für die Bindung, die Koordinierung und den Einsatz der kollektiven und schließlich revolutionären Kraft der ArbeiterInnen. Die klassenkämpferische Haltung, die revolutionären Ziele, das Primat und die Autonomie der Gewerkschaften, das Plädoyer für direkte Aktion und schließlich die Kontrolle der ArbeiterInnen über eine kollektivierte Wirtschaft: Das waren die Charakteristika, die alle Organisationen, die hier diskutiert werden, wirklich vereinten. Wenn der Begriff »Syndikalismus« hier benutzt wird – gewöhnlich ohne das Adjektiv »revolutionär«, da sowohl im Deutschen als auch in den meisten anderen Sprachen, außer im Französischen, der Begriff selbst dieses Attribut schon impliziert –, bezeichnet er eine ArbeiterInnenbewegung oder -ideologie, die diese oben skizzierten Wesenszüge trägt.

In der inneren Struktur der Organisationen, die sich in der syndikalistischen Bewegung zusammenfanden, gab es viele Unterschiede. Einige Verbände, wie die deutsche *Allgemeine Arbeiter-Union – Einheitsorganisation* und manche russische Syndikalisten, waren radikale Dezentralisten. Die IWW *(Industrial Workers of the World)* in den USA hingegen hatten eine zentralisierte Struktur, die die wichtigsten Industriegewerkschaften miteinander verband.[42] Sie nahmen für sich in Anspruch, »eine höhere Form revolutionärer Arbeiterorganisation als die von den (europäischen) Syndikalisten vertretene« zu repräsentieren, fügten aber hinzu, dass die Wobblies, wie die IWW-Mitglieder manchmal genannt wurden, international mit den SyndikalistInnen »enger liiert« seien als mit jeder anderen Bewegung.[43] Die Dichotomie zentralistisch-dezentralistisch kann jedoch aus mindestens zwei Gründen irreführend sein. Zum einen konkurrierten auch in einer Organisation wie der IWW trotz zentralistischer Neigungen weiterhin Zentralisten und Dezentralisten miteinander. Zum anderen entschieden sich die europäischen Syndikalisten, obwohl sie Föderalisten waren, im Allgemeinen für irgendeine Form von industrieller Organisation.

Der Syndikalismus entwickelte sich zuerst in Frankreich, wo man von den syndikalistischen Gewerkschaften zwar nicht erwartete, ihre Autonomie aufzugeben, aber sich sowohl einer berufsübergreifenden lokalen oder regionalen Gewerkschaft als auch einem Industrieverband anzuschließen, um so in beiden Sektionen der nationalen Organisation, der CGT *(Confédération Générale du Travail)*, vertreten zu sein. Im September 1913 sprach sich der erste internationale syndikalistische Kongress, der in London stattfand, für Industriegewerkschaften aus, die spanische CNT *(Confederación Nacional del Trabajo)* machte einen Schritt in dieselbe Richtung, als sie 1918/1919 das »sindicato único« einführte, und sogar die deutsche FAUD unterstützte 1927 widerstrebend eine Organisation auf der Grundlage von Industriezweigen und nicht mehr von Berufen. Und obwohl die Chefs der kanadischen OBU *(One Big Union)* Industriegewerkschaften, verglichen mit »der einen großen Gewerkschaftsvereinigung« (one big unionism), als unterlegen ablehnten, wurden sie dennoch von vielen der Gründungsmitglieder der OBU klar unterstützt. Auf alle Fälle waren die SyndikalistInnen – ob zentralistisch oder föderalistisch, ob IndustriegewerkschafterInnen oder nicht – offensichtlich auf der Suche nach einer Form der ArbeiterInnenorganisation, die die Effizienz der Aktion sichern konnte, ohne die Nähe zu den ArbeiterInnen aufzugeben.

42 Zu den Akronymen siehe Tabelle 3.1.
43 *Industrial Worker*, 9. Jänner 1913.

Implizierte das syndikalistische Programm, das die direkte Aktion propagierte, die Ablehnung von Politik? Diese Frage sollte man am besten unter dem Aspekt von Ziel und Weg betrachten. Die letztendliche Zielsetzung der SyndikalistInnen war sicherlich politisch: die Abschaffung des kapitalistischen Wirtschafts- und Gesellschaftssystems, die Schaffung kollektiver Gesellschaftsstrukturen auf der Basis von Gewerkschaften und die Übertragung der Entscheidungsfindung und Verwaltung auf die ProduzentInnen. In Bezug auf den Weg, der zu diesem Ziel führen sollte, stellten die SyndikalistInnen die direkte Aktion der ArbeiterInnen oben an. Viele von ihnen lehnten die politischen Parteien ab, die für sich in Anspruch nahmen, für die ArbeiterInnen zu sprechen, aber vornehmlich WählerInnen an die Wahlurnen bringen wollten und von bloßem wahlpolitischem Interesse und den entsprechenden Kompromissen bestimmt waren. Faktisch alle SyndikalistInnen konnten Léon Jouhaux, dem Sekretär der französischen CGT, zustimmen, der gegenüber ausländischen Gewerkschaftsführern sozialdemokratischer Couleur auf einer internationalen Gewerkschaftskonferenz in Paris bemerkte: »Für Euch mag die politische Organisation ja ein großes Schiff sein und die wirtschaftliche Organisation nur ein kleines Boot in seinem Schlepptau. Für uns ist die Gewerkschaftsorganisation das große Schiff; man muß die politische Aktion der Gewerkschaftsaktion unterordnen.«[44] In ihren realen Beziehungen zu den politischen Parteien verhielten sich die SyndikalistInnen bemerkenswert unterschiedlich. Die CGT bekannte sich in der »Charta von Amiens« 1906 zu politischer Neutralität. Die Charta gestand allen politischen Parteien zu, soziale Veränderungen zu erstreben, allerdings unabhängig von der CGT, und gab CGT-Mitgliedern die Freiheit, entsprechend ihren politischen Überzeugungen zu handeln, allerdings außerhalb der Gewerkschaften. Sie war darauf angelegt, politischen Dissens in den Gewerkschaften, die sich ausschließlich auf wirtschaftliche Auseinandersetzungen konzentrieren sollten, so weit wie möglich zu verringern. Die CGT-Delegierten nahmen die Charta mit überwältigender Mehrheit an, einschließlich jener, die selbst politisch Sozialisten waren. In der Praxis war die Linie aber nie so klar. Erstreckte sich die Freiheit, außerhalb des gewerkschaftlichen Rahmens entsprechend eigenen politischen

44 *L'Humanité*, 1. September 1909.

Ansichten zu handeln, über die Mitglieder hinaus auch auf die offiziellen Vertreter der politisch neutralen CGT?

Einige dieser Funktionäre waren als Sozialisten in das Abgeordnetenhaus gewählt worden. 1911 hinderte ein Machtwechsel CGT-Funktionäre daran, sich um ein politisches Amt zu bewerben. Die Schriften der CGT und die Verlautbarungen einiger ihrer höchsten Funktionäre waren oft jedoch kritischer und abweisender gegenüber politischen Parteien, als es die Neutralität der Charta von Amiens vermuten ließe.

Man sollte die Opposition gegenüber politischen Parteien allerdings nicht als Wesenszug des Syndikalismus begreifen. Viele SyndikalistInnen lehnten die »politische« Aktion ab, weil Wahl- und Parlamentspolitik ihrer Meinung nach grundsätzlich in eine Sackgasse führen mussten. Frank Little, ein Organisator und schließlich ein Märtyrer der IWW, verfocht diese Einstellung, als er sagte, dass ArbeiterInnen ihre Ziele niemals »durch eine reine und einfache politische Stimmzettelpartei ...« erreichen könnten. »Wir können es nie schaffen, solange wir uns darauf verlassen, einfach hinzugehen und ein weißes Stück Papier in eine kapitalistische Wahlurne zu stecken.«[45] Einige politische Sozialisten teilten diese Auffassung. Charles Kerr, Mitglied der sozialistischen Partei und Herausgeber der in Chicago ansässigen *International Socialist Review* teilte Littles Ansicht: »Man braucht schon etwas mehr als eine Stimmabgabe, um den Kapitalismus zu überwinden, und die revolutionären Gewerkschaften sind dieses Mehr.«[46] Kurz, eine Zusammenarbeit zwischen SyndikalistInnen, politischen SozialistInnen und Parteien, die selbst den Parlamentarismus ablehnten, war nicht ausgeschlossen. Unter den führenden AktivistInnen der OBU befanden sich Mitglieder der Sozialistischen Partei Kanadas, die sich gegen eine vom Wahlkampf diktierte Politik aussprachen. In Deutschland waren die syndikalistischen Organisationen nach dem Ersten Weltkrieg bereit, mit ultralinken Parteien zusammenzuarbeiten, die dem Parlamentarismus eine Absage erteilt hatten. Und beinahe überall unterstützten die syndikalistischen Organisationen den kommunistischen Internationalismus in seiner Anfangsphase mit großer Begeisterung, bis klar wurde, dass die Komintern auf dem

45 Melvyn Dubofsky, *We Shall Be All: A History of the Industrial Workers of the World*, second edition (Urbana u. Chicago 1988), S. 135.

46 *International Socialist Review*, Oktober 1909, S. 360.

Parlamentarismus und der Subordination der revolutionären Gewerkschaften unter die kommunistischen Parteien insistierte, was bei vielen von ihnen zum Bruch mit Moskau führte.

Tabelle 3.1: Aufstieg und Niedergang syndikalistischer Organisationen

Bewegung/Land	**Gründungsjahr**	**Höhepunkte der Einflussnahme (1)**	**spätere Entwicklung**
Nationaal Arbeids Secretariaat (NAS, Niederlande)	1893	ca. 1920	1940 während der Besetzung der Niederlande durch die Nazis aufgelöst
Confédération Générale du Travail (CGT, Frankreich)	1902 (2)	1909–10	ab 1914 war sie nicht länger syndikalistisch
Industrial Workers of the World (IWW, USA)	1905	1916–17	marginalisiert
Sveriges Arbetares Centralorganisation (SAC, Schweden)	1910	1924–34	marginalisiert; kooperiert seit 1954 mit dem Staat
»Labour unrest« (Großbritannien)	1910	1910–14	größtenteils nicht institutionalisiert
Confederación Nacional del Trabajo (CNT, Spanien)	1911	1936–37	vom Franco-Regime unterdrückt; marginalisiert und gespalten
Unione Sindacale Italiana (USI, Italien)	1912	ca. 1920	vom Faschismus liquidiert
Casa del Obrero Mundial (Mexiko)	1914	1914–16	unterdrückt und marginalisiert
Federación Obrera Regional Argentina (FORA IX, Argentinien)	1914	1915–20	von der Union Sindical Argentina 1922 geschluckt

One Big Union (OBU, Kanada)	1919	1919–20	marginalisiert; 1956 vom All-Canadian Congress of Labour geschluckt
Confederação Geral do Trabalho (CGT, Portugal)	1919	1919–20	vom Salazar-Regime unterdrückt
Arbeiterunionen (3) (Deutschland)	1920–24	1922–24	marginalisiert; vom Nazi-Regime zerschlagen

(1) Trotz der oft nachlässigen Administration syndikalistischer Gewerkschaften und der Tatsache, dass sich viele ArbeiterInnen als Mitglieder betrachteten, ohne Mitgliedsbeiträge zu zahlen, habe ich in den meisten Fällen die Mitgliederzahl (die sicherste uns zur Verfügung stehende Maßeinheit) als entscheidenden Faktor für die Bestimmung der Phase maximalen Einflusses gewählt.

(2) Angegeben ist das Jahr, in dem sich die CGT (die eigentlich 1895 gegründet wurde) mit den Bourses du Travail zusammenschloss.

(3) Ihr Vorläufer war die »Freie Vereinigung deutscher Gewerkschaften«, die 1897 gegründet worden war und schon vor 1914 syndikalistisch wurde.

Die Aufstellung zeigt deutlich, dass international gesehen der für den Syndikalismus wichtige Zeitabschnitt zwischen den Jahren 1900 bis 1940 liegt, was auch auf die syndikalistischen Bewegungen zutrifft, die ich hier nicht diskutiere, wie zum Beispiel die *Federación Obrera Regional Uruguaya*, die chilenische IWW, die *Norske Fagopposition* (Norwegische Gewerkschaftsopposition), die »Allrussische Konföderation der Anarchosyndikalisten« und die australischen Wobblies. Außerdem wird aus der Aufstellung deutlich, dass der Syndikalismus unmittelbar vor und nach dem Ersten Weltkrieg, von 1910 bis in die frühen 1920er Jahre, eine sehr lebendige Bewegung war, nur in Spanien und Schweden erreichte er seinen Höhepunkt später.

Es ist durchaus kein Zufall, dass der Syndikalismus während der sogenannten zweiten industriellen Revolution entstand. Die Einführung neuer Energiequellen, insbesondere die vermehrte Nutzung der Elektrizität und des Verbrennungsmotors, Veränderungen in der relativen Bedeutung bereits existierender und das Auftreten neuer Industrien, aber vor allem die weit verbreitete technologische Innovation veränderten das Wesen der Wirtschaft und ihrer industriellen Prozesse und folglich auch Arbeits- und Lebensbedingungen. Obwohl man ein so komplexes Phänomen wie die zweite industrielle Revolution nur annähernd datieren kann, stimmt die Wissenschaft darin überein, dass sie im späten 19. Jahrhundert einsetzte (dabei wird oft das Jahr 1890 genannt). In diese Zeitspanne, in der die Auswirkungen immer spürbarer wurden, fiel auch die Geburtsstunde des Syndikalismus.[47]

Auf die komplizierte Frage, warum syndikalistische Bewegungen während dieser besonderen Phase wirtschaftlicher Entwicklung an so vielen Orten entstanden, kann ich nur eine erste Antwort geben. Eine Erklärung sollte mindestens fünf miteinander verknüpfte Faktoren berücksichtigen: die Veränderung von Arbeitsprozessen und Arbeitsbeziehungen; die Unzufriedenheit der ArbeiterInnen mit der in der ArbeiterInnenbewegung vorherrschenden Strategie; die praktische Möglichkeit von Generalstreiks; räumliche oder geografische Einflüsse; und das Aufkommen einer radikalen Stimmung in der ArbeiterInnenklasse.

47 Das Auftreten des Syndikalismus könnte auch mit einem anderen Konzept in Verbindung gebracht werden, das von Ökonomen und Historikern vertreten wird: der Theorie langfristiger Konjunkturwellen, die meistens mit dem Namen N. D. Kondratieff verbunden ist, einem russischen Wirtschaftswissenschaftler der 1920er Jahre. In den frühen 1970er Jahren erwachte das Interesse an dem Erklärungsansatz und Vorhersagepotenzial der Theorie langfristiger Konjunkturwellen erneut, die ein periodisch auftretendes (aber nicht repetitives) Muster kapitalistischer Wirtschaftsentwicklung, gekennzeichnet durch Phasen von Expansion und Stagnation, postuliert. Durch Höhen und Tiefen aufgeteilt, müssen die Zeiträume, in denen die Wellenbewegungen ablaufen, nicht gleich lang sein, aber die Theorie geht davon aus, dass jede Welle ungefähr 50 Jahre dauert. Die Datierung der Konjunkturwellen variiert, aber gewöhnlich setzt man die erste Kondratieff-Welle von 1790–1848 an (wobei die Abwärtsbewegung um 1810–1817 einsetzt), die zweite von 1848–1894 (1866–1875), die dritte von 1894–1945 (1913–1920), und die vierte beginnt 1945 (1967–1974). Obwohl sie nicht explizit von der Absicht geleitet wurden, das Auftreten des Syndikalismus zu erklären, haben einige Autoren wie James E. Cronin (»Stages, Cycles, and Insurgencies: The Economics of Unrest«, in: Terence K. Hopkins u. Immanuel Wallerstein (Hg.), *Processes of the World-System* (Beverly Hills u. London 1980), Ernest Mandel (*Die langen Wellen im Kapitalismus. Eine marxistische Erklärung* (Frankfurt a. M. 1983) und Ernesto Screpanti (»Long Economic Cycles and Recurring Proletarian Insurgencies«, *Review*, 7 (1984), S. 509–48) versucht, Beispiele für Unruhe und Militanz bei Arbeitern mit den langfristigen Konjunkturwellen in Verbindung zu bringen. Es wäre unangebracht, hier eine Diskussion über langfristige Konjunkturwellen anzustrengen, da diese Fragen unser unmittelbares Interesse weit übersteigen und unsere Analyse sich nicht auf die Kondratieff-Wellen stützt. Ich merke hier nur an, dass die Phase des Aufstiegs und Niedergangs der syndikalistischen Bewegung klar in die »dritte Kondratieff-Welle« fiel.

Wachsende Radikalisierung

Die zunehmend radikale Stimmung unter den ArbeiterInnen ist offensichtlich nur durch das Zusammenwirken verschiedener Faktoren zu erklären, von denen ich einige schon kurz erwähnt habe. Die Matrix dieser Faktoren und die entsprechende Radikalisierung nahmen allerdings in Relation zu unterschiedlichen beruflichen, regionalen und nationalen Gegebenheiten verschiedene Färbungen an. Ein wenn auch unvollkommener Beweis für das Aufbegehren ist allein schon die Ausbreitung einer ganzen Reihe von erklärt revolutionär-syndikalistischen ArbeiterInnenorganisationen.

Der Krieg selbst bietet nur eine unzureichende Erklärung für die weit verbreitete Unruhe unter den ArbeiterInnen. Auch wenn man ihm einen Einfluss nicht absprechen kann, so ist doch auffällig, dass sich international in der Zeit zwischen 1910 und 1920, das heißt schon vor dem Krieg, eine Häufung sehr militanter, partiell revolutionärer ArbeiterInnenkämpfe beobachten lässt. Wenn man die Teilnahme an Streiks als die vielleicht zuverlässigste Maßeinheit für die Unruhe unter den ArbeiterInnen heranzieht, so stellt man fest, dass in dem Jahrzehnt ab 1910 die Streikaktivitäten international außergewöhnlich stark zunahmen (gemessen an der Häufigkeit der Streiks, der Anzahl der Streikenden, der Zahl der verlorenen Arbeitstage), wobei der Krieg selbst diese Tendenz nur zeitweilig unterbrach, die dann mit zeitlicher Verzögerung und verstärkt wieder auftrat.[48]

Ernesto Screpanti kommt in seiner Studie über das Muster, nach dem langfristige Streiks ablaufen, zu dem Schluss, dass der plötzliche steile Anstieg der Streikaktivitäten in der Phase von 1910–1920 sich nur mit den großen internationalen Streikwellen von 1869–1875 und 1968–1974

48 Zu Streiks und Streikmustern siehe Heinz-Gerhard Haupt u. a., *Der politische Streik – Geschichte und Theorie, Jahrbuch Arbeiterbewegung 1981*; Friedhelm Boll, »Streikwellen im europäischen Vergleich«, in: Wolfgang J. Mommsen u. Hans Gerhard Husung (Hg.), *Auf dem Weg zur Massengewerkschaft. Die Entwicklung der Gewerkschaften in Deutschland und Großbritannien 1880–1914* (Stuttgart 1984), S. 109–34; Ernesto Screpanti, »Long Cycles in Strike Activity: An Empirical Investigation«, *British Journal of Industrial Relations* 25 (1987), S. 99–124; und die Streikdaten in: Flemming Mikkelsen, »Workers and Industrialization in Scandinavia, 1750–1940«, in: Michael Hanagan u. Charles Stephenson (Hg.), *Proletarians and Protest: The Roots of Class Formation in an Industrializing World* (New York, Westport, London 1986), S. 21–54; Sjaak van der Velden (Hg.), *Strikes Around the World, 1968–2005: Case-studies of 15 Countries* (Amsterdam 2007).

vergleichen lässt.[49] Screpanti begrenzt seine Analyse auf Daten aus Frankreich, Deutschland, Italien, Großbritannien und den USA. Naheliegende Hinweise aus anderen Ländern, wie die skandinavische Streikwelle zwischen 1909 und der Mitte der 1920er Jahre, die großen russischen ArbeiterInnenunruhen von 1917, die Streiks in Argentinien, die 1919 ein dramatisches Ausmaß erreichten, oder die Militanz der mexikanischen syndikalistischen ArbeiterInnenorganisationen, die 1915/16 dem bestehenden System in einer Weise die Stirn boten, wie der amerikanische Kontinent es nie zuvor erlebt hatte und auch nicht wieder erlebte, bezog er nicht in seine Betrachtungen ein.

In den zwanzig bis dreißig Jahren vor dem Ersten Weltkrieg entstand durch Faktoren, die noch diskutiert werden, und andere, die dieser Periode eigen waren, wie die beispiellose Urbanisierung der ArbeiterInnenklasse, eine deutlich explosive Situation. ArbeiterInnen konzentrierten sich in Europa und in gewissem Maße auch auf dem amerikanischen Kontinent in Städten, die so weit voneinander entfernt waren wie Kristiania und Buenos Aires, in mehr und mehr abgetrennten, homogenen Wohnsiedlungen, die das Klassenbewusstsein und die Solidarität unter den ArbeiterInnen verstärkten. Ein anderes Merkmal dieses Zeitabschnittes war die erfolgreiche Kapitalakkumulation, die den Einkommenszuwachs aller ArbeiterInnen um ein Vielfaches übertraf.

Das allgemeine Bild, das sich uns, abgesehen von den unvermeidlichen nationalen und beruflichen Unterschieden in den

49 Ernesto Screpanti, »Long Cycles in Strike Activity«, S. 107. Screpanti ist der Ansicht, dass diese größeren Aufstände nicht zufällig alle in die Abwärtsbewegung der Kondratieff-Zyklen fallen. Er meint, dass »die Spannung, die durch Wachstum erzeugt wird, unterdrückt werden kann, sich aber langfristig gesehen anstaut; sie macht sich dann periodisch entweder als direkte Folge starker Kompression, wie in einem Diesel-Motor, oder als Antwort auf einen äußeren Funken, wie in einem normalen Verbrennungsmotor, Luft« (S. 110). Wie eng die Militanz der ArbeiterInnen mit besonderen Phasen in Kondratieffs Wellen in Verbindung gebracht werden kann (falls überhaupt), ist umstritten und muss uns hier nicht beschäftigen. Aber Screpanti schreibt woanders (»Long Economic Cycles«) über allgemeine Phänomene in größeren Aufstandswellen: Ihr proletarischer Charakter, ihre Autonomie, ihre häufig revolutionäre Natur seien bemerkenswert. Solches Aufbegehren, ob um 1870, um den Ersten Weltkrieg oder Ende der 60er Jahre, impliziert nach Screpanti »eine Schwächung des politischen Zugriffs der traditionellen Institutionen der ArbeiterInnenbewegung auf das Verhalten der Arbeiterklasse. Unter sozialem Aspekt führt die Weigerung der Arbeiter, institutionelle Vermittlung anzunehmen, und das Herausfiltern ihrer eigenen Interessen und Ziele dazu, dass die Basis als der politische Protagonist auftritt und die etablierten Gruppen der Gewerkschafts- und Parteiführer von den Arbeitern und ihren Massenorganisationen als Entscheidungsträger im Kampf übergangen werden« (S. 512). Das Aufkommen einer besonderen syndikalistischen Bewegung stimmt sicher mit diesen Charakteristika überein.

Einkommensverhältnissen, bietet, zeigt nicht nur einfach eine »relative Deprivation« der ArbeiterInnen, sondern eine weit verbreitete Stagnation oder sogar einen Rückgang in der Höhe der Reallöhne um die Jahrhundertwende, insbesondere etwa nach 1910.[50] Das Zusammentreffen dieser und verwandter Faktoren führte zu einer breiten Radikalisierung während der letzten Vorkriegsjahre, die in vielen Ländern gegen Kriegsende in eine revolutionäre oder revolutionsähnliche Situation umschlug. Die Verbreitung syndikalistischer Positionen und Organisationen war in keiner Weise mit diesem sprunghaften Anstieg der Militanz bei ArbeiterInnen identisch, die viele Ausdrucksformen fand, aber sie war ein untrennbarer Bestandteil dieser Radikalisierung insgesamt und eine ihrer hervorstechendsten Manifestationen. Bestimmte Entwicklungen im Arbeitsprozess und in den Arbeitsbeziehungen trugen nicht nur zur steigenden Radikalisierung der ArbeiterInnen, sondern auch zur Attraktivität des Syndikalismus bei.

Der Arbeitsprozess und die Arbeitsbeziehungen

Bezüglich der beruflichen Zusammensetzung der syndikalistischen Bewegungen waren zwei Kategorien von ArbeiterInnen besonders stark vertreten. Zur ersten Kategorie gehörten die Gelegenheits-, Saison- und AuftragsarbeiterInnen, deren Arbeitsleben von Diskontinuitäten bestimmt war: episodenhafte Arbeitsperioden, häufiger Wechsel des Dienstherrn und der Arbeitsstelle sowie geografischer Örtlichkeiten. LandarbeiterInnen, Bauarbeiter, Hafenarbeiter und Gaswerker sind die RepräsentantInnen der ersten Kategorie.

Die große Anzahl der LandarbeiterInnen war für einige syndikalistische Organisationen besonders typisch. Die LandarbeiterInnen ohne

50 Zu immer ausgeprägteren und homogeneren ArbeiterInnenvierteln in Europa siehe: James E. Cronin, »Labor Insurgency and Class Formation: Comparative Perspectives on the Crisis of 1917–1920 in Europe«, in: James E. Cronin u. Carmen Sirianni (Hg.), *Work, Community, and Power: The Experience of Work in Europe and Latin America, 1900–1925* (Philadelphia 1983); und in Argentinien: Guy Bourdé, *Urbanisation et immigration en Amérique Latine: Buenos Aires (XIXe et XX siècles)* (Paris 1974). Zu den stagnierenden Reallöhnen vor 1914 siehe die europäischen Daten in: Otto Bauer, »Die Teuerung (Ein Bericht für den internationalen sozialistischen Kongreß in Wien, 23. bis 29. August 1914)«, in: Georges Haupt, *Der Kongreß fand nicht statt. Die Sozialistische Internationale 1914* (Wien 1967); die mexikanischen Daten in: Fernando Rosenzweig, »El desarollo económico de México: 1877 a 1911«, *El Trimestre Económico* 32, 23 (Juli-September 1965), S. 405–54; und die argentinischen Daten in: Guy Bourdé, *Urbanisation et immigration.*

Land in Italien, die *braccianti* in der Emilia-Romagna in Mittelitalien zum Beispiel oder die *giornatari* in Apulien im Süden, gehörten zum harten Kern der syndikalistischen Bewegung. Diese landlosen ArbeiterInnen, die täglich auf den frühmorgendlichen Arbeitsmärkten angeworben wurden, waren nicht fest an einen bestimmten *padrone* gebunden. Die Arbeit für eine Vielzahl von Dienstherren dehnte die Kontakte unter diesen ArbeiterInnen aus und förderte das Erkennen von gemeinsamen Interessen und möglichen gemeinsamen Aktionen. Eine ähnliche Beschreibung passt auch auf die landlosen TagelöhnerInnen im portugiesischen Alentejo und im spanischen Andalusien, auf die ErntearbeiterInnen im amerikanischen *grain belt* und auf die TraubenpflückerInnen im südöstlichen Frankreich.[51]

In der syndikalistischen Bewegung waren Bau- und Hafenarbeiter besonders aktiv. Die Arbeiter aus dem Baugewerbe bildeten innerhalb der französischen CGT eine bemerkenswert militante Föderation und spielten in vielen anderen syndikalistischen Organisationen eine wichtige Rolle, vor allem in Schweden, den Niederlanden, in Deutschland, Großbritannien und Portugal.

Ihre Zahl wuchs mit dem rasch fortschreitenden Prozess der Urbanisierung, während sich zugleich die Arbeitsbeziehungen in der Industrie im neuen Jahrhundert veränderten, insbesondere durch die zunehmende Kommerzialisierung und durch spekulative Bauprojekte, mit denen die ausufernde Zunahme der Zahl miteinander konkurrierender Groß- und Subunternehmer einherging. Charakteristisch für die neue Situation war, dass Maurer, Maler und andere Bauarbeiter für jede Baustelle neu angeworben wurden und deshalb immer stärker Arbeitsbedingungen unterworfen waren, die denen von GelegenheitsarbeiterInnen ähnelten. Die *job control* (d.h. ArbeiterInnen bestimmen ihre Arbeitsbedingungen selbst)

51 David I. Kertzer, *Family Life in Central Italy, 1880–1910. Sharecropping, Wage Labor and Coresidence* (New Brunswick, NJ 1984); Frank M. Snowden, *Violence and Great Estates in the South of Italy. Apulia, 1900–1920* (Cambridge 1986); Thomas R. Sykes, »Revolutionary Syndicalism in the Italian Labor Movement: The Agrarian Strikes of 1907–08 in the Province of Parma«, *International Review of Social History*, 21 (1976), S. 186–211; José Cutileiro, *Ricos e Pobres no Alentejo. Uma Sociedade Rural Portuguesa* (Lissabon 1977); José Pacheco Pereira, »As lutas sociais dos trabalhadores alentejanos: do banditismo à greve«, *Análise Social*, H. 61–62 (1980), S. 135–56; Edward E. Malefakis, *Agrarian Reform and Peasant Revolution in Spain. Origins of the Civil War* (New Haven u. London 1970); Philip Taft, »The I. W. W. in the Grain Belt«, *Labor History*, 1, (1960), S. 53–67; Laura L. Frader, »Paysannerie et syndicalisme révolutionnaire. Les ouvriers viticoles de Coursan (1850–1914)«, *Cahiers d'histoire de l'Institut Maurice Thorez*, neue Reihe, H. 28 (1978), S. 11–38.

wurde durch die Absicht der Unternehmer, wenn möglich von gelernten zu ungelernten ArbeiterInnen überzugehen oder nicht gewerkschaftlich organisierte ArbeiterInnen einzustellen, bedroht. Im Baugewerbe waren Streiks gegen die Beschäftigung solcher ArbeiterInnen nichts Ungewöhnliches.[52] Die Hafenarbeiter waren ebenso an vielen Orten für die syndikalistische Bewegung wichtig, so in San Francisco, Buenos Aires, Hull und Amsterdam. Ihre Jobs waren von sehr kurzer Dauer. »In keiner anderen Industrie waren die typischen Arbeitsverhältnisse so kurz.«[53] Die Männer wurden eingestellt, um ein einziges Schiff zu be- oder entladen, und wurden deshalb in dem Augenblick, in dem sie ihre Arbeit beendet hatten, auch wieder arbeitslos.[54]

Diesen und ähnlichen Gruppen von ArbeiterInnen[55] waren bestimmte Charakteristika gemeinsam, die ihre Unterstützung für den Syndikalismus erklären. Erstens wechselten sie häufig ihre Jobs und waren nicht an eine bestimmte Art von Lohnarbeit gebunden. Wenn sich die Nachfrage nach Arbeitskräften in einem bestimmten Bereich verringerte, am Ende eines speziellen Auftrags oder einer Saison, machten sie sich auf die Suche nach einer anderen Art von Arbeit (obwohl für LandarbeiterInnen die Alternativen häufig begrenzt waren). In der Bauindustrie und im Hafen zum Beispiel war ein Wechsel zwischen den Arbeitsplätzen nichts Ungewöhnliches. In seinem Untersuchungsbericht von 1916 über die Arbeiterschaft in den Londoner Docks, wo die Nachfrage nach Arbeitskräften

52 Øyvind Björnson, »Kollektiv aksjon blant typografar og malarar i Trondheim 1880–1918«, *Tidsskrift for Arbeiderbevegelsens Historie*, H. 2 (1980), S. 141–166; Wolfgang Renzsch, *Handwerker und Lohnarbeiter in der frühen Arbeiterbewegung. Zur sozialen Basis von Gewerkschaften und Sozialdemokratie im Reichsgründungsjahrzehnt* (Göttingen 1980); Richard Price, *Masters, Unions and Men. Work Control in Building and the Rise of Labour 1830–1914* (Cambridge 1980); Robert Max Jackson, *The Formation of Craft Labor Markets* (Orlando 1984).

53 Gordon Phillips u. Noel Whiteside, *Casual Labour. The Unemployment Question in the Port Transport Industry 1880–1970* (Oxford 1985), S. 2.

54 Charles B. Barnes, *The Longshoremen* (New York 1915); H. A. Mess, *Casual Labour at the Docks* (London 1916); John Lovell, *Stevedores and Dockers. A Study of Trade Unionism in the Port of London* (London 1969); Michael Grüttner, *Arbeitswelt an der Wasserkante. Sozialgeschichte der Hamburger Hafenarbeiter 1886–1914* (Göttingen 1984); Gertjan de Groot, »'Door slapte gedaan gekregen'. Losse arbeiders en hun gezinnen in Amsterdam tussen 1880 en 1920«, *Tijdschrift voor Sociale Geschiedenis*, 14 (1988), S. 160–87.

55 Gaswerker zum Beispiel. Siehe Eric Hobsbawm, »British Gas-Workers 1873–1914«, in: *Labouring Men. Studies in the History of Labour* (London 1964), S. 158–78; Guiseppe Paletta u. Giorgio Perego, »Organizzazione operaia e innovazione tecnologiche. La Lega gasisti di Milano 1900–1915«, *Annali Istituto Giangiacomo Feltrinelli*, 23 (1982), S. 49–86; Lenard Berlanstein, *Big Business and Industrial Conflict in Nineteenth-Century France: A Social History of the Parisian Gas Company* (Berkeley 1991), insbesondere Kap. 6, 7, 8.

typischerweise im Dezember, Jänner und Juli besonders groß war, im Spätsommer aber zurückging, führt H. A. Mess Beispiele für GelegenheitsarbeiterInnen an, die zwischen verschiedenen Jobs wechselten: »Die Bauarbeiter kommen im Winter in die Docks, wenn ihr eigenes Gewerbe Flaute hat. Gaswerker stehen im Juli zur Verfügung. [...] Andererseits arbeiten viele Docker im August und September als Hopfenpflücker oder Erntearbeiter.«[56] Diese periodische, berufsübergreifende Wanderung stimulierte den Versuch, ArbeiterInnenorganisationen zu gründen, die mehr als einen Berufszweig umfassten.

Da diese ArbeiterInnen zweitens nicht langfristig an einen Unternehmer gebunden waren, waren sie nicht durch informelle Zwänge, wie sie dem Klient-Patron-Verhältnis innewohnen, belastet. Das bedeutete, dass sie sich zwar bei der Arbeit in einer deutlich abhängigen Position befanden, die Risiken beim Streik aber geringer waren, da ArbeiterInnen, die häufig den Arbeitsplatz wechseln müssen, weniger Angst vor Entlassung haben als jene, die beinahe ständig für denselben Unternehmer arbeiten.[57]

Wenn drittens Schwierigkeiten bei einem solchen Job auftraten, wirkten die zeitlichen Zwänge sehr einschränkend. Die ArbeiterInnen waren gezwungen, sofort aktiv zu werden, wenn sie etwas erreichen wollten, bevor eine bestimmte Ernte eingebracht, ein Bauprojekt abgeschlossen oder der Arbeitsauftrag erledigt war. Es gab keine Gelegenheit, Widerstand langfristig zu planen, einen Streikfonds einzurichten, eine starke Gewerkschaftsorganisation aufzubauen oder sich auf so zeitraubende Prozeduren wie Vermittlung oder Schlichtungsverfahren einzulassen. Solche Arbeitsbedingungen begünstigten natürlich eine Taktik unmittelbarer

56 Mess, *Casual Labour at the Docks*, S. 123.

57 Diese Feststellung muss im Hinblick auf landwirtschaftliche GelegenheitsarbeiterInnen modifiziert werden. Ihr meist vollständiger Mangel an finanziellen Reserven machte es für die TagelöhnerInnen schwer, in einem Streik, der während ihrer Hauptverdienstphase stattfand, standhaft zu bleiben, während die saisonbedingte Arbeitslosigkeit schon drohte. »Im Gegensatz zu einem Industriestreik«, sagt Edward. E. Malefakis in seiner Forschungsarbeit zu spanischen Bauern, »bedeutet ein Erntestreik nicht nur Hunger für ein paar Tage oder Wochen, sondern möglicherweise das Verhungern im Laufe des Jahres.« Aber trotzdem waren die Unternehmer genau dann, wenn die landlosen Bauern/Bäuerinnen das meiste aufs Spiel setzten, am verwundbarsten. Während der Ernte »erreichte der Streik dann plötzlich eine fürchterliche Kraft« (*Agrarian Reform and Peasant Revolution*, S. 108). Frank M. Snowden kommentiert ein italienisches Beispiel: »In der Panik einer totalen Konfrontation, wo die Profite eines ganzen Jahres in Gefahr waren, fanden sich die Landbesitzer in Apulien auf die beiden starren Alternativen reduziert, entweder zu kapitulieren oder physische Gewalt anzuwenden. Beide Reaktionen radikalisierten die Arbeiterbewegung weiter« (*Violence and Great Estates*, S. 99f.).

ökonomischer Aktion gegen die Unternehmer. Die Anziehungskraft, die das syndikalistische Programm »direkter Aktion« auf solche Saison-, Gelegenheits- oder AuftragsarbeiterInnen ausüben musste, ist nicht zu übersehen.

Die zweite Kategorie von ArbeiterInnen, die besonders stark in syndikalistischen Organisationen vertreten waren, umfasste Bergarbeiter, Eisenbahnarbeiter und FabrikarbeiterInnen. Ihre Arbeitsplätze waren im Kontext der zweiten industriellen Revolution, die sich im späten 19. und frühen 20. Jahrhundert vollzog, umstrukturiert worden. Eine Unzahl technischer und organisatorischer Veränderungen bedrohte die mit Mühe erworbenen fachlichen Fähigkeiten, veränderte den Arbeitsprozess und intensivierte seine Anforderungen. 1910 hielt die US-amerikanische Einwanderungsbehörde schriftlich fest, dass es »nur durch die Erfindung mechanischer Vorrichtungen und Prozesse, die die vormals bei vielen Beschäftigungen erforderliche Geschicklichkeit und Erfahrung überflüssig gemacht haben, möglich war«, die großen Massen der ungelernten, ländlichen ImmigrantInnen aus Ost- und Südeuropa aufzunehmen.[58]

Die Kommission führte Beispiele aus dem Bergbau, der Textilindustrie, der Glas- und Stahlproduktion an. Die ArbeiterInnen der ersten Kategorie waren natürlich auch nicht gegen die Auswirkungen der technologischen Veränderungen gefeit. Im Baugewerbe zum Beispiel wurden die Zimmerleute mit Neuerungen wie vorfabrizierten Holzeinheiten und mechanischen Sägen konfrontiert, während die Fähigkeiten der Steinmetze desto weniger gefragt waren, je mehr sich der Gebrauch von Eisen und Stahl und der Einsatz mechanischer Geräte für die Bearbeitung von Steinen durchsetzte. Die Entprofessionalisierung und die wachsende Zahl der Arbeitssuchenden als Ergebnis des wirtschaftlichen Wandels und der technologischen Innovation waren jedoch für die ArbeiterInnen der zweiten Kategorie besonders typisch, die dadurch radikalisiert wurden und unter denen der Syndikalismus immer mehr AnhängerInnen fand. Handwerkliche Fähigkeiten zum Beispiel wurden in der Stahlindustrie nicht mehr benötigt, nachdem man in der Produktion die Bandmethode eingeführt hatte.

---

58 U.S. Immigration Commission, *Abstracts of Reports of the Immigration Commission*, 2 Bde. (Washington, DC 1911), 1, S. 495.

Im Vorkriegsgroßbritannien unterstützte die Zeitung *The Industrial Syndicalist* die Gründung einer neuen Zeitung, *The Syndicalist Railman*, mit dem Hinweis darauf, dass die Eisenbahngesellschaften »automatische Vorrichtungen benutzen, um die Stellenwärter und andere zu ersetzen. Und wenn einmal die Eisenbahnlinien elektrifiziert sein werden, werden diese automatischen Prozesse wahrscheinlich noch extensiver genutzt werden.«[59] Im Bergbau hatte der mechanische Untertagebau den Abbau mit der Spitzhacke verdrängt. Melvyn Dubofskys Beschreibung des US-amerikanischen Westens im späten 19. Jahrhundert trifft mit kleinen Abänderungen auch für viele Bergbaugemeinden anderswo zu: »Technologische Innovationen erhöhten die Produktivität, schmälerten aber gleichzeitig die Bedeutung traditioneller Fertigkeiten und zerstörten vorhandene Arbeitsmodelle. [Sie ...] tendierten dazu, einige der früheren gelernten Arbeiter auf den Status Ungelernter mit geringerer Entlohnung zu reduzieren. [... Alle] westlichen Bergbau-Communities erlebten einen ähnlichen Druck in Bezug auf die Stückrate, das Qualifikationsniveau und die vorhandenen Fertigkeiten.«[60]

Darüber hinaus erhöhten die breit gefächerte Einführung technischer Veränderungen, die den Bedarf an fachlichen Fertigkeiten verringerte, und die damit einhergehende Standardisierung des Maschinenparks die Mobilität der relativ ungelernten ArbeiterInnen, die von der Werkstatt in die Fabrik und von einem leicht zu erlernenden Job zum nächsten wechselten.[61] Eine Folge dieser Veränderungen war, dass die Arbeitsbedingungen von gelernten und angelernten ArbeiterInnen in diesen Sektoren zumindest auf den ersten Blick allmählich denen der GelegenheitsarbeiterInnen ähnelten. Diese Tendenz war schon lange zu beobachten. 1921 schrieb Paul H. Douglas, einer der damals führenden Wissenschaftler der Universität Chicago auf dem Gebiet der beruflichen Ausbildung:

59 *Industrial Syndicalist*, Mai 1911.

60 Dubofsky, *We Shall Be All*, S. 27. Siehe auch Wolfhard Weber, »Der Arbeitsplatz in einem expandierenden Wirtschaftszweig: Der Bergmann«, in: Jürgen Reulecke u. Wolfhard Weber (Hg.), *Fabrik, Familie, Feierabend. Beiträge zur Sozialgeschichte des Alltags im Industriezeitalter* (Wuppertal 1978), S. 89–113; und Keith Dix, »Work Relation in the Coal Industry: The Handloading Era, 1880–1930«, in: Andrew Zimbalist (Hg.), *Case Studies on the Labor Process* (New York u. London 1979), S. 156–69.

61 Sanford M. Jacoby, *Employing Bureaucracy. Managers, Unions, and the Transformation of Work in American Industry, 1900–1945* (New York 1985), Kap. 1.

> »Der Prozeß der Mechanisierung an sich, der die Arbeit stärker spezialisierte, machte den Arbeiter selbst weniger spezialisiert. Er war jetzt auswechselbar. Die Arbeitsgeschichte des typischen Handwerkers illustriert das. Er wechselt von der Schuhfabrik zur Baumwollspinnerei, von der Baumwollspinnerei zur Maschinenhalle und so weiter. Ein Maschinenwärter, der prinzipiell gelernt hat, wie man sich einer Maschine annimmt, kann sowohl einen Bandwebstuhl als auch Maschinen zur Schuhproduktion warten. Er ist wirklich ein austauschbarer Bestandteil des industriellen Mechanismus.«

Eine solche Mobilität sprach augenscheinlich gegen die Abschottung der Berufszweige voneinander und gegen die Identifizierung der ArbeiterInnen mit dem erlernten Handwerk. Sie erleichterte stattdessen eine globalere Sicht der Interessen der ArbeiterInnen und der Herausforderungen, denen sie sich stellen mussten. »In den Reihen dieser fluktuierenden Arbeitermassen, die von einem Industriezweig zum nächsten wandern, haben die Theorien des Syndikalismus ihre meisten Anhänger gefunden«,[62] fügte Douglas hinzu.

Die tiefgreifende technische Restrukturierung der Arbeitskraft und der Verlust an potenzieller *job control* sowie damit einhergehend die abnehmende Bedeutung von Facharbeit zugunsten der Zerlegung des Arbeitsprozesses in Arbeitsgänge, deren Ausführung nur geringe Fachkenntnisse erforderte (*dilution*), war ein langfristiger Trend, der durch den Ersten Weltkrieg noch beschleunigt wurde. Er machte sich besonders in der Metall- und in der Rüstungsindustrie bemerkbar, was ein Grund dafür ist, dass die Metallarbeiter »in den meisten Ländern der Welt die charakteristischen Führer der militanten Arbeiterorganisationen wurden«.[63]

Zusätzlich zu den Veränderungen technischer Natur wurden Neuerungen eingeführt, die die Arbeitsorganisation betrafen. Diese beiden Arten von Veränderungen erfolgten weder immer gleichzeitig, noch war die neue Arbeitsorganisation einfach ein Attribut des technischen Wandels.

62 Paul H. Douglas, *American Apprenticeship and Industrial Education* (New York 1921), S. 124.

63 Eric Hobsbawm, »Custom, Wages and Work-Load«, in: *Labouring Men*, S. 360. Man hat eingewandt, dass die Metallarbeiter in Petrograd der Entwertung der Facharbeit relativ gleichgültig gegenüberstanden und dass ihr Radikalismus mit anderen Faktoren erklärt werden müsse. Siehe S. A. Smith, *Red Petrograd. Revolution in the Factories 1917–1918* (Cambridge 1983).

Sie geht vielmehr auf die Absicht der Unternehmer zurück, ihre Kontrolle über den Arbeitsprozess auszudehnen. Das bedeutet, dass die technologische Innovation keineswegs eine spezifische Art von Arbeitsorganisation vorschrieb, aber – zumeist durch die Reduzierung der Bedeutung fachspezifischer Fähigkeiten – Veränderungen in einer bestimmten Richtung erleichterte, weil sie es den Unternehmern ermöglichte, die Zusammenarbeit der ArbeiterInnen in der Produktion einzuschränken. Es wurden neue Managementtechniken eingeführt, die zum Beispiel das System des »internal contract and indirect employment« ersetzten, in dessen Rahmen die gelernten ArbeiterInnen ihre Hilfs- und ZuarbeiterInnen selbst einstellten, bezahlten und beaufsichtigten oder die GruppenleiterInnen einen Vertrag mit einem Unternehmer eingingen, aber selbst das Arbeitsteam zusammenstellten, überwachten und ausbezahlten. Die Einstellung geschah direkt, ohne bürokratische Kontrolle. Was einmal als eine Ausprägung innerbetrieblicher Vertragsabschlüsse (*internal contracting*) – also eine Art Co-Management von ArbeiterInnen und Kapital – in der Textil- und Metallindustrie, im Berg- und Schiffsbau weit verbreitet, aber auch in anderen Industrien durchaus nicht ungewöhnlich war, ging um die Jahrhundertwende in Europa und Nordamerika merklich zurück. Zusätzlich zu der verstärkten direkten Kontrolle führten die Unternehmer verschiedene andere Methoden, wie zum Beispiel Akkordarbeit, Leistungsprämien, Modelle interner Beförderung und Arbeitshierarchien, ein, um aus den ArbeiterInnen mehr Leistung, Fügsamkeit und Loyalität herauszupressen.[64]

Trotz beachtlicher Unterschiede von Land zu Land und Industrie zu Industrie war den neuen Managementmethoden vor allem die verstärkte Kontrolle über den Arbeitsprozess gemeinsam, was den Transfer des

64 Zum Verschwinden der betriebsinternen Verträge, neuen Managementtechniken und der Bürokratisierung der Produktion siehe: Katherine Stone, »The Origins of Job Structures in the Steel Industry«, *Review of Radical Political Economics*, 6, 2 (Sommer 1974), S. 113–73; Michael P. Hanagan, *The Logic of Solidarity: Artisans and Industrial Workers in Three French Towns, 1871–1914* (Urbana 1980); Craig R. Littler, *The Development of the Labour Process in Capitalist Societies. A Comparative Study of the Transformation of Work Organization in Britain, Japan and the USA* (London 1982); und William H. Lazonick, »Technological Changes and the Control of Work: The Development of Capital-Labour Relations in US Mass Production Industries«, in: Howard F. Gospel u. Craig R. Littler (Hg.), *Managerial Strategies and Industrial Relations: A Historical and Comparative Study* (London 1983), S. 111–37. Arthur L. Stinchcombe bietet eine Erklärung dafür, warum sich in bestimmten Sektoren (wie in der Bauwirtschaft) die alten Strukturen nicht veränderten, in: »Bureaucratic and Craft Administration of Production«, *Administrative Science Quarterly*, 4 (1959), S. 168–87.

Produktionswissens von den ArbeiterInnen an die Unternehmer einschloss und damit unvermeidlich auf Widerstand stoßen musste. Craig R. Littler stellt fest, dass in Großbritannien gegen Ende des 19. Jahrhunderts »neue Ideen, neue Methoden und neue Technologie viele Unternehmer dazu brachten, sich um mehr Kontrolle im Betrieb zu bemühen«. Vor 1914, fügt er hinzu, »erfolgte eine Veränderung hin zu direktangestellten und direktkontrollierten Arbeitskräften, was aber nicht zur Schaffung von sicheren Arbeitsverhältnissen beitrug. Im Gegenteil nahm, soweit man das rekonstruieren kann, Gelegenheitsarbeit zu«.[65]

Die zunehmende direkte Kontrolle des Managements über den Arbeitsprozess schließt eine Zunahme des Aufsichtspersonals im Verhältnis zu den ArbeiterInnen mit ein. Ein grober Zahlenüberblick aus dem Fabriksektor der US-amerikanischen Wirtschaft bestätigt diese Annahme. 1900 betrug das Verhältnis Arbeiter-Vorarbeiter 16:1, um 1910 14:1 und 1920 nur noch 10:1.[66] In diesem Zeitraum expandierten die Massenproduktionsindustrien in den USA in einem atemberaubenden Tempo, wobei nach William H. Lazonick »erfolgreiches planmäßiges Management nicht nur einfach die Standardisierung, Beschleunigung und Koordination der Kapitalströme mit sich brachte, sondern auch die Standardisierung, die Erhöhung des Arbeitstempos und die Kontrolle der Arbeiter bedeutete. Die beruflichen Fähigkeiten und das berufliche Urteilsvermögen der Arbeiter mussten genauso wie die Kontrolle der Arbeiter über das Arbeitstempo soweit wie möglich überflüssig gemacht und zurückgedrängt werden«.

Die Frustration der ArbeiterInnen fand ihren Ausdruck in informellen und formellen Widerstandsformen, wie »starke Fluktuation, Absentismus, verminderte Produktion und dem Erstarken radikaler Gewerkschaften«.[67] Flemming Mikkelsen schreibt, dass die größten Streiks, die in den 15 Jahren vor Ausbruch des Ersten Weltkriegs durchgeführt wurden, meistens eher um »das Recht, Arbeit zu leiten und zu verteilen« gingen als um Lohnfragen.[68]

65 Littler, *Development of the Labour Process*, S. 79 und 96.

66 U.S. Bureau of the Census, *Historical Statistics of the United States (Colonial Times to 1970, part 1* (Washington 1975), S. 142f.

67 Lazonick, »Technological Changes and the Control of Work«, S. 111f., 126.

68 Mikkelsen, »Workers and Industrialization in Scandinavia«, S. 47.

Frankreich durchlebte in dem Vierteljahrhundert vor dem Ersten Weltkrieg mit Auftreten des Syndikalismus das, was Michael P. Hanagan »einen Industriekrieg« nennt. »Im ganzen Land tobte in den Werkstätten und Fabriken ein erbitterter Kampf um die Kontrolle über den Produktionsprozess. Überall versuchten die Unternehmer, sich die Kontrolle über die Betriebe anzueignen und das Wissen über den Herstellungsprozess in ihre Hände zu bekommen; überall boten die gelernten Arbeiter diesen Versuchen die Stirn.«[69]

Diese Veränderungen in Technologie und Arbeitsorganisation führten dazu, dass der Einfluss der Berufsgewerkschaften zurückging und HandwerkerInnen sich manchmal mit IndustriearbeiterInnen zusammenschlossen. Sie bildeten einen starken Anreiz für die gewerkschaftliche Organisierung, die die Vereinigung und Mobilisierung aller ArbeiterInnen in einem bestimmten Industriezweig zum Ziel hatte.

Zwischen 1900 und 1940 wurde in vielen Ländern das Tarifvertragssystem als ein Mittel zur Institutionalisierung des Klassenantagonismus eingeführt. Daraus ergaben sich eine Reihe schwerwiegender Konsequenzen. Die Gewerkschaften wurden erstens für die Vertragsdauer zu Mitverantwortlichen für die Disziplinierung der ArbeiterInnen. Zweitens begannen die Gewerkschaftsfunktionäre, die Rolle eines Puffers zwischen Kapitalisten und ArbeiterInnen zu spielen, was sie, weil ihre ursprüngliche Zielsetzung verändert wurde, konservativer werden ließ. Das Gefüge der Nominallöhne wurde drittens für eine bestimmte Zeitspanne festgesetzt; sie konnte mehrere Jahre betragen, was abhängig von der Wirtschaftslage zugunsten oder zuungunsten der ArbeiterInnen zu Buche schlagen konnte. Sogar dringende ArbeiterInnenforderungen konnten viertens nur noch mit langer Verzögerung zum Gegenstand eines Arbeitskampfes gemacht werden, außer im Falle einer Vertragsverletzung. Und obwohl Arbeitsverhältnisse gewöhnlich durch Tarifverträge geregelt wurden, schienen diese für einige Teile der ArbeiterInnenklasse in der Praxis mehr Nachteile als Vorteile zu bringen, insbesondere zu Zeiten »relativer Verarmung«.[70]

69 Hanagan, *Logic of Solidarity*, S. 3.

70 Klaus Zapka, *Politisch-ökonomische Entwicklungs- und Durchsetzungsbedingungen des Tarifvertragssystems* (Frankfurt/Main 1983); Colin Crouch, *Trade Unions: The Logic of Collective Action* (Isle of Man 1982).

Die Ablehnung der in der ArbeiterInnenbewegung vorherrschenden Strategie

Einige ArbeiterInnen fühlten sich durch den Nachdruck, den die SyndikalistInnen auf die direkte industrielle Aktion legten, angesprochen. Sie versuchten, ihre kurz- und langfristigen Ziele mit Hilfe revolutionärer Gewerkschaften als klare Alternative zu der in der ArbeiterInnenbewegung vorherrschenden Strategie, wie sie von sozialistischen ArbeiterInnenparteien und den reformistischen Gewerkschaften vertreten wurde, durchzusetzen. In dem Jahrzehnt vor dem Ersten Weltkrieg hatten sie Gelegenheit gehabt, das Vorgehen dieser Parteien und Gewerkschaften im Namen der ArbeiterInnen zu studieren, und es unzulänglich gefunden.

Überall in Europa und auf dem amerikanischen Kontinent waren schon lange vor der Jahrhundertwende unterschiedlich starke sozialistische Parteien gegründet worden. Manche von ihnen hatten keine besonderen Glanzleistungen aufzuweisen, und es gab Länder, in denen die große Bewegung des politischen Sozialismus Fehler und Ungereimtheiten beging, zeitweise gespalten und von Konflikten gebeutelt war. Der Wunsch, dem Zeit und Kraft raubenden Gezanke zwischen den sozialistischen Gruppierungen aus dem Weg zu gehen, war einer der Faktoren, die radikale ArbeiterInnenorganisationen wie das niederländische NAS oder die US-amerikanische IWW dazu bewogen, ihre Unabhängigkeit von den politischen Parteien zu erklären. In Frankreich hatten sich viele Gewerkschaften schon früh zu einer Politik der politischen Neutralität gegenüber einer gründlich gespaltenen und ineffektiven sozialistischen Bewegung bekannt, größtenteils, um zu vermeiden, dass der politische Dissens die Gewerkschaften schwächte, und um den streitsüchtigen sozialistischen Fraktionen, die ein so augenscheinliches Interesse an der Vereinnahmung der Gewerkschaften demonstrierten, Grenzen zu setzen.

Besondere Bedingungen herrschten in anderen Fällen, wie zum Beispiel vor dem Ersten Weltkrieg in Argentinien, wo die organisierte ArbeiterInnenbewegung von ArbeitsimmigrantInnen, denen man das Wahlrecht verweigerte, beherrscht wurde. Länder wie Italien oder Deutschland jedoch konnten mit Stolz auf große ArbeiterInnenparteien mit einer langen, eindrucksvollen Geschichte schon in der Zeit vor dem Ersten Weltkrieg verweisen. Die deutsche Sozialdemokratie, die ab 1912 die stärkste der deutschen Parteien war, nahm unter ihnen einen Ehrenplatz ein. Aber selbst da, wo die ArbeiterInnenparteien deutlich an Stärke gewonnen hatten, standen die Positiva aus der Bilanz ihres Erstarkens in den Augen vieler Militanter in keinem Verhältnis zu den Energien, die die ArbeiterInnenklasse für sie aufgewendet hatte. Einige Dissidenten argumentierten, dass die zahlenmäßige Größe einer Partei nicht unbedingt Ausdruck wirklicher Fortschritte im Klassenkampf sei, der anscheinend einer übermäßigen Beschäftigung mit der inneren Parteiorganisation, der Wahlpropaganda und dem parlamentarischen Prozedere geopfert worden war. Andere hatten den Eindruck, dass die Parteien ihres ursprünglichen revolutionären Schwungs und ihrer Absichten verlustig gegangen waren und sich der Stärkung und dem Ausbau ihrer Position im bestehenden gesellschaftspolitischen System zugewandt hatten, statt um eine tiefgreifende Veränderung zu ringen.

Es gibt eine Vielzahl von Beispielen für die zunehmende Ungeduld der radikalen AktivistInnen in den ArbeiterInnenparteien, die manchmal bis zum Bruch und zur Gründung syndikalistischer Organisationen führte. In Süditalien disqualifizierten SyndikalistInnen die Politik der sozialistischen Partei während der Vorkriegsära als »monarchistischen Reformismus«. Die SyndikalistInnen in Apulien »lehnten die Bürokratisierung und den Mangel an innerer Demokratie« in der Partei, »den parlamentarischen Weg zum Sozialismus und die Strategie der Kollaboration mit (Premierminister) Giovanni Giolitti, den die Apulier einen ›Mafia-Boß‹ nannten«, ab.[71] In Norwegen trat vor dem Krieg – zeitweise stark unterstützt von Bau- und BergarbeiterInnen – eine Oppositionsgruppe in Erscheinung, die die direkte Aktion befürwortete und die, wie Sten Sparre Nilson schreibt, »die etablierten Führer der Arbeiter-Partei, deren geduldiges Bemühen, das Parlament und die kommunalen Körperschaften zu beeinflussen, als viel zu langwierig und ineffektiv angegriffen wurde«, ablehnte.[72] Die völlig reformorientierte Labour-Partei in Großbritannien war erst zu Beginn des 20. Jahrhunderts gegründet worden. Obwohl sie sogar noch während der Unruhen vor dem Ersten Weltkrieg allmählich weiter erstarkte, setzten viele AktivistInnen viel mehr auf die Politik der bestehenden, sich

71 Snowden, *Violence and Great Estates*, S. 95.

72 Sten Sparre Nilson, »Labour Insurgency in Norway: The Crisis of 1917–1920«, *Social Science History*, 5 (1981), S. 393–416, hier 410.

zusammenschließenden und revolutionierenden Gewerkschaften als auf die parlamentarischen Aktivitäten der Labour-Partei.

»Das älteste Mitglied des Redaktionsstabs konnte sich an Leute erinnern, die vor Jahren über eine Labour-Partei redeten«, höhnte der militante *Daily Herald* im September 1913. Und im Hinblick auf den Beitrag von fünf Shilling für den bevorstehenden Parteitag fügte der *Herald* hinzu: »Kein Gewerkschaftler würde den Wert von sechzig Pence aus der Labour Partei herausschinden. Es wäre eine ausgesprochen schlechte Investition.«[73] Ungefähr zum selben Zeitpunkt verteidigte die SAC in Schweden, die der internationalen Verbreitung des Syndikalismus Beifall zollte, ihr auf den Gewerkschaften basierendes Prinzip der direkten Aktion, das die »zahnlosen, politischen, sozialdemokratischen, alten Marktweiber zugunsten ihres eigenen Schunds in Misskredit zu bringen suchten«.[74] Man ging mit den bestehenden reformistischen Gewerkschaften, die häufig mit den ArbeiterInnenparteien alliiert waren, wegen ihrer ineffizienten Vertretung von ArbeiterInneninteressen scharf ins Gericht. Unzufriedene ArbeiterInnen beschuldigten sie wiederholt, den Wahlunternehmungen der Parteien offiziell oder inoffiziell das Placet zu geben und oft den Klassenkampf nicht direkt und nicht vehement genug in ihrer Eigenschaft als Gewerkschaften zu betreiben und die Interessen der breiten ArbeiterInnenmassen hinter die organisierter Berufs- oder Gruppeninteressen zurückzustellen.

Kritiker führten ins Feld, dass sogar das eindrucksvolle zahlenmäßige Anwachsen, das einige Gewerkschaften vorzuweisen hatten, den Klassenkampf behinderte, wenn es mit einer Zunahme der von Verwaltungsmentalität und Vorsicht geprägten Funktionärsschicht und einer lähmenden Zentralisierung, die allen revolutionären Initiativen von unten entgegenarbeitete, einherging. Gemessen an Größe und administrativem Apparat waren die deutschen »Freien Gewerkschaften«, die mit der SPD verbündet waren, die erfolgreichsten in Europa. Zwischen 1902 und 1913 stieg ihre Mitgliederzahl um nahezu 350 %, während ihr bürokratischer Apparat um 1900 % anwuchs. Im selben Zeitraum wurden die »Freien Gewerkschaften« viel konservativer.[75]

73 *Daily Herald*, 27. September 1913.

74 *Syndikalisten*, 8. November 1913.

75 Die Zahlen stammen aus: Gary Steenson, *»Not One Man! Non One Penny!« German Social Democracy,*

Die unabhängig organisierte syndikalistische Organisation in Deutschland vor 1914, der stimmgewaltige Erzfeind der Freien Gewerkschaften, war verglichen mit ihrem sozialdemokratischen Rivalen ein Winzling. Eine ernst zu nehmende Bedrohung kam aus den eigenen Reihen. Vor dem Krieg wurden die kritischen Stimmen gegenüber der moderaten Funktionärsschicht lauter. Und nach dem Krieg schien der Syndikalismus eine gangbare Alternative zur bürokratischen Unbeweglichkeit aufzuzeigen.

Überall sahen sich die etablierten reformistischen Gewerkschaften mit ähnlichen Beschuldigungen konfrontiert. Ab der Jahrhundertwende wurden sie immer stärker verurteilt als stagnierend, von bürokratischer Trägheit behindert, verstrickt in die kurzfristigen Belange des »business unionism« – der von deutschen Kritikern als »Magenfrage« und von den amerikanischen Wobblies als »pork-chop unionism« verspottet wurde – und als zu feige, die sorgfältig aufgebauten Gewerkschaftsstrukturen oder die Gewerkschaftskassen aufs Spiel zu setzen.

Die neu entstandenen syndikalistischen Gewerkschaften machten hingegen oft aus ihrer losen Organisation und minimalen Struktur eine (zuweilen aus der Not geborene) Tugend, die die verkrusteten bürokratischen Strukturen und großen Kriegskassen als zutiefst konservativ ablehnte. In einigen Fällen wurde an den reformistischen Gewerkschaften kritisiert, dass sie sich aufgrund der Tarifverhandlungen zu stark mit den Unternehmern, aufgrund der Schlichtungsverfahren und des Wohlfahrtsgedankens zu stark mit dem Staat identifizierten. Andernorts wurden sie als unsensibel oder feindselig gegenüber anderen Auffassungen und den Initiativen der gewerkschaftlichen Basis und den Bedürfnissen der nicht gewerkschaftlich organisierten ArbeiterInnen kritisiert. Obwohl die SyndikalistInnen der französischen CGT ihre ausländischen Schwesterorganisationen dazu drängten, die bestehenden reformistischen Gewerkschaften außerhalb Frankreichs zu revolutionieren, sahen viele Militante dieses Unterfangen als aussichtslos an. Ein bekannter belgischer Syndikalist, L. Wolter, erhob

---

1863–1914 (Pittsburgh 1981), S. 96. Siehe auch Klaus Schönhoven, *Expansion und Konzentration. Studien zur Entwicklung der Freien Gewerkschaften im Wilhelminischen Deutschland 1890 bis 1914* (Stuttgart 1980), S. 221–60. Als ein Beispiel für zeitgenössische Kritik an der den Konservatismus fördernden Ausweitung der Gewerkschaftsbürokratie in Deutschland siehe Rosa Luxemburg, *Massenstreik, Partei und Gewerkschaften* (Hamburg 1906).

den Einwand, dass die Franzosen die Aufgabe der Agitation in den Reihen der großen, feindlichen deutschen und belgischen sozialdemokratischen Gewerkschaften, die die »Bildungsbedürfnisse« der Gewerkschafter »hintertrieben« und die Gedankenfreiheit »systematisch erstickten«,[76] nicht richtig einschätzen könnten. Überall traten die reformistischen Gewerkschaften Mitgliedern und Kritikern von außen entgegen, die versuchten, sie zu kühneren, militanteren Aktionen zu drängen. Solche Dissidenten begannen dafür zu plädieren, aus den Gewerkschaften auszutreten oder sie zu spalten, um eine couragiertere Politik durchzusetzen.

Die Unzufriedenheit an der gewerkschaftlichen Basis war jedoch offensichtlich nicht gleichbedeutend mit dem Syndikalismus, obwohl diese Gleichsetzung fälschlicherweise oft vorgenommen wird. Während der großen Unruhen, die Großbritannien vor dem Krieg erschütterten, nahm die Presse beinahe jedes Aufbegehren von Seiten der Gewerkschafter gegen ihre Gewerkschaftsführer als einen Beweis für den Syndikalismus. Solche Konflikte waren aber sowohl in Großbritannien als auch anderswo tatsächlich eher ein Symptom für die weit verbreitete Radikalisierung der ArbeiterInnen, die in Widerspruch zu den Sachzwängen der landläufigen Gewerkschaftsorganisation und -praxis gerieten, als dass sie ganz einfach ein Beweis für den Syndikalismus gewesen wären. In vielen Fällen gelang es bestehenden Gewerkschaften, solche Unzufriedenheiten einzudämmen – und die UnruhestifterInnen zu neutralisieren oder nur zu vertrösten –, ohne grundsätzlich die Organisation zu verändern; manchmal wurden bestehende Gewerkschaften auch dazu gebracht, syndikalistischen Prinzipien zuzustimmen; in anderen wiederum brach sich die Unzufriedenheit Bahn, und neue, revolutionäre Gewerkschaften wurden gegründet.

Der Generalstreik

Bevor der Syndikalismus als ein internationales Phänomen entstehen konnte, musste sein Programm der direkten Aktion als gangbare Alternative zu der in der ArbeiterInnenbewegung vorherrschenden Strategie von Wahlpolitik und reformistischer Gewerkschaftspolitik erkannt werden.

76 *La Vie Ouvrière*, 5. April 1913.

Die Vorstellung einer kollektiven Arbeitsniederlegung als Waffe der arbeitenden Klasse kann bis ins 18. Jahrhundert zurückverfolgt werden und wurde in Frankreich und England zur Zeit der französischen Revolution durchaus erwogen. Sie tauchte in Gestalt von William Benbows »National Holiday« in den Diskussionen der 1830er Jahre erneut in England auf und wurde von den Chartisten befürwortet. Die Bakunisten auf dem Kontinent dachten später über eine kollektive Arbeitsniederlegung in Form eines »geheiligten Monats« nach. Aber praktisch möglich wurde der Generalstreik erst in den 1890er Jahren. Um einen solchen Streik in ein wirkliches Kampfmittel zu verwandeln, waren zwei qualitative Veränderungen notwendig: Erstens musste die Wirtschaft in ausreichendem Maße von der Lohnarbeit abhängig sein, das heißt, dass die moderne ArbeiterInnenklasse zu einer unersetzlichen sozialen Kraft geworden sein musste und jeder langfristige von den ArbeiterInnenmassen durchgeführte Streik die Gesellschaftsordnung in ihrem Lebensnerv treffen musste. Die Voraussetzung dafür war zweitens, dass die ArbeiterInnen einen ausreichenden Grad an Organisation und Solidarität erreicht haben mussten, zumindest in den elementaren Sektoren der Wirtschaft, um eine weit verbreitete Arbeitsverweigerung spürbar zu machen. In den meisten entwickelten kapitalistischen Ländern war dieser Zeitpunkt zwischen 1870 und 1900 erreicht.[77] Nur diese Faktoren machten die Häufung von »Generalstreiks« und »politischen Streiks«, die mit wechselndem Erfolg in den Jahren vor dem Ersten Weltkrieg, zum Beispiel in Belgien 1893 und 1902, in Schweden 1902 und 1909, in den Niederlanden 1903 und in Italien 1904, durchgeführt wurden, möglich und erklärbar. Die wichtige Rolle, die den Arbeitsniederlegungen während der Russischen Revolution 1905 zukam, ermutigte die Vertreter der direkten Aktion zusätzlich und goss Öl ins Feuer der Debatte über den Massenstreik in der europäischen ArbeiterInnenbewegung.

Regionale und geografische Einflüsse

Ein Blick auf den Syndikalismus als internationales Phänomen legt die Vermutung nahe, dass regionale Faktoren die Verbreitung seiner Positionen und Praktiken beeinflussten. Der Fall Frankreich illustriert den

77 Haupt u. a., *Der politische Streik – Geschichte und Theorie.*

»Ausstrahlungseffekt«, durch den eine unter den ArbeiterInnen an einem bestimmten Ort oder in einer bestimmten Region vorherrschende Position manchmal entgegengesetzte Einflüsse überwindet und auch von solchen ArbeiterInnengruppen übernommen wird, denen sie normalerweise fremd wäre. Die für die Lohnabhängigen in den kleinen Fabriken, die die Pariser Fabriklandschaft der Vorkriegszeit prägten, typische Nähe zum Syndikalismus förderte auch die syndikalistische Orientierung unter den ArbeiterInnen in einer Reihe von Großbetrieben, während umgekehrt der Reformismus in Nordfrankreich so stark war, dass ArbeiterInnengruppen, die typischerweise radikal waren, wie zum Beispiel im Baugewerbe, sich dort einen reformistischen Standpunkt zu eigen machten. H. B. Wiardi Beckman, der die französische Bewegung untersuchte, dachte augenscheinlich an den Einfluss solcher Faktoren auf den Radikalismus, als er bemerkte, dass »die ganze wirtschaftliche Umgebung, in der der Arbeiter lebt, dazu beiträgt, die Richtung seiner Gedanken zu bestimmen«.[78]

Abgesehen von diesem »Ausstrahlungseffekt« spielten auch regionale Widersprüche eine Rolle. So wirkten die Arbeitsbedingungen im rauen kanadischen und amerikanischen Westen – wo die Ausbeutung greifbarer, die Unternehmer rücksichtsloser und die Allianz zwischen Regierung und Kapital klarer erkennbar als irgendwo sonst waren – radikalisierend auf die ArbeiterInnen und trieben einen Keil zwischen sie und die reformbedachten, an gelernten ArbeiterInnen orientierten Gewerkschaftsbewegungen im Osten, deren FührerInnen bestenfalls die Arbeitsbedingungen der ArbeiterInnen im Westen nicht kannten, unsensibel oder gleichgültig gegenüber deren Nöten und Bedürfnissen und schlimmstenfalls feindselig gegenüber deren Initiativen waren. Die Geburt der im kanadischen Westen ansässigen OBU ist sicherlich zu einem Großteil auf regionale Widersprüche zurückzuführen, und ihre Pioniere sahen in ihrer Distanz zu den älteren Gewerkschaften im Osten sogar einen gewissen Vorteil. Das *One Big Union Bulletin* stellte im Mai 1919 fest, dass die ArbeiterInnen im Westen die Führung in den revolutionären Gewerkschaften übernehmen würden, weil sie »nicht so stark wie unsere Brüder im Osten durch das Funktionärswesen behindert« seien.[79]

78 H. B. Wiardi Beckman, *Het Syndicalisme in Frankrijk* (Amsterdam 1931), S. 18.

79 Zitiert in Gerald Friesen, »›Yours in Revolt‹: The Socialist Party of Canada and the Western Canadian Labour Movement«, *Labour/Le Travailleur*, H. 1 (1976), S. 139–57, hier 148.

In den USA zogen die Bemühungen der *Western Federation of Miners* und ihrer Nachfolgeorganisation, der *American Labor Union*, die lange von der im Osten ansässigen Gewerkschaftsbewegung vernachlässigten ArbeiterInnen zusammenzuschließen, feindselige Angriffe der *American Federation of Labor* (AFL) auf sich, noch bevor die IWW als Erbin des Radikalismus im amerikanischen Westen und als Gegenspielerin der AFL gegründet wurde. In Italien hatten sich die zunehmend gemäßigte Sozialistische Partei und die in der *Confederazione Generale del Lavoro* (CGL) zusammengeschlossenen reformistischen Gewerkschaften auf Minimalzugeständnisse für die ArbeiterInnen im Norden konzentriert. Die systematische Vernachlässigung des agrarischen Südens entfremdete dortige Militante der Partei, die in ihren Augen das revolutionäre Ziel aufgegeben und die ArbeiterInnen im Süden im Stich gelassen hatte. Für sie »war die Partei nicht zu einem Mittel tiefgreifenden Wandels geworden, sondern ein Interessenverband, der zugunsten der Elite der Arbeiterklasse im Norden Konzessionen erwarb«.[80] Die süditalienischen GewerkschafterInnen schlossen sich mit ihren Organisationen eher der syndikalistischen USI als der reformistischen CGL als Dachverband an.

Der relative Erfolg, den die syndikalistischen Bewegungen verzeichnen konnten, war zumindest teilweise auf das Stadium zurückzuführen, das der Klassenkampf allgemein erreicht hatte. Ihre SprecherInnen und AktivistInnen verstanden den Syndikalismus – den »syndicalisme révolutionnaire«, wie er in dem Land genannt wurde, aus dem der Begriff kommt – als eine revolutionäre Strömung innerhalb der ArbeiterInnenbewegung. Die Geschichte legt aber die Vermutung nahe, dass die revolutionären Bewegungen im Vergleich zu ihren reformistischen Gegenspielerinnen in Zeiten relativer Stabilität ziemlich klein blieben. Dementsprechend bleiben die rein syndikalistisch organisierten ArbeiterInnen in nicht revolutionären Situationen eine Minorität unter den organisierten ArbeiterInnen insgesamt. Die syndikalistischen Bewegungen können die Hegemonie in der ArbeiterInnenklasse nur erreichen, wenn eine revolutionäre Situation besteht. Daraus wiederum folgt unter anderem die Analyse der französischen CGT von vor 1914 als einer nicht rein revolutionären Bewegung. Es sieht so aus, als ob das Programm der

80 Snowden, *Violence and Great Estates*, S. 94.

CGT zum Beispiel wenig mit dem Alltag der meisten ihrer Mitglieder zu tun hatte, genauso wenig, wie das revolutionäre Erfurter Programm die tägliche Praxis der deutschen SozialdemokratInnen widerspiegelte. Bei dieser Lesart wird klar, wie sich die CGT nach dem fehlgeschlagenen Streik für den Acht-Stunden-Tag 1906 trotz ihrer revolutionären Rhetorik immer stärker an eine reformistische Praxis annähern konnte und nur wenige Jahre später bereitwillig mit ihren bürgerlichen Kontrahenten und dem Staat in der »Union Sacrée« paktieren konnte. Mehrere Autoren ziehen diesen Schluss in Bezug auf die französische Bewegung.[81]

Das Bild, das der Syndikalismus in Ländern bot, wo er sich in nichtrevolutionären Zeitabschnitten gegen andere Gewerkschaften behaupten musste, bestätigt diese Auffassung. So betrug die Mitgliederzahl der IWW nie mehr als nur einen Bruchteil jener der AFL, was auch für die deutsche FAUD gegenüber den »Freien Gewerkschaften« zutrifft; zu seiner Blütezeit 1920 erreichte die Mitgliederzahl des NAS nur ein Fünftel der des sozialdemokratischen *Nederlandsch Verbond von Vakvereenigingen*, außerdem gab es in den Niederlanden auch große christliche Gewerkschaften. In Schweden hatte die SAC 1924 auf dem Zenit ihres Einflusses nur ein Zehntel der Mitgliederstärke der sozialdemokratischen *Landsorganisationen* (LO) aufzuweisen. Die Tatsachen, dass im Gegenteil die revolutionäre »Casa« in Mexiko zwischen 1914 und 1916 die absolute Vorherrschaft in der ArbeiterInnenklasse innehatte und dass die CNT in den 30er Jahren mit den mit den SozialistInnen liierten Gewerkschaften in Spanien gleichgezogen hatte, bestätigen ebenfalls diese Annahme, da beide Situationen eindeutig revolutionäre waren.

Warum sank der Stern des Syndikalismus? Eine der entscheidenden und unmittelbaren Ursachen für den Niedergang syndikalistischer Bewegungen war die staatliche Repression. Autoritäre westliche Regierungen zerschlugen fünf der hier diskutierten Bewegungen (in Italien, Portugal, Deutschland, Spanien und den Niederlanden) – genauso wie die bolschewistische Regierung bereits die russische Bewegung zerstört hatte. Zwei andere Bewegungen (in den USA und in Mexiko) wurden durch

81 Das Problem der revolutionären Glaubwürdigkeit der Vorkriegs-CNT ist sehr akzentuiert, aber möglicherweise zu nachdrücklich von Peter Stearns beleuchtet worden, in: Peter Stearns, *Revolutionary Syndicalism and French Labor* (New Brunswick/New Jersey 1971); der Fall ist von Mitchell zwar provokativ, aber nicht ganz überzeugend noch einmal reflektiert worden: Mitchell, *The Practical Revolutionaries*.

die staatliche Verfolgung sehr geschwächt. Das erklärt allerdings nicht hinreichend das andauernde Fehlen bedeutender syndikalistischer Bewegungen in diesen Ländern. Warum waren die ErbInnen der CNT unfähig, den verlorenen Boden in den späten 70er Jahren nach dem Ende der Franco-Diktatur zurückzuerobern? Offensichtlich gibt es dafür noch grundsätzlichere und tiefer liegende Gründe.

Eine gründlichere Erklärung für das Verschwinden des Syndikalismus als Massenbewegung muss nicht einfach nur temporäre Faktoren wie staatliche Repression, sondern auch Veränderungen innerhalb der kapitalistischen Gesellschaft ins Auge fassen. Offensichtlich vollzogen sich die Revolutionen des 20. Jahrhunderts immer in vorindustriellen Ländern oder in solchen auf dem Weg zur Industrialisierung, aber niemals in vollständig entwickelten kapitalistischen Gesellschaften. Man mag das als Zufall abtun, aber das fast planmäßige Ausbleiben von Revolutionen der ArbeiterInnenklasse von unten lässt eine strukturelle Ursache vermuten. Einige Wissenschaftler vertreten die Ansicht, dass die Entwicklung der Sozialleistungen seitens des interventionistischen Staates dafür der Hauptgrund ist, oder, wie Richard Löwenthal es ausdrückt, das »[...] enorme Anwachsen der Bedeutung der Funktionen und deshalb des Funktionierens der staatlichen Verwaltung für das tägliche Leben des Menschen«.[82]

Neben dem Wohlfahrtsstaat sind die integrativen Auswirkungen der entwickelten kapitalistischen Beziehungen zwischen Produktion und Konsumtion zu beachten. Sie führen dazu, dass ArbeiterInnenfamilien nicht nur produzieren und ihre Arbeitskraft reproduzieren, um sie zu verkaufen, sondern gleichzeitig als Personen des individualisierten Massenkonsums handeln, wie in Kapitel 2 bereits erwähnt.

Das Aufkommen des Wohlfahrtsstaates und die Gegebenheiten einer langfristigen Integration der ArbeiterInnen in die entwickelten kapitalistischen Volkswirtschaften ließen den syndikalistischen Bewegungen, so sie nicht ohnehin schon durch staatliche Repression zerschlagen worden waren, (genau wie den anarchistischen Gruppen) nur drei Optionen, von denen jede letztlich tödliche Folgen haben musste. Eine Bewegung konnte:

82 Richard Löwenthal, »Vom Ausbleiben der Revolution in den Industriegesellschaften«, *Historische Zeitschrift*, 232 (1981), S. 1–24, hier 22.

1. an ihren Prinzipien festhalten – in diesem Fall würde sie unweigerlich vollkommen marginalisiert werden,
2. ihren Kurs völlig verändern und sich den neuen Bedingungen anpassen – in diesem Fall würde sie ihre syndikalistischen Prinzipien aufgeben müssen; oder
3. wenn diese beiden Alternativen ausschieden, sich auflösen, oder, was dem gleichkommt, in einer nicht-syndikalistischen Gewerkschaft aufgehen.

Die IWW, die bis heute überlebte, optierte für die erste Alternative. Die französische CGT, die sowieso nie ganz revolutionär war, entschied sich für die zweite. Andere Bewegungen votierten früher oder später für die dritte.

Der Fall der schwedischen SAC ist in dieser Hinsicht sehr lehrreich. Die SAC entschloss sich anfänglich für die erste Alternative, aber als sie total marginalisiert zu werden drohte, veränderte sie ihren Kurs und wählte die zweite. Ab Anfang der 1930er Jahre wurde Arbeitslosenunterstützung in Schweden von den Gewerkschaften aus Sonderfonds gezahlt, die der Staat mit großen Beiträgen unterstützte. Die SAC verweigerte zunächst ihre Beteiligung an diesem Programm, aber eine steigende Anzahl von Mitgliedern wanderte ab zur sozialdemokratischen LO. Als die SAC sich einem Schrumpfungsprozess ausgesetzt sah, verbreitete sich allmählich in den Reihen ihrer Mitglieder die Ansicht, dass ihr Überleben von der Einrichtung eines eigenen Versicherungsfonds abhängig sei.

> »Ein Antrag in diesem Sinne wurde auf dem Kongreß der SAC 1942 angenommen und eine gründliche Untersuchung der Angelegenheit eingeleitet. Bei den sozialdemokratischen Behörden fand man größeres Entgegenkommen, als man erwartet hatte. Verhandlungen ergaben, daß die SAC nicht nur das Recht erhalten sollte, eine eigene Versicherungskasse mit dem üblichen Staatsbetrag zu gründen – normalerweise ca. 55 % –, sondern auch, daß man bereit war, eine besondere Subvention als Startkapital zu bewilligen. Dieses Grundkapital wurde auf 337.720 Kronen festgesetzt, was für eine kleine Organisation wie die SAC eine bedeutende Summe war. Zur Sache gehört, daß die

> größeren Verbände der sozialdemokratischen LO ihre Kassen gewöhnlich mit eigenem Grundkapital aufbauten.«[83]

Nach einigem Zögern entschied die SAC sich, das Angebot anzunehmen. »Die SAC, deren Mitgliederzahl zwanzig Jahre lang abgenommen hatte, wurde unter diesen Verhältnissen eine langsam wachsende Organisation.«[84]

Man kann sich schwer ein treffenderes Beispiel für die Integrationskraft des kapitalistischen Wohlfahrtsstaates vorstellen. Das Problem der Tarifverträge ließ schon die Schwierigkeit, syndikalistische Prinzipien in entwickelten kapitalistischen Gesellschaften zu wahren, erahnen. Viele Organisationen innerhalb der internationalen syndikalistischen Bewegung lehnten zuerst Tarifverträge mit den Unternehmern ab, weil durch die mit solchen Verträgen einhergehende Mitverantwortung für die Arbeitsdisziplin der Bürokratismus in den Gewerkschaften ausgeweitet, der revolutionäre Geist unterminiert und die Aktionsfreiheit der ArbeiterInnen, die sie sich immer gegen den Klassenfeind erhalten sollte, eingeschränkt würden. Viele ArbeiterInnen jedoch gaben diese Position, manchmal nach einer Phase voller Misstrauen und Ablehnung, sehr schnell auf. Schon in den ersten Jahrzehnten des Jahrhunderts zeigte sich, dass die syndikalistischen Gewerkschaften Tarifverträge akzeptieren mussten, wenn sie ihre großen Mitgliederzahlen erhalten oder sich mehr Zulauf verschaffen wollten. Das niederländische NAS entschloss sich 1909 widerwillig, dieses Prinzip zu akzeptieren. Die schwedische SAC willigte 1929 in Tarifverträge ein. Die argentinische FORA und die kanadische OBU sprachen sich von Anfang an für Tarifverträge aus.

Die hier vorgestellte Analyse geht davon aus, dass der Niedergang der syndikalistischen Massenbewegungen nicht notwendigerweise endgültig sein muss. Obwohl Gesellschaften mit entwickelten kapitalistischen Volkswirtschaften und ausgedehnten sozialen Netzen mit Erfolg ArbeiterInnenunruhen entschärft und kanalisiert und ArbeiterInnen integriert haben, können die Prinzipien der direkten Aktion in anderen Gesellschaften für bestimmte Teile der ArbeiterInnenklasse immer noch

83 Evert Arvidsson, *Der Freiheitliche Syndikalismus im Wohlfahrtsstaat* (Darmstadt 1960), S. 21f.

84 Ebd.

recht attraktiv sein. Der Aufstieg von *Solidarność* in Polen 1980/81 ist ein hervorragender Beweis für die fortbestehende Anziehungskraft der direkten Aktion auf eine große Anzahl systemkritischer ArbeiterInnen. Obwohl Solidarność nicht als syndikalistisch im engen Sinn gelten kann, wurden in dieser Gewerkschaft dennoch viele Grundgedanken und Praktiken des »klassischen« Syndikalismus wiederbelebt.

4. Sozialdemokratische Parteien

Niemand kann bestreiten, dass die internationale Sozialdemokratie seit den 1970er Jahren schwere Zeiten durchmacht. In Schweden z. B. wurde die Partei 1976 nach 44 Jahren fast ununterbrochener Regierungsbeteiligung auf die Oppositionsbank verwiesen. Die britische Labour-Partei musste unter Premierministerin Thatcher harte Schläge einstecken. Seit Jahren schon rufen Freund und Feind deshalb, das Ende der Sozialdemokratie sei nahe. In der zweiten Hälfte der 1970er Jahre schrieb der marxistische Historiker Eric Hobsbawm, der »Vormarsch« der Labour Party sei zum Stillstand gekommen.[85] Einige Jahre später behauptete der liberale Soziologe Ralf Dahrendorf, die Sozialdemokratie habe sich überlebt.[86] Politologen melden einen allgemeinen Abwärtstrend der Wahlergebnisse.[87] Und auch im eigenen Kreis meinen prominente Mitglieder dann und wann, das Ende der Sozialdemokratie sei in Sicht.

Aber der Niedergang ist nicht geradlinig. 1982 bekam Schweden wieder eine sozialdemokratische Regierung; die Labour-Partei holte während der Kommunalwahlen 1994 kräftig auf; und die SPD erholte sich bei den deutschen Bundestagswahlen im selben Jahr einigermaßen. Es geht also nicht so sehr um einen unaufhaltsamen Niedergang, sondern um gestiegene Instabilität. Der finnische Politologe Risto Sänkiaho weist in diesem Zusammenhang auf eine Verschiebung von »diffuser« zu »spezifischer« Wahlentscheidung hin. Um eine diffuse Entscheidung handle es sich, wenn Menschen sozialdemokratisch wählen, weil sie der Meinung sind, dass sie auf die eine oder andere Weise zu dieser Partei »gehören«, z. B. weil sie aus einem »roten Nest« kommen oder weil die Partei immer so viel für »einfache Menschen« getan habe. Um eine spezifische Entscheidung handle es sich, wenn die WählerInnen bei jeder Wahl prüfen, inwieweit

85 Eric J. Hobsbawm, »The Forward March of Labour Halted?« (1978), in: Martin Jacques u. Francis Mulhern (Hg.), *The Forward March of Labour Halted?* (London 1981), S. 1–19.

86 Ralf Dahrendorf, *Die Chancen der Krise. Über die Zukunft des Liberalismus* (Stuttgart 1983), S. 16–24.

87 Ein Überblick auf die relevante ältere Literatur in Klaus Armingeon, »Sozialdemokratie am Ende? Die Entwicklung der Macht sozialdemokratischer Parteien im internationalen Vergleich 1945–1988«, *Österreichische Zeitschrift für Politikwissenschaft*, 18 (1989), S. 321–45, bes. 322–27. Einen Überblick neuerer Studien gibt Frank Bandau, »What Explains the Electoral Crisis of Social Democracy? A Systematic Review of the Literature«, *Government and Opposition*, 58 (2023), S. 183–205.

die Partei die »richtigen Angebote« macht: »Die sozialdemokratischen Parteien können deshalb nicht mehr davon ausgehen, dass sie ihren traditionellen Anhang einfach deshalb halten können, weil sie die traditionellen Vertreterinnen der ArbeiterInnenklasse sind oder wegen ihres Eintretens für die ArbeiterInnen in der Vergangenheit. Sie werden, wollen sie die Unterstützung durch die Wähler behalten, zunehmend auf deren spezifische Forderungen eingehen müssen.«[88] Weil dieser Verlust traditioneller WählerInnenbindung auch bei anderen Parteien auftritt, ist das Heer der WechselwählerInnen in den letzten vierzig Jahren in ganz Westeuropa stark gewachsen. Einmal wirkt sich das für eine sozialdemokratische Partei gut aus, ein anderes Mal nicht. Trotzdem hat es im Laufe der Zeit bedeutende Verschiebungen des Stimmenanteils gegeben, wie Tabelle 4.1 zeigt.

Tabelle 4.1: Sozialdemokratische Wahlergebnisse, 1920–2019 (in Prozent)

	1920–29	1930–39	1940–49	1950–59	1960–69	1970–79	1980–89	1990–99	2000–09	2010–19
Australien	45,2	32,4	46,5	46,3	45,1	45,4	47,0	40,8	39,2	34,9
Belgien	36,7	33,1	30,7	35,9	31,0	26,6	28,0	23,2	24,0	13,9
Brasilien	-	-	-	-	-	-	-	12,1	16,8	15,4
Dänemark	34,5	43,9	39,1	40,2	39,1	33,6	30,9	36,0	26,8	25,7
Dt.schl.	29,3	21,2	29,2	30,3(d)	39,4(d)	44,2(d)	39,4(d)	36,9	31,9	23,1
Finnland	27,4	37,5	25,7	25,3	23,4	24,5	25,4	24,4	23,0	17,8
Frankreich	19,1	20,2	20,9	15,1	15,9	21,0	35,3	34,6	38,8	18,4
Italien	24,7(a)	-	[20,7]	13,5	13,8	9,7	12,9	7,9(b)	-	22,1(c)
Kanada	-	-	-	-	15,4	17,1	19,7	9,0	15,0	22,1
Niederlande	22,0	21,7	27,0	30,7	25,8	28,6	31,0	26,5	21,2	16,7
Neuseeland	25,7	45,4	48,7	46,1	43,2	42,8	43,3	34,2(e)	38,8(e)	29,8(e)
Norwegen	25,5	38,0	43,4	47,5	45,5	38,8	27,4	36,0	30,8	29,1
Österreich	39,3	41,1	41,7	43,3	50,0	45,4	47,6(a)	37,3	33,7	25,0
Portugal				-	-	35,2	27,6	39,0	39,8	32,7
Spanien	-	23,1	-	-	-	30,4	44,1	38,2	40,2	25,4
Schweden	36,0	43,8	48,8	45,6	48,4	43,7	44,5	39,8	37,5	30,0
Schweiz	25,5	27,5	27,4	26,5	25,1	24,1	20,7	20,9	21,4	18,1
UK	37,7	34,4	49,7(a)	46,3	46,1	39,1	29,2	38,7	38,0	32,9

88 Risto Sänkiaho, »Political Remobilization in Welfare States«, in: Russell J. Dalton, Scott C. Flanagan und Paul Allen Beck (Hg.), *Electoral Change in Advanced Industrial Democracies: Realignment or Dealignment?* (Princeton 1984), S. 73.

(a) Nur eine Wahl
(b) Aufgelöst im November 1994
(c) Ergebnis der »neuen« Demokratischen Partei
(d) Die Zahlen zwischen 1950 und 1990 beziehen sich auf Westdeutschland.
(e) 1993 wurde das Mehrheitswahlrecht durch ein gemischtes Verhältniswahlrecht ersetzt.

Bei der »Krise« der Sozialdemokratie scheint es vor allem um eine Veränderung der Beziehung zwischen Partei und AnhängerInnen zu gehen. Da diese Veränderung in etlichen Ländern auftritt, muss deren Ursache nicht in erster Linie in »Fehlern« der Parteiführungen gesucht werden, sondern in umfassenden gesellschaftlichen Entwicklungen. Im Folgenden werde ich diesen größeren Komplex von Faktoren erkunden. Dabei werde ich mich auf Europa beschränken. Zuerst werde ich neun Parteien nördlich der Alpen diskutieren (Dänemark, Norwegen, Schweden, Westdeutschland, Großbritannien, Niederlande, Belgien, Österreich und Schweiz). Seit dem Ersten Weltkrieg waren diese Parteien nie völlig illegal oder nur relativ kurz (Österreich und Deutschland sind die schlimmsten Fälle). Sie haben eine relativ kontinuierliche Entwicklung erfahren und werden mit hoch entwickelten Wohlfahrtsstaaten in Verbindung gebracht.

Nachdem ich das Muster in Nordeuropa beschrieben habe, werde ich sein Vorkommen in den südeuropäischen Parteien Spaniens, Frankreichs und Italiens untersuchen. Die Entwicklung dieser Parteien ist weitaus turbulenter verlaufen, wie die tiefen Krisen der französischen Sektion der Internationalen Arbeiterpartei (SFIO) in den 1960er Jahren und die lange Unterdrückung in Portugal (1926–74) und Spanien (1939–76) zeigen.[89] Ich möchte auch kurz die osteuropäische Sozialdemokratie abhandeln, die – abgesehen von einer kurzen Unterbrechung in den späten 1940er Jahren – besonders lange unter Repressionen zu leiden hatte und danach unter ganz anderen sozialen und wirtschaftlichen Bedingungen arbeiten musste als die entsprechenden Organisationen in Westeuropa.[90]

89 Die Politologen, die sich mit der vergleichenden Analyse westeuropäischer sozialdemokratischer Parteien befassen, verwenden zwar unterschiedliche Kriterien, gelangen aber zum gleichen Ergebnis: Buci-Glucksmann und Therborn einerseits und Keman andererseits sehen die »lateinischen« Parteien als Sonderfall. Siehe z. B. Christine Buci-Glucksmann u. Göran Therborn, *Le defi social-democrate* (Paris 1981), S. 30–34, und Hans Keman, »Social Democracy and the Politics of Welfare Statism«, *Netherlands' Journal of Social Sciences*, 26 (1990), S. 17–34, hier 18–25.

90 Außer Betracht lasse ich die Parteien in Luxemburg und Island (diese Staaten sind so klein, dass es hier um Entwicklungen einer ganz anderen Größenordnung geht), Irland (wo die Sozialdemokratie nie bedeutend war) und Finnland (weil ich die Hauptsprache dieses Landes nicht beherrsche).

Anfänge

Die Idee, dass soziale Gerechtigkeit durch die Eroberung und Umgestaltung der Staatsmacht erreicht werden kann, tauchte zuerst auf kommunaler Ebene im Osten der Vereinigten Staaten auf, wo um das Jahr 1830 lokale Arbeiterparteien gegründet wurden. Drei Faktoren scheinen bei ihrer Gründung eine Rolle gespielt zu haben. Erstens die Schwäche der Regierungen der Bundesstaaten im Vergleich zur relativen Macht der Gemeinden. Zweitens die frühzeitige Gewährung des Wahlrechts für einen großen Teil der »besitzlosen Klasse«: in Pennsylvania im Jahr 1790, in Massachusetts 1820 und in New York 1822. Und drittens die akuten wirtschaftlichen Probleme (die Panik von 1825, der Handelskrieg mit England 1826–27 und die Rezession von 1828–29), die den Handwerkern und Lohnempfängern vor Augen führten, dass Gleichheit an der Wahlurne keineswegs mit Gleichheit der Arbeits- und Lebensbedingungen gleichzusetzen war.

In Philadelphia ging 1828 die erste *Working Men's Party* aus der *Mechanics' Union of Trade Associations* hervor. Während ihres kurzen Bestehens nahm die Partei an Wahlen teil, organisierte Klubs, um das politische Bewusstsein zu schärfen, und hielt Kongresse ab. Obwohl die Partei auch andere Ziele verfolgte, wie z. B. die Abschaffung der Monopole, lag ihr Hauptaugenmerk auf Bildung, da man davon ausging, dass eine bessere Bildung die Gleichberechtigung aller Bürger fördern würde. Der relative Erfolg der Organisation veranlasste ihre Gegner, sie zu unterminieren. Im Jahr 1832 löste sich die Partei plötzlich auf. Über die Gründe für ihr Scheitern gibt es unterschiedliche Meinungen.[91]

1829 wurde auch in der Stadt New York eine Arbeiterpartei gegründet, die sich jedoch sofort in drei Organisationen aufspaltete, von denen jede den Anspruch erhob, die »wahre« Partei zu sein. In der Zwischenzeit breitete sich die Bewegung im gesamten Bundesstaat New York aus, auch in Albany und Buffalo, und gewann die Unterstützung vieler Farmer in

91 H. L. Sumner, »Citizenship«, in: John R. Commons et al., *History of Labour in the United States*, Bd. 1 (New York 1918), S. 169–332, hier 216; W. A. Sullivan, »Did Labor Support Andrew Jackson?«, *Political Science Quarterly*, 62, 4 (1947), S. 569–80, hier 574–76; L. H. Arky, »The Mechanics' Union of Trade Associations and the Formation of the Philadelphia Workingmen's Movement«, *Pennsylvania Magazine of History and Biography*, 76, 2 (1952), S. 142–76, hier 173, 176; Bruce Laurie, *Working People of Philadelphia, 1800–1850* (Philadelphia 1980).

diesen eher ländlichen Gebieten. Interne Meinungsverschiedenheiten führten jedoch dazu, dass die Bewegung 1834 im Sande verlief.[92] Trotz dieser Misserfolge versuchten ArbeiterInnen in anderen Teilen der Vereinigten Staaten, Parteien unter verschiedenen Namen zu gründen, gleichwohl scheiterten letztlich alle ihre Versuche. Dazu trugen nicht nur interne Meinungsverschiedenheiten bei, sondern auch Verleumdungen und der verhängnisvolle Einfluss von »Berufspolitikern der alten Parteien, die sich in die neue Partei einschleusten, um sie entweder zu kontrollieren oder zu zerschlagen, bevor sie zu einer Bedrohung wurden«.[93]

Ein zweiter Zyklus der Parteigründungen begann in Europa ab den 1860er Jahren, zur selben Zeit, in der der Anarchismus aufblühte – ein deutliches Zeichen dafür, dass die sozialistische Bewegung in all ihren Erscheinungsformen auf dem Vormarsch war.[94] In einigen Ländern gab es bereits Vorläufer der sozialistischen Parteien. In England und Wales fand die Chartisten-Bewegung (1838–57) mit ihrer Kampagne für das Wahlrecht für »jeden einundzwanzigjährigen Mann, der bei klarem Verstand ist und nicht wegen eines Verbrechens bestraft wurde«, die Unterstützung von Millionen. In der Schweiz wurde 1838 der *Grütli-Verein* gegründet, ursprünglich als sozialer und erzieherischer Kreis, der sich allmählich nach links bewegte. In Paris bildeten sich während der Revolution von 1848 Geheimgesellschaften, in denen viele Handwerker und Lohnempfänger Mitglied wurden; solche Vereine wurden zu Vorläufern politischer Parteien. In Deutschland entstand zur gleichen Zeit die *Arbeiterverbrüderung* als reformorientierte Organisation, die auf dem Höhepunkt ihres kurzen Bestehens (1848–49) über 15.000 Mitglieder zählte. Und in Norwegen bildete sich nach 1848 für einige Jahre die so genannte Thrane-Bewegung als erste politische Massenorganisation

92 F. T. Carlton, »The Workingmen's Party of New York City, 1829–1831«, *Political Science Quarterly* 22, 3 (1907), S. 401–15; S. Wilentz, *Chants Democratic: New York City and the Rise of the American Working Class, 1788–1850*, Twentieth-Anniversary Edition (New York, 2004), S. 201–16.

93 Sumner, »Citizenship«, S. 326. Eigene Übersetzung.

94 Auch Anarchisten und Syndikalisten gründeten gelegentlich ihre eigenen politischen Parteien, allerdings nie mit großem Erfolg. Beispiele dafür sind die österreichische Radikale Arbeiter-Partei (1880–84), die niederländische Socialistische Partij (1918–28), und die Spanisch/Katalanische Partido Sindicalista/ Partit Sindicalista (1932–39). Hierzu u. a. Anna Staudacher, *Sozialrevolutionäre und Anarchisten. Die andere Arbeiterbewegung vor Hainfeld. Die Radikale Arbeiter-Partei Österreichs (1880–1884)* (Wien 1988); Ron Blom, *De oude Socialistische Partij van Harm Kolthek. Ontstaan, opkomst en ondergang van een ›libertair-socialistische‹ partij (1918–1928)* (Delft 2007); Á. M. de Lera, *Ángel Pestaña, retrato de un anarquista* (Barcelona 1978).

der Arbeiter und Bauern des Landes heraus.[95] Wenig später wurden in Lateinamerika ähnliche Organisationen gegründet, darunter der *Gran Círculo de Obreros de México* (Großer Kreis der Arbeiter von Mexiko), der nicht nur Bildungsziele verfolgte, sondern auch als Sparfonds fungierte und zusammen mit Genossenschaften in Mexiko-Stadt die Zeitung *El Socialista* herausgab.[96]

Die erste Wandlung in Nordeuropa

Die erste sozialistische Partei war der *Allgemeine Deutsche Arbeiter-Verein* (ADAV), der 1863 auf Initiative von Ferdinand Lassalle gegründet wurde.[97] Bald folgte eine ganze Reihe weiterer Organisationen dieser Art in ganz Europa und darüber hinaus. Die meisten sozialdemokratischen Parteien entstanden während der »großen Depression« (1873–95) am Ende des vorvorigen Jahrhunderts: 1875 in Deutschland, 1876 in Dänemark, 1885 in Belgien, 1887 in Norwegen, 1888 in der Schweiz, 1889 in Österreich und Schweden, 1894 in den Niederlanden. Nur die Partei in Großbritannien (dort als Partei erst 1918 konsolidiert) kam später.

Der Umstand, dass die Parteien überwiegend während der großen Depression gegründet wurden – oft erst nach mehreren vergeblichen Versuchen –, beeinflusste auch ihren Charakter. Sie waren schon bei ihrer Entstehung partiell in der Defensive; ihr primäres Ziel war die Wahrung des Erreichten. Alle Parteien waren auch von Anbeginn an parlamentarisch orientiert. Ihr Streben war zuerst und vor allem auf die Erlangung des allgemeinen Wahlrechts gerichtet. Sie nahmen an, dass, wäre dieses

95 Erich Gruner, *Die Arbeiter in der Schweiz im 19. Jahrhundert* (Bern 1968), S. 468–504; idem, *Arbeiterschaft und Wirtschaft in der Schweiz, 1880–1914* (Zürich 1988); Peter Amann, *Revolution and Mass Democracy: The Paris Club Movement in 1848* (Princeton, NJ 1975); Max Quarck, *Die erste deutsche Arbeiterbewegung. Geschichte der Arbeiterverbrüderung 1848/49* (Leipzig 1924); Frolinde Balser, *Sozial-Demokratie, 1848/49–1863. Die erste deutsche Arbeiterorganisation »Allgemeine Arbeiterverbrüderung« nach der Revolution* (Stuttgart 1962); P. H. Noyes, *Organization and Revolution: Working-Class Associations in the German Revolutions of 1848–49* (Princeton, NJ 1966); Halvdan Koht, »Die 48er Arbeiterbewegung in Norwegen«, *Archiv für die Geschichte des Sozialismus und der Arbeiterbewegung*, 2 (1912), S. 237–74; Kåre Tønnesson, »Popular Protest and Organization: The Thrane Movement in Pre-Industrial Norway, 1849–55«, *Scandinavian Journal of History*, 13, 2–3 (1988), S. 121–39.

96 Carlos Illades, *Conflict, Domination and Violence: Episodes in Mexican Social History*, Übers. Philip Daniels (New York u. Oxford 2017), S. 17–20.

97 Arno Herzig, *Der Allgemeine Deutsche Arbeiter-Verein in der deutschen Sozialdemokratie* (Berlin 1979); Toni Offermann, *Die erste deutsche Arbeiterpartei. Organisation, Verbreitung und Sozialstruktur von ADAV und LADAV 1863–1871* (Bonn-Bad Godesberg 2001).

Ziel einmal erreicht, die Gesellschaft mit einer Mehrheit der Stimmen grundlegend verändert werden könne. In diesem Sinne wird die Sozialdemokratie sicher zu Recht als eine die bürgerliche Emanzipation der ArbeiterInnenklasse anstrebende Bewegung charakterisiert.

Anders als ein alter Mythos besagt, waren die westeuropäischen sozialdemokratischen Parteien auch vor dem Ersten Weltkrieg nicht revolutionär. Ihre Politik gründete auf einer Verbindung zweier Elemente: einem Minimalprogramm (allgemeines Wahlrecht, gute Sozialleistungen usw.) und dem sozialistischen Endziel (das jedoch in der Praxis meist nur eine geringe Rolle spielte). Eine Strategie, die beide Elemente logisch und konkret miteinander verband, fehlte. Die angestrebte Eroberung der Macht war nach Ansicht der Partei nicht davon abhängig, ob sie im richtigen Moment die richtigen Anstöße gab, sondern wurde als historisch unvermeidliches Ergebnis eines ohnehin wachsenden Anhangs von ArbeiterInnen und verbündeten Schichten gesehen.[98] Wir können in dieser Periode von *reformistischen ArbeiterInnenparteien* sprechen.

Das allgemeine Wahlrecht für Männer wurde – auch gefördert von Landwirten und/oder dem Verlauf des Ersten Weltkriegs – in allen Fällen bis spätestens 1919 durchgesetzt.[99] Damit hatten die sozialdemokratischen Parteien ihr primäres Ziel erreicht, und es hatte den Anschein, als ob sie ihr Pulver nun für einige Zeit verschossen hätten.

Auf den wirtschaftlichen Niedergang vor allem während der zweiten großen Depression ab 1929 mit ihrer beispiellos hohen Arbeitslosigkeit hatten die Parteien anfangs keine Antwort. Die drei schwedischen Minderheitsregierungen der 1920er Jahre z. B. waren ratlos:

> »Ungeachtet ihrer Bemühungen, mit einer humaneren Sozialpolitik das ärgste Elend der Arbeitslosen zu erleichtern, gingen die Sozialdemokraten auch davon aus, daß die Industrie die Flaute auf dem Arbeitsmarkt nur durch substantielle Lohnsenkungen auf der ganzen Linie überwinden könne. Ebensowenig zogen die Sozialdemokraten

98 Peter Kulemann, *Am Beispiel des Austromarxismus. Sozialdemokratische Arbeiterbewegung in Österreich von Hainfeld bis zur Dollfuß-Diktatur* (Hamburg 1979), S. 300.

99 Das Frauenwahlrecht ließ in einigen Fällen jedoch noch lange auf sich warten. Das wirklich *allgemeine* Wahlrecht wurde in den meisten der hier behandelten Länder spätestens 1919 eingeführt, außer in Großbritannien (1928), Belgien (1948) und der Schweiz (1971).

> das heilige Prinzip in Zweifel, daß die Ausgaben der Regierung so gering wie möglich und deren Budgets ausgeglichen sein sollen.«

Diese Haltung widerspiegelte die innere Widersprüchlichkeit der Parteiführung:

> »Sie akzeptierten die marxistische Kritik an der ›Irrationalität‹ des Kapitalismus auf der makro-ökonomischen Ebene, aber strebten in der Praxis gleichzeitig danach, eine ›harmonische‹ kapitalistische Wirtschaft zu schaffen, in der – so unterstellten sie – alle Ressourcen, einschließlich der Arbeit, effizient zugewiesen werden.«[100]

Ähnliche Verwirrung herrschte auch bei den ersten beiden britischen Labour-Regierungen (1924 und 1929–1931) und bei der deutschen Koalitionsregierung unter Führung des Sozialdemokraten Hermann Müller (1928–1930).[101] Die Anhängerschaft blieb ungeachtet dessen meist treu (auch wenn besonders die deutsche und die britische Partei mit Verlusten bei den Wahlen zu kämpfen hatten), aber eine klare Perspektive wurde vermisst. Bezeichnend waren die Worte des Luiker Abgeordneten François Sainte bei dem Kongress der *Belgischen Werklieden Partij* 1933: »Vor einigen Jahren hatten sie [die ArbeiterInnen] unbegrenztes Vertrauen Ihnen gegenüber. Heute nicht mehr. Man steht noch auf unserer Seite, aber hat das Vertrauen ersetzt.«[102]

Bei der Suche nach einer anderen politischen Praxis spielten zwei Gesichtspunkte eine wichtige Rolle. Und zwar zum einen der Gedanke, dass die Anarchie der ungehemmten kapitalistischen Konkurrenz durch eine geplante Wirtschaft ersetzt werden müsse.[103] Diese Auffassung war

100 Winton Higgins, »Ernst Wigforss: The Renewal of Social Democratic Theory and Practice«, *Political Power and Social Theory*, 5 (1985), S. 207–50, hier 216.

101 Robert Skidelsky, *Politicians and the Slump. The Labour Government of 1929–1931* (London 1967); Ross McKibbin, »The Economic Policy of the Second Labour Government 1929–1931«, *Past and Present*, 68 (1975), S. 95–123; Ilse Maurer, *Reichsfinanzen und Große Koalition. Zur Geschichte des Reichskabinetts Müller (1928–1930)* (Bern 1973); Martin Vogt, »Die Stellung der Koalitionsparteien zur Finanzpolitik 1928–1930«, in: Hans Mommsen et al. (Hg.), *Industrielles System und Politische Entwicklung in der Weimarer Republik* (Düsseldorf 1974), S. 439–62.

102 Belgische Werklieden Partij, *Officieele Referaten [...] van het XXXXVIIe Congres* (Brüssel 1933), S. 50f.

103 Dieser Gedanke lebte übrigens auch in faschistischen Kreisen. Siehe Claus-Dieter Krohn, »Zur Krisendebatte der bürgerlichen Nationalökonomie während der Weltwirtschaftskrise 1929–1933«, *Gesellschaft: Beiträge zur Marxschen Theorie*, 10 (1977), S. 51–88, bes. 78–82.

nicht allein von den früheren Diskussionen über die Sozialisierung der Schlüsselindustrien inspiriert, sondern auch von der Einführung von Fünf-Jahres-Plänen in der Sowjetunion.[104] Zum anderen verbreitete sich die Meinung, dass der Staat antizyklisch in den wirtschaftlichen Prozess eingreifen müsse – eine Auffassung, die fast ausschließlich Keynes' *General Theory* (1936) zugeschrieben wird, jedoch schon um 1930/32 von verschiedenen (sozialdemokratischen und anderen) Ökonomen vertreten wurde.[105] Einige Autoren haben nur einen dieser Gesichtspunkte aufgegriffen, andere beide.[106]

Besondere Erwähnung verdient das aus dem Jahr 1932 stammende *Arbeitsbeschaffungsprogramm* des 1919 gegründeten *Allgemeinen Deutschen Gewerkschaftsbundes* (ADGB), dem deutschen sozialdemokratischen Gewerkschaftsverband. Dieser Plan, nach seinen Autoren Woytinski, Tarnow und Baade auch WTB-Plan genannt, sah eine beträchtliche Erhöhung der Staatsausgaben für u. a. Wohnungs- und Straßenbau vor, die durch Kredite finanziert werden und mit strenger Preiskontrolle und einer gezielten Zoll- und Einfuhrpolitik einhergehen sollten. Diese Maßnahmen bezweckten eine drastische Senkung der Arbeitslosigkeit und gleichzeitig einen Konjunkturaufschwung durch eine Steigerung der Kaufkraft.

Die SPD verhielt sich gegenüber diesen antizyklischen Vorschlägen recht abweisend, da sie ihrer damaligen Politik widersprachen: Einerseits forderte sie in ihrem Programm ein konsequent antikapitalistisches Auftreten zugunsten der LohnbezieherInnen und Arbeitslosen, fühlte sich

104 Der antikommunistische Sozialdemokrat Karl Kautsky notierte in diesem Zusammenhang: »Die Wirtschaftskrise hat seit einem Jahr so wahnsinnige Dimensionen angenommen, dass mancher unter uns vermeint, der Zusammenbruch des Kapitalismus sei bereits eingetreten. Dazu gesellt sich die verstärkte Reklame Sowjetrusslands für seinen Fünfjahresplan. [...] Was man wünscht, das glaubt man gern. Daher entsteht aus der furchtbaren Not der Zeit ein Bedürfnis, in Russland jenen Felsen zu sehen, auf dem die Kirche der Zukunft gebaut werden soll.« Karl Kautsky, »Das bolschewistische Kamel«, *Die Gesellschaft*, 1931-II, S. 342–56, hier 342.

105 Siehe z. B. Karl-Gustav Landgren, *Den »nya ekonomien« i Sverige: J. M. Keynes, E. Wigforss, B. Ohlin och utvecklingen 1927–39* (Stockholm 1960); George Garvy, »Keynes and the Economic Activists of Pre-Hitler Germany«, *Journal of Political Economy*, 83 (1975), S. 391–405 (über Colm, Lowe, Neisser, Woytinsky, u. a.); und C. G. Uhr, »Economists and Policymaking 1930–1936: Sweden's Experience«, *History of Political Economy*, 9 (1977), S. 89–121 (über Lindahl, Myrdal, Ohlin, u. a.). Der erste Vorschlag, öffentliche Arbeit als Mittel zur Bekämpfung von Arbeitslosigkeit einzusetzen, stammt bereits aus dem Jahr 1886; siehe David Laidler, *The Golden Age of the Quantity Theory. The Development of Neoclassical Monetary Economics 1870–1914* (New York 1991), S. 199.

106 Bemerkenswert ist der Artikel von Gerhard Meyer, »Neuere Literatur über Planwirtschaft«, *Zeitschrift für Sozialforschung*, 1 (1932), S. 379–448, in dem mindestens 48 zeitgenössische Publikationen über Wirtschaftsplanung besprochen werden.

aber andererseits durch die nationalsozialistische Gefahr genötigt, das konservative Brüning-Kabinett zu tolerieren, um ein größeres Übel zu verhindern. Der ADGB-Plan war jedoch weder antikapitalistisch, noch unterstützte er die rechte Regierung, sodass er insgesamt nicht in diese Taktik passte.[107]

Kurze Zeit später wurden SPD und ADGB von den neuen nationalsozialistischen Machthabern zerschlagen. Hitler entwickelte in der Folge eine Wirtschaftspolitik, die – bemerkenswerterweise – jener Politik entsprach, die der US-amerikanische Präsident Roosevelt im Zusammenhang seines *New Deal* in Gang setzte: Ausdehnung der öffentlichen Ausgaben durch zivile öffentliche Arbeiten und, etwas später, durch die Vergrößerung des militärischen Apparats und »deficit spending«.[108] In Schweden entwickelten die Sozialdemokraten (die seit 1932 eine Koalitionsregierung mit den Agrariern bildeten) eine ähnliche Politik.[109] Angesichts dieser Entwicklungen wurde auch den Ideen des belgischen Sozialdemokraten Hendrik de Man, der für einen auf die Stärkung des Staatsapparats zielenden »Plan« plädierte, mehr Interesse entgegengebracht. »Pläne der Arbeit« wurden von den sozialdemokratischen Parteien in Belgien (1933), den Niederlanden (1935) und der Schweiz (1935) angenommen.[110]

107 Michael Schneider, *Das Arbeitsbeschaffungsprogramm des ADGB. Zur gewerkschaftlichen Politik in der Endphase der Weimarer Republik* (Bonn/Bad Godesberg 1975), S. 120. Die ADGB-Resolution ist auf den S. 235–36 dokumentiert.

108 John A. Garraty, »The New Deal, National Socialism, and the Great Depression«, *American Historical Review*, 78 (1973), S. 907–44. Keynes war selbst der Meinung, dass seine Theorie sehr gut zum Nationalsozialismus passe. Im Vorwort der deutschen Übersetzung seiner *General Theory* schrieb er: »Trotzdem kann die Theorie der Produktion als Ganzes, die den Zweck des folgenden Buches bildet, viel leichter den Verhältnissen eines totalen Staates angepasst werden als die Theorie der Erzeugung und Verteilung einer gegebenen, unter Bedingungen des freien Wettbewerbes und eines großen Maßes von *laissez-faire* erstellten Produktion.« J.M. Keynes, »Vorwort zur deutschen Ausgabe«, in: John Maynard Keynes, *Allgemeine Theorie der Beschäftigung, des Zinses und des Geldes* (München u. Leipzig 1936), S. IX.

109 Ein Vergleich der schwedischen mit der US-amerikanischen Politik in Margaret Weir u. Theda Skocpol, »State Structures and Social Keynesianism: Responses to the Great Depression in Sweden and the United States«, *International Journal of Comparative Sociology*, 24 (1983), S. 4–29. Über das Aufkommen des Sozial-Keynesianismus in Norwegen: Finn B. Forsund, »Krisepolitikken og vegen til sosialismen: Det norske Arbeiderparti 1930–1933«, *Tidsskrift for arbeiderbevegelsens historie*, 1978–1, S. 27–55.

110 Ruud Abma, »Het Plan van de Arbeid en de SDAP«, *Bijdragen en Mededelingen betreffende de Geschiedenis der Nederlanden*, 92 (1977), S. 37–68; Erik Hansen, »Depression Decade Crisis: Social Democracy and Planisme in Belgium and the Netherlands, 1929–1939«, *Journal of Contemporary History*, 16 (1981), S. 293–322; Michel Brelaz, »Le Plan du Travail suisse«, *Bulletin de l'Association pour l'étude de l'oeuvre d'Henri de Man*, 12 (1984), S. 45–66; ders., *Henri de Man. Une Autre Idee du Socialisme* (Genf 1985), S. 615–730.

Diese neuen Ideen stießen anfangs auf Widerstand – in manchen Parteien mehr als in anderen. Wurde in Schweden die antizyklische Politik schnell schon teilweise realisiert, dauerte es in anderen Ländern bis nach 1945, bis der neue Kurs zur Umsetzung kam. Sofern gegenüber dem »sozialen Keynesianismus« Vorbehalte bestanden hatten, wurden diese durch den Zweiten Weltkrieg beseitigt, indem – vor allem in Großbritannien und den USA – sichtbar geworden war, zu welcher wirtschaftlichen und militärischen Kraft ein aktiveres Auftreten des Staates führen kann.

Die Anziehungskraft des Keynesianismus schien bald groß, ja unwiderstehlich. Der alte Reformismus, in dessen Minimalprogramm und Endziel den ArbeiterInneninteressen der Vorrang gegeben worden war und in dem das Kapital als Gegner, der zu immer weitergehenden Zugeständnissen gezwungen werden müsse, aufgefasst wurde, wich einer politischen Praxis, die sich auf die *systematische Zusammenarbeit* mit eben diesem Kapital richtete. Der Keynesianismus hatte dabei von sozialdemokratischer Warte aus vier wichtige Vorzüge:

a. Ermöglichung der Beherrschung der Wirtschaft von oben, über den Staat. Sozialismus und Markt konnten nun miteinander versöhnt werden, denn während das Privateigentum an den Produktionsmitteln auch weiterhin bestand, war es doch möglich, das Maß der Arbeitslosigkeit und die Einkommensverteilung zu steuern.
b. Bestätigung des Gleichheitsdenkens, denn er zeigte, dass das Wirtschaftswachstum durch die zunehmende Konsumtion von breiten Schichten der Bevölkerung gefördert wird.
c. Ermöglichung einer schnellen Kapitalakkumulation und die Versöhnung von Unternehmern und ArbeiterInnen.
d. Die Regierungen sind in der Lage, einen Teil des gesellschaftlichen Produkts für die Ausdehnungen der Sozialleistungen zu verwenden, ohne das wirtschaftliche Gleichgewicht anzutasten.

Der Übergang zum Keynesianismus wurde nicht unmittelbar Teil der Programmatik der sozialdemokratischen Parteien. »Es ist eine Sache für Sozialdemokraten in der Regierung, die keynesianische Politik zu übernehmen – üblicherweise ruhig und ohne Fanfaren. Es war eine ganz andere Sache, eine Ideologie keynesianischer Sozialdemokratie zu übernehmen.«[111] Die SchwedInnen, die auch praktisch den Anfang gemacht hatten, ersetzten schon 1944 ihr altes Programm von 1920 (in dem noch von »Ausbeutung« und »Klassenkampf« die Rede gewesen war) durch einen Text, der dem Umstand Rechnung trug, dass die Partei jetzt in der Regierung saß. Die dänischen SozialdemokratInnen entlehnten bei ihrer Programmrevision einen großen Teil der Gedanken den Schriften von Keynes, Myrdal und Hansson und dem Sozialliberalismus von Beveridge. Die österreichische Partei gab den Marxismus 1958 auf; die schwedische, die westdeutsche und die niederländische Partei folgten ein Jahr später.[112]

Die Übernahme des sozialen Keynesianismus in Praxis und Theorie veränderte den Charakter der sozialdemokratischen Parteien durchgreifend. Aus reformistischen ArbeiterInnenparteien hatten sich *Reformparteien mit ArbeiterInnenanhang* entwickelt. Sogar die Idee des sozialistischen Endziels jenseits des Kapitalismus wurde verbannt. In Schweden z.B. wurde bei der Programmdiskussion 1944 »zum letzten Mal von führenden Mitgliedern der Partei der Begriff ›Sozialismus‹ verwendet.«[113]

Dieser Feststellung muss jedoch sofort hinzugefügt werden, dass die sozialdemokratischen Parteien sich zwar prinzipiell mit dem Kapitalismus ausgesöhnt hatten, damit aber noch keine »normalen« bürgerlichen Parteien geworden waren. Auch nach der Wandlung unterschieden sie sich durch ihren sozialen, organisationsorientierten Charakter von anderen Parteien. Überall hatten die Parteien in ihrer reformistischen Phase ein umfassendes Netzwerk verbündeter Organisationen

111 Stephen Padgett u. William E. Paterson, *A History of Social Democracy in Postwar Europe* (London u. New York 1991), S. 22–23.

112 William E. Paterson u. Kurt Th. Schmitz (Hg.), *Sozialdemokratische Parteien in Europa* (Bonn 1979), S. 22, 28, 45, 117, 140, 173; Felix Kreissler, »Die Entwicklung der SPÖ in ihren Programmen und ihrer Politik: Vom Austromarxismus zum Austrosozialismus (1945–1973)«, in: Gerhard Botz et al. (Hg.), *Geschichte und Gesellschaft. Festschrift für Karl Stadler* (Wien 1974), S. 209–246, hier 216–222; Kurt Klotzbach, »Die Programmdiskussion in der deutschen Sozialdemokratie 1945–1959«, *Archiv für Sozialgeschichte*, 16 (1976), S. 469–483; Viktor Abt, »Die sozialdemokratischen Parteiprogramme 1870–1982«, in: Karl Lang et al. (Hg.), *Solidarität, Widerspruch, Bewegung. 100 Jahre Sozialdemokratische Partei der Schweiz* (Zürich 1988), S. 79–89; Villy Bergström, »Program och ekonomisk politik 1920–1988«, in: Klaus Misgeld et al. (Hg.), *Socialdemokratins samhälle. SAP och Sverige under 100 år* (Kristianstad 1989), S. 19–56. In Belgien wurde das Programm nicht revidiert, sondern schlicht »vergessen« (mündliche Mitteilung von André Mommen); die britische Labour Party hat niemals ein marxistisches Programm gehabt. In den Niederlanden wurden übrigens schon 1937 viele marxistische Elemente aus dem Programm entfernt.

113 Rudolf Meidner, »Why Did the Swedish Model Fail?«, *Socialist Register 1993*, S. 211–28, 212.

geschaffen: Sportklubs, Frauenvereine, Vereinigungen von Naturfreunden, Konsumgenossenschaften, Zeitungen, Theatergruppen usw. Und selbstverständlich gab es auch eine enge Bindung zwischen Parteien und sozialdemokratischen Gewerkschaften. Nur in Großbritannien waren die Verhältnisse etwas anders, denn obwohl auch dort diese Art von Organisationen bestand, waren die meisten davon weniger als in anderen Ländern *direkt* an die Partei gebunden.[114] Dieses alte Netzwerk blieb auch nach der Wandlung vorerst intakt.

Die Bedeutung dieses Netzwerks für die Stabilität der Parteien kann kaum überschätzt werden. Solange die Partei ihre Mitglieder nicht allein rein politisch beeinflusste, sondern in verschiedenerlei Weise auch in deren alltäglichem Leben wirkte, konnte die Bindung der »Basis« an die »Spitze« besonders stark bleiben. Zu Recht konstatierte zum Beispiel Theo Pirker, dass die deutsche Sozialdemokratie lange Zeit »heftigste Kämpfe literarischer und fraktioneller Art durchstehen, Abspaltungen überstehen und die unwahrscheinlichsten Wiedervereinigungen vornehmen [konnte], weil die Arbeiterbewegung eben nicht von der Theorie und Ideologie her beherrscht war, sondern das vielfältige Netz von Vereinigungen und Beziehungen von Individuen und Gruppen inner- und außerhalb der Arbeiterklasse gewesen ist.«[115]

Auch darf nicht übersehen werden, dass eine gewisse Kontinuität zwischen den Jahren vor und nach der ersten Wandlung bestand. Herbert Kitschelt bezeichnet als verbindendes Element »die Verpflichtung, zentralisierte Mechanismen der politischen Verwaltung als Schlüssel zur Verbesserung der Organisation der Gesellschaft verstärkt einzusetzen.«[116] In dieser Hinsicht unterscheidet sich die Sozialdemokratie auch in ihrer zweiten Entwicklungsphase sowohl vom Liberalismus (der den Markt

114 Gregory M. Luebbert erklärt dies aus dem Umstand, dass in Großbritannien (und übrigens auch in Frankreich) lange Zeit ein Bündnis mit den Liberalen existierte, in anderen Ländern aber nicht. Dadurch entstand außerhalb Großbritanniens »ein Milieu, das vorrangig auf eine kohärente Organisation der Arbeiterklasse setzte und nicht auf Bündnisse zwischen den Klassen.« Luebbert, *Liberalism, Fascism, or Social Democracy. Social Classes and the Political Origins of Regimes in Interwar Europe* (New York u. Oxford 1991), S. 112.

115 Theo Pirker, »Vom ›Ende der Arbeiterbewegung‹«, in: Rolf Ebbighausen u. Friedrich Tiemann (Hg.), *Das Ende der Arbeiterbewegung in Deutschland?* (Opladen 1984), S. 39–51, hier 45.

116 Herbert Kitschelt, »The Socialist Discourse and Party Strategy in West European Democracies«, in: Christiane Lemke u. Gary Marks (Hg.), *The Crisis of Socialism in Europe* (Durham u. London 1992), S. 191–227, hier 199.

und Verträge auf freiwilliger Basis betont) wie auch vom Konservativismus (der Primärgruppen, direkte Kontakte zwischen Mitbürgern usw. hervorhebt).

Das beispiellose Wachstum des Kapitalismus bis zum Beginn der 1970er Jahre, die daraus abgeleitete Auffassung von der augenscheinlichen »Richtigkeit« der sozial-keynesianischen Politik[117] und die Dichte der sozialdemokratischen Netzwerke hatten zum Ergebnis, dass die sozialdemokratischen Parteien sich im Allgemeinen behaupten konnten, obwohl deren Entwicklung recht unterschiedlich verlief.

Die zweite Wandlung

Der Effekt der sozial-ökonomischen Faktoren, der den relativen Erfolg der Sozialdemokratie in ihrer zweiten Phase ermöglicht hatte, schlug auf die Dauer in sein Gegenteil um. Die lang anhaltende und ertragreiche Kapitalakkumulation der 1950er- und 1960er Jahre hatte einschneidende Folgen, die erst allmählich und vom Beginn der 1970er Jahre an spektakulär das »Milieu«, in dem die Parteien operierten, veränderten. Konkret gab es mindestens fünf wesentliche Veränderungen:

- Die ökonomische Internationalisierung, die sich in der zunehmenden Bedeutung des grenzüberschreitenden Handels, der Migration und der Kapitalbewegungen zeigte, schwächte das ökonomische Steuerungsvermögen nationaler Regierungen. Der frühere belgische sozialdemokratische Minister Louis Toback beschrieb diese neue Situation wie folgt:
  »Als Minister hat man nicht mehr die Instrumente, um die Wirtschaft des eigenen Landes zu gestalten. Man hat keinen Hammer. Man hat keine Sichel. Man hat nicht einmal eine Säge. Innerhalb der belgischen Grenzen [...] kann man die Zinshöhe nicht bestimmen. Die Inflation

117 Übrigens stimmen nicht alle Ökonomen darin überein, dass die keynesianische Politik tatsächlich den Nachkriegsboom verursacht hat. So behauptet Knut Borchardt, dass andere Faktoren (vor allem der Rüstungswettlauf in den 1930er Jahren, die Zerstörungen im Zweiten Weltkrieg und die daraus folgende Notwendigkeit des Wiederaufbaus) viel wichtiger gewesen seien. In meinem Zusammenhang ist dies nicht von direkter Bedeutung, da es mir vor allem um die Interpretation der langen aufsteigenden Welle durch sozialdemokratische Kreise geht. Siehe Knut Borchardt, *Wachstum, Krisen, Handlungsspielräume der Wirtschaftspolitik. Studien zur Wirtschaftsgeschichte des 19. und 20. Jahrhunderts* (Göttingen 1982).

nicht. Die Energiepreise nicht. [...] Ein belgischer Minister hat derzeit ebenso wenig Macht wie dreißig Jahre zuvor ein Stadtrat in Antwerpen. Das soll nicht heißen, daß man nichts Sinnvolles tun könne. Aber es ist bescheiden. Man teilt die Regenschirme aus, wenn es regnet. Die Sonnenschirme, wenn die Sonne scheint. Aber das Wetter kann man nicht beeinflussen.«[118]

- Das geringere, in manchen Fällen sogar stagnierende oder für kurze Zeit negative Wirtschaftswachstum, das spätestens mit der »Ölkrise« 1973 sichtbar wurde, verminderte den für die Umverteilung verfügbaren Teil des gesellschaftlichen Produkts beträchtlich. Durch sinkende Steuereinnahmen und steigende öffentliche Ausgaben entwickelte sich eine »Steuerkrise«, wodurch – in der Logik des Systems – schmerzhafte Sparmaßnahmen unvermeidlich wurden.[119]
- Die Zusammensetzung der Klassen in den hoch entwickelten kapitalistischen Ländern änderte sich: Der Anteil der »klassischen« Arbeiterklasse an der Berufsbevölkerung verringerte sich schon seit den 50er Jahren erheblich, während »neue« Gruppen von Lohnabhängigen schnell wichtiger wurden.[120]
- Der Kapitalismus der Nachkriegszeit brachte eingreifende kulturelle Umschichtungen mit sich. Die rasch gewachsene Kaufkraft führte nicht nur zu einem historisch einmaligen Wohlstandsniveau großer Teile der lohnabhängigen Bevölkerung, sondern auch zu wesentlichen sozial-kulturellen und -psychologischen Veränderungen. Eine ganz neue Form der Individualisierung kam auf, Frauen und Jugendliche entwickelten ein neues Verständnis ihrer gesellschaftlichen Position usw.
- Von den 1960er Jahren an wurde allmählich immer deutlicher, dass das ungestüme Wirtschaftswachstum auch unvorhergesehene und nachteilige Wirkungen hat, insbesondere die dramatisch gestiegene Umweltverschmutzung.

118 *Vrij Nederland*, 13. August 1994.

119 James O'Connor, *Die Finanzkrise des Staates* (Frankfurt/Main 1974); Bruno Theret u. Didier Uri, »La pression fiscale: une limite à l'intervention publique?«, *Critique de l'economie politique*, 21 (1982), S. 3–56; Michael Krätke, *Kritik der Staatsfinanzen* (Hamburg 1984).

120 Siehe zur statistischen Untermauerung dieser Darstellung die diversen Ausgaben in https://ilostat.ilo.org.

Diese Entwicklungen wirkten sich auch auf die sozialdemokratischen Parteien aus – nicht überall im selben Tempo, aber überall in dieselbe Richtung. Die beiden »Stützen« der sozial-keynesianischen Phase wurden durch den sozial-kulturellen und wirtschaftlichen Umschlag untergraben. Die *sozialdemokratischen »Netzwerke«* lösten sich auf, weil die verbündeten Organisationen untergingen oder sich verselbstständigten – eine Entwicklung, die sich auf vielen Gebieten abzeichnete. Die typischen Sänger-, Bühnen-, Sport- und Naturvereinigungen gerieten in einen von vornherein aussichtslosen Kampf gegen die Individualisierung und die neue Massenkultur; sie verloren den Kontakt mit der Jugend, tauschten ihr Repertoire gegen etwas Moderneres ein oder gaben ihre direkte Bindung an die Partei völlig auf.[121]

Durch das Aufkommen des Fernsehens und durch die zunehmende Konzentration u. a. bei den Tageszeitungen sahen sich viele sozialdemokratische Medien zur »Trivialisierung« gezwungen oder in den kommerziellen Untergang gedrängt. In Schweden schlug das »Zeitungssterben« in den 60er Jahren zu.[122] In Belgien hatte die »sozialistische Presse, und insbesondere diejenige, die direkt von der BSP (Belgische Sozialistische Partei) abhängt«, in den 70er Jahren »mit großen Schwierigkeiten zu kämpfen.«[123] In der BRD wurde die letzte große sozialdemokratische Tageszeitung (die *Hamburger Morgenpost*) 1980 an einen Pressekonzern verkauft.[124] In den Niederlanden wurde die überregionale Tageszeitung *Het Vrije Volk* erst auf eine Regionalzeitung reduziert und danach über eine Fusion liquidiert.[125] Ähnliche Entwicklungen gab es in anderen

121 Siehe die treffende Analyse der schweizerischen Entwicklung in Karl Schwaar, *Isolation und Integration. Arbeiterkulturbewegung und Arbeiterbewegungskultur in der Schweiz 1920–1960* (Basel u. Frankfurt/Main 1993), bes. S. 193–215.

122 Gullan Gidlund, »Folkrörelsepartiet och den politiska styrelsen«, in: Misgeld, *Socialdemokratins samhälle*, S. 282–310, hier 295.

123 Theo Luykx, »De opinierichtingen in de Belgische dagbladpers«, *Res Publica*, 17 (1975), S. 223–44, 231.

124 Siegfried Heimann, »Die Sozialdemokratische Partei Deutschlands«, in: Richard Stöss (Hg.), *Parteien-Handbuch. Die Parteien der Bundesrepublik Deutschland 1945–1980*, Teil 2 (Opladen 1984), S. 2025–2216, hier 2198. Die Entwicklung in Norwegen verlief etwas langsamer; siehe Svennik Høyer, »Partiet i pressen et omriss av arbeiderpressens utvikling i Norge«, *Tidsskrift for arbeiderbevegelsens historie*, 1979–1, S. 11–36.

125 Auch in christlichen Kreisen brachen die lagergebundenen Medien zusammen. In Österreich lasen in den 60er Jahren etwa 35 Prozent der Bevölkerung eine parteigebundene Tageszeitung. Mitte der 1980er Jahre waren es nur noch sieben Prozent. Fritz Plasser, Peter A. Ulram u. Alfred Grausgruber, »The Decline of ›Lager Mentality‹ and the New Model of Electoral Competition in Austria«, *West European Politics*, 15, 1 (1992), S. 16–44, hier 23.

Ländern. Gleichzeitig verschwanden auch andere Organisationen aus dem sozialdemokratischen Netzwerk, u. a. Jugendorganisationen. Insgesamt ist festzustellen, dass sich die sozialdemokratischen Lager zwischen dem Ende der 1950er und dem Ende der 1970er Jahre weitgehend auflösten. Manchmal war dies auch zum Teil die Folge der Parteipolitik, wie in Dänemark, wo die Partei bewusst an der Auflösung der eigenen Subkultur mitwirkte.[126]

Die Verschiebungen in der Klassenstruktur führten zu einer veränderten sozialen Zusammensetzung von Mitgliedern und WählerInnen. So konstatierte Sainsbury bereits vor mehr als dreißig Jahren über den schwedischen Fall: »Die Klassenzusammensetzung der SAP (Schwedische Arbeiterpartei) ist während der letzten drei Jahrzehnte sehr viel heterogener geworden.«[127] In der österreichischen Partei fand in den 1970er Jahren ein massenhafter Zustrom von »neuen Mittelschichten« statt (die übrigens in den 80er Jahren zum Teil wieder austraten).[128] Auch verminderte sich das Engagement der ParteianhängerInnen. Ein österreichischer Beobachter beschrieb dies 1979 wie folgt:

> »Die alte Partei mit ihrem enormen historischen Sendungsbewußtsein, dem Gefühl, Vollstrecker einer geschichtlichen Notwendigkeit und Gestalter einer neuen Welt zu sein, hatte eine hochmotivierte idealistische Mitgliedschaft. Das angespannte innenpolitische Klima in der Ersten Republik, die latente Bürgerkriegssituation wirkte verstärkend auf die politische Bewußtheit und Identität. Elemente dieser Motivation sind auch heute noch zu finden. Doch ein Großteil der Mitgliedschaft der SPÖ ist entideologisiert, ihre Bereitschaft zum persönlichen Engagement und Partizipation ist merklich geringer geworden. Das primäre politische Motiv des Eintritts ist bei vielen Mitgliedern ersetzt durch ein aus dem Lebenszusammenhang

126 Gøsta Esping-Andersen, *Politics Against Markets. The Social Democratic Road to Power* (Princeton 1985), S. 118.

127 Diane Sainsbury, »Swedish Social Democracy in Transition: The Party's Record in the 1980s and the Challenge of the 1990s«, *West Europeans Politics*, 14 (1991), S. 31–57, hier 47.

128 Christian Haerpfer, »Die Sozialstruktur der SPÖ. Gesellschaftliche Einflußfaktoren der sozialdemokratischen Parteibindung in Österreich 1969–1988«, *Österreichische Zeitschrift für Politikwissenschaft*, 18 (1989), S. 373–394, hier 376–377. Unter »neuen Mittelschichten« werden hier vor allem verstanden: »Angestellte im privaten Sektor einerseits sowie [...] Beamte und andere öffentlich Bedienstete im öffentlichen Sektor andererseits.« (S. 376)

> Kommendes, wie etwa die Erwartung der Erfüllung des Wunsches nach einer preiswerten kommunalen Wohnung oder nach beruflichem Fortkommen, sie sind ›Interessensozialisten‹ geworden.«[129]

Und ein norwegischer Wissenschaftler konstatierte zehn Jahre später: »Heute ist sehr wenig vom speziellen Charakter der Arbeiterpartei geblieben. Die einstige Vitalität der Basis beeindruckt nicht mehr. Ihre abnehmende Mitgliedschaft bevorzugt – wie in anderen Parteien – das Fernsehen zuhause gegenüber der Parteierziehung im Rathaus.«[130]

Die Konsumgenossenschaften – von den schnell vorrückenden Kaufhäusern, Supermärkten usw. in die Enge getrieben – gingen unter (z. B. in den Niederlanden und in der BRD) oder entwickelten sich mehr und mehr zu rein kapitalistischen Betrieben (wie die schwedische Konsumgenossenschaft KF, wo die Angestellten in den 1970er Jahren mehrere »wilde« Streiks organisierten).[131]

Unter dem Einfluss der Wirtschaftskrise entfernten sich zudem Parteien und Gewerkschaften voneinander. Andrew Taylor folgerte aufgrund einer vergleichenden Studie:

> »Während der achtziger Jahre wurde das traditionelle sozialdemokratische Projekt – Vollbeschäftigung, öffentliche Ausgaben und konzertierte Politik – durch Massenarbeitslosigkeit, industrielle Umstrukturierung und das Aufkommen der Neuen Rechten untergraben. Veranlasst von ihren Problemen bei den Wahlen überprüften die sozialdemokratischen Parteien ihre Politik und Strukturen, übernahmen den ›Markt‹-Sozialismus und warfen die traditionellen Anliegen der Sozialdemokratie über Bord. Dies führte dazu, dass die Beziehung zu den Gewerkschaften in Frage gestellt wurde, was bei diesen natürlich Misstrauen hervorrief.«[132]

129 Alfred Pfabigan, »Die Sozialistische Partei Österreichs (SPÖ) «, in: Paterson u. Schmitz, *Sozialdemokratische Parteien*, S. 125–38, hier 132.

130 Knut Heidar, zit. in Padgett u. Paterson, *A History of Social Democracy*, S. 95.

131 Johann Brazda u. Robert Schediwy, »Konsumgenossenschaften im Strukturwandel«, *Wirtschaft und Gesellschaft*, 15 (1989), S. 63–84; Mary Hilson, Silke Neunsinger u. Greg Patmore (Hg.), *A Global History of Consumer Co-operation since 1850* (Leiden u. Boston 2017).

132 Andrew J. Taylor, »Trade Unions and the Politics of Social Democratic Renewal«, in: Richard Gillespie u. William E. Paterson (Hg.), *Rethinking Social Democracy in Western Europe* (London 1993), S. 133–53, hier 148–49.

Die nachlassende Bindung wurde im Fall zweier Parteien, in denen Gewerkschaftsmitglieder in der Vergangenheit automatisch auch Parteimitglieder gewesen waren, unübersehbar deutlich: Die schwedische Partei beschloss 1987, dass diese Regelung spätestens Ende 1990 aufgehoben werden müsse;[133] die 1993 durchgeführte Abschaffung der »block vote« der Gewerkschaften in der Labour-Partei hat dieselbe Bedeutung.

Hiermit ist schon der zweite »Pfeiler«, dessen Stützkraft immer mehr nachließ, angesprochen: der *soziale Keynesianismus*. Die alte, auf Umverteilung »von oben nach unten« gerichtete Politik verlor von der Mitte der 70er Jahre an Glaubwürdigkeit. Scharpf – ein sehr gemäßigter Kommentator – folgerte, dass spätestens seit dem Ende der 1970er Jahre Vollbeschäftigung nur noch zu erreichen war, wenn dem Kapital weitgehende Konzessionen gemacht würden, und zwar durch eine »massive Umverteilung zugunsten der Kapitaleinkommen«.[134] Wollte die Sozialdemokratie ihre Rolle als (sozial empfindende) Mitgestalterin des Kapitalismus auch weiterhin spielen, dann war sie jetzt zu »unpopulären« Maßnahmen gezwungen.[135]

War diese Anhäufung von Problemen schon beeindruckend, kam noch ein weiteres wesentliches Moment hinzu: Es entstand eine ganze Reihe *qualitativ neuer politischer »Probleme«*, von der Demokratisierungsbewegung und dem Jugendprotest zur zweiten feministischen Welle und der Umweltproblematik. Auf diese neuen Entwicklungen – die auch in anderen etablierten politischen Strömungen viel Unruhe und Unsicherheit verursachten – hatten die sozialdemokratischen Parteien keine überzeugenden Antworten. Die Ohnmacht der Sozialdemokratie wurde u. a. durch das Aufkommen der »Grünen« deutlich, zu denen die Beziehungen oft äußerst gespannt waren.

133 Gidlund, *Folkrörelsepartiet och den politiska styrelsen*, S. 300–301.

134 Fritz W. Scharpf, *Sozialdemokratische Krisenpolitik in Europa. Das »Modell Deutschland« im Vergleich* (Frankfurt/Main u. New York 1987), S. 306. Dieses Buch enthält einen systematischen Vergleich sozialdemokratischer Krisenpolitik in der Bundesrepublik Deutschland, Großbritannien, Österreich und Schweden.

135 Die Effektivität des keynesianischen Managements ist übrigens auch in Krisenzeiten in jenen Ländern größer, die über einen bedeutenden Binnenmarkt verfügen und/oder wenig mit der Weltwirtschaft verflochten sind. Kurzer hat in diesem Zusammenhang ausgeführt, dass die Stabilität der Sozialdemokratie in Österreich und Schweden (relativ wenige internationale wirtschaftliche Verbindungen) länger anhalten konnte als in Belgien und den Niederlanden (relativ große wirtschaftliche internationale Verflechtung). Paulette Kurzer, »The Internationalisation of Business and Domestic Class Compromises: A Four Country Study«, *West European Politics*, 14 (1991), S. 1–24.

Alle diese Entwicklungen hingen zusammen. Die sozialdemokratischen Parteien sahen sich vor Herausforderungen gestellt, auf die mehr oder weniger zeitgleich Antworten gefunden werden mussten. Wie konnten die Parteien ihr Ansehen als Sozialreformer aufrechterhalten, während der politische Spielraum, um »gute Dinge für die Menschen« zu tun, stetig geringer wurde? Wie konnte ein Ausgleich zwischen dem traditionellen Zentralismus und den basisdemokratischen Strömungen gefunden werden? Wie zwischen dem Feminismus und der überkommenen Männerkultur, und wie konnte die Umweltbewegung ernst genommen werden, ohne das Streben nach Wirtschaftswachstum (unter kapitalistischen Verhältnissen doch die Voraussetzung für soziale Umverteilung) aufzugeben?

Die Entwicklung einer in sich geschlossenen Strategie wurde nicht allein dadurch erschwert, dass ein Ausgleich zwischen vielerlei gegensätzlichen Interessen gefunden werden musste, sondern auch durch die veränderte Parteikultur, die sich sowohl in der oben aufgezeigten Auflösung des traditionellen eigenen Netzwerks zeigte, wie auch in den internen Parteiverhältnissen. Allgemein kann gesagt werden, dass die Bindung zwischen den AnhängerInnen und den Parteien geschwächt ist. Die oben zitierten Bemerkungen über den verringerten Einsatz der »einfachen Mitglieder« belegen dies ebenso wie die stark gewachsene Anzahl von WechselwählerInnen, die sich mal für diese, mal für jene Partei entscheiden. Auch die Überalterung der Mitgliederschaft stellt die sozialdemokratischen Parteien vor schwerwiegende Probleme. Von den Mitgliedern der niederländischen sozialdemokratischen Partei waren in den 1990er Jahren zum Beispiel nur noch 1,5 % jünger als dreißig Jahre.[136] Und die Mitgliederzahl sinkt: Während der Niedergang in manchen Staaten (z. B. Dänemark) schon in den 1960er Jahren einsetzte, begann er anderenorts viel später (in Schweden z. B. 1984), aber der Trend war überall derselbe.[137] Hinzu kommt, dass ein Einfluss der proletarischen Mitglieder kaum noch

136 Mündliche Mitteilung von Felix Rottenberg, ehemaliger Vorsitzender der niederländischen sozialdemokratischen Partei (PvdA).

137 Diese die Mitgliederzahl betreffende Folgerung stimmt überein mit der Bartolinis: »Wenn sich ein Trend abzeichnet, ist es ein Niedergang.« Stefano Bartolini, »The Membership of Mass Parties: The Social Democratic Experience, 1889–1978«, in: Daalder u. Mair, *Western European Party Systems*, S. 177–220, hier 185.

vorhanden ist; in Abteilungsversammlungen sieht man sie immer weniger, und in höheren Parteigremien sind sie selten vertreten.[138]

Der südliche Kontrast: zwei Wandlungen in einem

Zwei der drei südeuropäischen Parteien wurden während der langen Wirtschaftskrise 1873–1896 gegründet: Der spanische *Partido Socialista Obrero Español* (PSOE), gefolgt vom *Partito Socialista Italiana* (PSI) im Jahr 1892. In Frankreich entstand etwas später, im Jahr 1905, die *Section Française de l'Internationale Ouvrière* (SFIO), ging aber aus einem Zusammenschluss von fünf Bewegungen hervor, von denen einige schon viel länger existierten. Im Gegensatz zu den nordeuropäischen Parteien fehlte den südeuropäischen jedoch fast von Anfang an eine eigene politische Subkultur, oder sie ging verloren.

Der PSI verfügte wahrscheinlich über die umfangreichste Subkultur, einschließlich angeschlossener Arbeitsbörsen *(Camere del Lavoro)*, Vereine der Widerstandskämpfer, der *Confederazione Generale del Lavoro* (CGL), Genossenschaften, Volksuniversitäten und Umlaufbibliotheken.[139] Die Partei war Teil dieses Umfelds, bildete aber nicht dessen »organischen« Kern, wie etwa in Deutschland oder Österreich. Ähnlich verhielt es sich mit der SFIO, deren Netzwerk ebenfalls nicht direkt mit der Partei

---

138 Möglicherweise hat die sich verändernde soziale Zusammensetzung der Parteiabteilungen deren Funktionieren beeinflusst. Der Politologe Maurice Duverger meinte: »Zweifellos würde eine genauere Untersuchung ergeben, daß Abteilungen, die vorwiegend von Arbeitern besetzt sind, besser funktionieren als solche, die vorwiegend von der Mittelklasse oder Bauern bestimmt werden. Eine Analyse der sozialistischen Parteien würde diese Ergebnisse vermutlich bestätigen. Bei diesen ist ein fortschreitendes Absterben des Abteilungssystems zu beobachten, was anscheinend damit im Zusammenhang steht, daß sie allmählich in der Mittelklasse aufgehen. [...] Derzeit scheinen in den meisten sozialistischen Parteien die proletarischen Abteilungen lebendiger zu sein als die der ›Mittelklasse‹ oder die gemischten.« Duverger, *Political Parties. Their Organization and Activity in the Modern State.* Zweite überarbeitete Auflage (London 1964), S. 27. Der Unterschied zwischen proletarischen und nicht-proletarischen Parteiabteilungen war das Thema einer interessanten Diskussion in Großbritannien. Siehe Barry Hindess, *The Decline of Working-Class Politics* (London 1971); R. Baxter, »The Working Class and Labour Politics«, *Political Studies*, 20 (1972), S. 97–107; Tom Forester, *The Labour Party and the Working Class* (London 1976); Barry Hindess, *Parliamentary Democracy and Socialist Politics* (London 1983).

139 Werner Sombart, »Studien zur Entwicklungsgeschichte des italienischen Proletariats: IV, Die Arbeiterkammern (Camere del lavoro) in Italien«, *Archiv für soziale Gesetzgebung und Sozialpolitik*, 8 (1895), S. 521–574; Maria G. Rosada, *Le università popolari in Italia, 1900–1918* (Rom 1975); Franco Andreucci, »Italy«, in: Marcel van der Linden u. Jürgen Rojahn (Hg.), *The Formation of Labour Movements, 1870–*1914, Bd. 1 (Leiden u. Boston 1990), S. 191–208; Luigi Tomassini, »Mutual Benefit Societies in Italy«, in: Marcel van der Linden (Hg.), *Social Security Mutualism. The Comparative History of Mutual Benefit Societies* (Bern 1996).

verbunden war, trotz der sozial-kulturellen Einbettung der politischen Aktivitäten. Obwohl die Beziehungen zur *Confédération Générale du Travail* (CGT) und zu den *Bourses du Travail* oft angespannt waren und mehrere kulturelle Organisationen faktisch unabhängig agierten, gab es ein gewisses Maß an Zugehörigkeit. Der in ihren Anfängen relativ schwache PSOE war nicht nur mit seinem eigenen Gewerkschaftsverband, der UGT *(Unión General de Trabajadores)*, verbunden, sondern verfügte auch über ein Netz von *Casas del Pueblo*, eine eigene Presse sowie Frauen- und Jugendorganisationen.[140] Die »roten Netzwerke« in Italien und Spanien wurden von den Diktatoren Mussolini bzw. Franco zerschlagen. Die französische Subkultur war zwar mit einer langen Lebensdauer gesegnet, wurde aber nach der Spaltung der Partei im Jahr 1920 vom kommunistischen Einfluss beherrscht.[141]

Die Parteien des Südens wurden noch stärker von Intellektuellen dominiert als ihre Pendants im Norden, was vermutlich darauf zurückzuführen ist, dass die ArbeiterInnenbewegung im Süden aufgrund der langsameren wirtschaftlichen Entwicklung im Verhältnis schwächer war.[142] Die herausragende Stellung der Intellektuellen könnte auch der Grund für den Fraktionismus sein, der in den südlichen Parteien anzutreffen war.[143]

Wie ihre Pendants im Norden zielten die drei Schwesterparteien darauf ab, mit parlamentarischen Mitteln zu operieren; dennoch waren sie (wie in Österreich 1934) bereit, die parlamentarische Demokratie notfalls mit Waffen und anderen »außerparlamentarischen« Mitteln zu

140 Manuel Tuñon de Lara, *El movimiento obrero en la historia de España* (Madrid 1972), S. 484–490; Santiago Catillo, *Hacia la mayoría de edad, 1888–1914* (Madrid 1998); Mary Nash, »La problemática de la mujer y el movimiento obrero en España«, in: Albert Balcells (Hg.), *Teoría y práctica del movimiento obrero en España, 1900–1936* (Valencia 1977), S. 241–279; Antonio González Quintana u. Aurelio Martin Najera, *Apuntes para la historia de las Juventudes Socialistas de España* (Madrid 1983); Santiago Castillo (Hg.), *Solidaridad desde abajo: Trabajadores y socorros mutuos en la España contemporánea* (Madrid 1994); Diego Caro Cancela, »La cultura de los espacios socialistas. Casas del Pueblo y Centros obreros en la Segunda República española«, *Cahiers de civilisation espagnole contemporaine*, 2 (2015), https://journals.openedition.org/ccec/5595, abgerufen 21. Mai 2024.

141 Tony Judt, »Class Composition and Social Structure of Socialist Parties after the First World War: France's Case«, *Annali Giangiacomo Feltrinelli*, 23 (1983–84), S. 279–311; Tyler Stoval, *The Rise of the Paris Red Belt* (Berkeley 1990); Michel Dreyfus, »Coopération et syndicalisme: le trépied FNCC, CGT et SFIO durant l'entre-deux-guerres«, *RECMA*, 361 (2021), S. 49–62.

142 Diese Hypothese wird erörtert in Padgett u. Paterson, *Social Democrats in Postwar Europe*, S. 5–6.

143 Z. B. Jacques Kergoat, *Le Parti Socialiste de la Commune à nos jours* (Paris 1983); Wolfgang Merkel, *Die Sozialistische Partei Italiens: Zwischen Oppositionssozialismus und Staatspartei* (Bochum 1985), S. 158–248; Richard Gillespie, *The Spanish Socialist Party: A History of Factionalism* (Oxford 1989).

verteidigen, etwa in Spanien. Der keynesianische Wandel, der im Norden zwischen den 1930er- und 1950er Jahren spürbar war, setzte im Süden erst viel später ein. Die CGT akzeptierte 1934 den *Planisme* von Henri de Man, eine Minderheit innerhalb der SFIO sympathisierte mit den Ideen von de Man, und die frühe Regierungspolitik der französischen Volksfront (1936–1937) enthielt Spuren einer antizyklischen Politik, aber der Antikorporatismus von Léon Blum und seine Feindseligkeit gegenüber den Arbeitgebern setzten die ältere, reformistische Politik fort.[144]

Der Marxismus blieb lange Zeit die offizielle Parteiideologie im Süden. Die italienischen und spanischen Parteien hielten an diesen Überzeugungen bis Ende der 1970er Jahre fest,[145] während sich die Rhetorik der französischen SozialistInnen in den 1980er Jahren noch »stark auf eine Reihe von Konzepten und Begriffen aus dem Marxismus stützte«.[146] Diese programmatische Unnachgiebigkeit ist wahrscheinlich auf die polarisierten politischen Diskurse dieser Nationen und den relativ starken Einfluss der konkurrierenden kommunistischen Parteien zurückzuführen.[147]

Was auch immer die spezifische Erklärung für das Fortbestehen des Marxismus sein mag, die drei südlichen Parteien scheinen in den 1970er Jahren die »radikale Fraktion« der europäischen Sozialdemokratie dargestellt zu haben: »Im Gegensatz zu den nord- und mitteleuropäischen sozialistischen Parteien wurden die südeuropäischen sozialistischen Parteien als ein neues Terrain für Kämpfe und neue Perspektiven angesehen, die über den Wohlfahrtsstaat hinausgingen«.[148]

Umso überraschender war der schnelle Kurswechsel jeder der drei Parteien. Der Marxismus wurde mit Vehemenz verworfen. Ab 1975 führte die Debatte innerhalb des PSI über die *alternativa di sinistra* zu einer

144 Zum Einfluss des *planisme* in CGT und SFIO: Georges Lefranc, »La diffusion des idées planistes en France«, *Cahiers Vilfredo Pareto*, 31 (1974), S. 151–67. Zu Léon Blums ökonomischer Politik: Nicolas Roussellier, »La culture économique de Léon Blum: entre libéralisme juridique et socialisme«, *Histoire@Politique*, 16 (2012), S. 111–20.

145 Merkel, *Sozialistische Partei*, S. 330–40; Donald Share, *Dilemmas of Social Democracy: The Spanish Socialist Workers Party in the 1980s* (New York 1989), S. 53–58. Einige illegale italienische Sozialisten sympathisierten mit Henri de Man: Leonardo Rapone, »Il planismo nei dibattiti del antifascismo italiano«, in: Mario Telò (Hg.), *Crisi e piano: le alternative degli anni trenta* (Bari 1979), S. 269–88.

146 D. S. Bell u. Byron Criddle, *The French Socialist Party. The Emergence of a Party of Government*, 2. Auflage (Oxford 1988), S. 151.

147 Padgett u. Peterson, *A History of Social Democracy*, S. 40–41.

148 James Petras, »The Rise and Decline of Southern European Socialism«, *New Left Review*, 146 (1984), S. 37–52, hier 37.

Begeisterung für die Marktwirtschaft; der 29. Kongress (1981) des PSOE war das »spanische Bad Godesberg« und begründete endgültig das gemäßigte Image der Partei; die französische Partei konzentrierte sich in den 1980er Jahren zunehmend auf die Propaganda für spezifische Maßnahmen (die 110 Vorschläge von Mitterrand). Die Veränderungen in der Politik waren wichtiger als die in der Ideologie. James Petras schrieb von einer »plötzlichen und dramatischen [...] Abkehr von der Sozialhilfepolitik«.[149] 1981 begann die Sozialistische Partei Frankreichs ihre Regierungszeit mit radikalen Maßnahmen: weitreichende Verstaatlichungen, große Arbeitsreformen, Erhöhungen der Familienbeihilfen, Vorruhestand und mehr. Mark Kesselman zufolge war diese stark auf den Staat ausgerichtete Politik jedoch ein »Sozialismus ohne Arbeitnehmer«[150] und somit ein stark technokratischer Ansatz. Ab Juni 1982 schlugen Mitterrand und seine Regierung einen anderen Kurs ein. Strikte Sparsamkeit (*rigueur*) wurde zum Schlagwort: »Der Franc wurde abgewertet, die Reformen wurden gestoppt, die Steuern erhöht, die Wachstumsambitionen auf Null reduziert und Maßnahmen ergriffen, um die Löhne von der Inflation abzukoppeln.«[151]

Nachdem sie 1982 an die Macht gekommen war, »wandte sich der PSOE den wirtschaftlichen und sozialen Reformen zu, die eine aufgeklärte konservative Partei schon vor langer Zeit hätte durchführen müssen«.[152] Die Regierung von Felipe González begegnete den anhaltenden Problemen und der schweren Wirtschaftskrise mit unzähligen Sparmaßnahmen, der Abwertung der Peseta, Steuererhöhungen und Ähnlichem. Diese Maßnahmen gingen weitgehend auf Kosten der ArbeiterInnenklasse, »was die Löhne, die Verfügbarkeit von Arbeitsplätzen und die Bereitstellung von Sozialleistungen angeht«.[153]

In Italien versuchte die 1983 gebildete Koalitionsregierung unter Ministerpräsident Bettino Craxi – zunächst mit einigem Erfolg – die

149 Ebd.

150 Mark Kesselman, »Prospects for Democratic Socialism in Advanced Capitalism: Class Struggle and Compromise in Sweden and France«, *Politics and Society*, 11 (1982), S. 397–438.

151 George Ross u. Jane Jenson, »France: Triumph and Tragedy«, in: Perry Anderson u. Patrick Camiller (Hg.), *Mapping the West European Left* (London 1994), S. 158–88, hier 173.

152 Allan M. Williams, »Socialist Economic Policies: Never Off the Drawing Board?«, in: Tom Gallagher u. Allen M. Williams (Hg.), *Southern European Socialism: Parties, Elections and the Challenge of Government* (Manchester 1989), S. 188–216, hier 192.

153 Ebd., S. 193; Share, *Dilemmas of Social Democracy*, S. 71–79.

Inflation zu bekämpfen, die Zahlungsbilanz durch eine Abwertung der Lira auszugleichen und das Staatsdefizit zu verringern. Insgesamt stellte Craxis Wirtschaftspolitik »weitgehend eine Fortsetzung der von früheren italienischen Koalitionsregierungen – vielleicht weniger effektiv – praktizierten Politik dar.«[154] Der PSI stand nun »etwas rechts von den meisten europäischen Parteien«[155] und unterstützte »den nachhaltigsten Angriff auf die Organisationen und den Lebensstandard der Arbeiterklasse, den Italien seit dreißig Jahren erlebt hat«.[156]

Die drei südlichen Parteien scheinen also die zweite Metamorphose, die die nördlichen Parteien ab den 1930er Jahren kennzeichnete, übersprungen zu haben. Ohne ein längeres keynesianisches Zwischenspiel zu erleben, gingen die französischen, italienischen und spanischen SozialdemokratInnen fast direkt von der klassischen reformistischen Phase zum Postkeynesianismus über.[157] Die offensichtliche Frage lautet: Wie haben sie diesen Übergang herbeigeführt?

Der Grund dafür scheint in der politischen Zusammensetzung der drei Parteien zu liegen. Die Organisationen wurden alle in gewisser Weise »entwurzelt«, auch wenn sie sehr unterschiedliche Wege einschlugen. Die SFIO verlor bei ihrer Spaltung im Jahr 1920 den Großteil ihrer Unterstützung durch die ArbeiterInnenschaft: »Da den Sozialisten durch die kommunistische Konkurrenz eine solide Basis in der Arbeiterklasse verwehrt wurde, waren sie gezwungen, sich anderweitig umzusehen – in anderen sozialen Schichten, vor allem im Kleinbürgertum.[158] Die 1930er, 1940er und 1950er Jahre waren eine Zeit der »fortschreitenden Verkleinbürgerlichung der Wählerbasis der Partei«.[159] Das Fehlen einer ArbeiterInnensubkultur und einer Verbindungen zu den Gewerkschaften sowie eine Politik, die junge Menschen von der Organisation entfremdete, führten in den 1960er Jahren zu einer tiefen Krise. Die einzige Möglichkeit, die Partei wiederzubeleben, bestand in einer vollständigen Neugründung. So entstand im

154 Williams, »Socialist Economic Policies«, S. 194.

155 Padgett u. Paterson, *A History of Social Democracy*, S. 47.

156 Tobias Abse, »Italy: A New Agenda«, in: Anderson u. Camiller, *Mapping the West European Left*, S. 189–232, hier 212.

157 Z. B. Wolfgang Merkel, »Pourquoi le socialisme n'existe-t-il pas en Europe du sud?«, in: Mario Telò (Hg.), *De la nation à l'Europe. Paradoxes et dilemmes de la social-démocratie* (Brüssel 1993), S. 227–59.

158 Bell u. Criddle, *The French Socialist Party*, S. 15.

159 Ebd., S. 191.

Mai 1969 aus der Asche der SFIO eine neue Partei, der *Parti Socialiste*.[160] Trotz ihrer Wahlerfolge ist es dieser Organisation jedoch nicht gelungen, eine solide soziale Basis zu schaffen (d. h. sie hat keine starken Verbindungen zu einer größeren sozialen Gruppe). Die französische sozialistische WählerInnenschaft ist »strukturell instabil, weil die kulturellen Bindungen zwischen dem politischen Sozialismus und der Arbeiter- und Gewerkschaftsbewegung schwach sind«,[161] und dieses Manko hat wahrscheinlich den raschen Politikwechsel der Partei ermöglicht.

Während des Übergangs 1975–77 wurde der PSOE – trotz seines hohen Alters – in soziologischer Hinsicht zu einer neuen Partei und musste unter höchst unorthodoxen Bedingungen agieren. In Nord- und Westeuropa waren die sozialdemokratischen Parteien zunächst außerhalb der Parlamente aktiv; sie bauten ihre Organisationen durch Mobilisierung und Kampagnenarbeit auf und erhielten erst später Zugang zur Legislative. Da der PSOE jedoch erst vier Monate vor den Wahlen von 1977 legalisiert wurde, hatte er keine Zeit, seine Organisation vor dem Einzug ins Parlament gründlich zu strukturieren. Dies hatte mehrere wichtige Konsequenzen. Erstens erforderten die innerparlamentarischen Angelegenheiten sofortige Aufmerksamkeit, was dazu führte, dass der Aufbau der außerparlamentarischen Organisation vernachlässigt wurde. Und die Partei war dazu gezwungen, eine Wahlstrategie festzulegen. In Bezug auf die iberische Halbinsel stellte Ingrid van Biezen zu Recht fest:

> »Mit dem plötzlichen Anstieg der Wahlbeteiligung fast unmittelbar nach dem Zusammenbruch der autoritären Regime traten Millionen von neu gewonnenen Wählern in die Wahlarena ein. […] Aufgrund des Mangels an stabilen Parteiidentitäten und -ausrichtungen in Spanien und Portugal in Verbindung mit dem Fehlen einer stabilen und soliden Wählerschaft scheint eine expansive Wahlstrategie der effektivste Weg gewesen zu sein, […] die Anzahl der Parlamentssitze zu maximieren. Anstatt die Interessen einer bestimmten classe gardée zu

160 Jacques Kergoat, »France: De l'agonie de la SFIO à la reconstruction du nouveau Parti Socialiste«, in: *Profils de la social-democratie européenne* (Paris 1982), S. 219–286; Frédéric Sawicki, *Les Réseaux de la SFIO et du PS. Sociologie du milieu militant* (Paris 1997); Noëlline Castagnez, »La notabilisation du PS-SFIO sous la Quatrième République«, *Vingtième siècle. Revue d'histoire*, 96 (2007), S. 35–46.

161 François Hincker, »The French Socialists: towards Post-Republican Values?«, in: Donald Sassoon (Hg.), *Looking Left: European Socialism after the Cold War* (London, 1997), S. 109–23, hier 110.

verteidigen, wurden die Parteien ermutigt, so viele Wähler wie möglich anzuziehen und dabei die Grenzen der sozialen oder wirtschaftlichen Unterschiede der Gesellschaft zu überschreiten.«[162]

Auf diese Weise wurde der PSOE sofort in die Rolle einer »catch-all«-Partei gedrängt. Dies ermöglichte rasche politische Kurswechsel ohne Stimmenverluste. Im Gegensatz zur französischen PS unterhielt der PSOE jedoch enge Beziehungen zu einem Gewerkschaftsverband (der UGT), aber die neue Politik der Partei belastete diese traditionelle Beziehung.[163]

Während seiner Beteiligung an christdemokratisch dominierten Regierungen in den 1960er- und 1970er Jahren wurde der italienische PSI praktisch von dem klientelistischen System absorbiert. Der PSI »wurde in der Auseinandersetzung mit der Regierung tiefgreifend verändert«, weil der Zugang zu politischem Klientelismus dazu führte, dass Führer und lokale Aktivisten tief in »Klientelismus und Machtgehabe« verstrickt wurden.[164] Giulio Sapelli hat treffend festgestellt, dass dieser Wandel die Schwäche der Partei widerspiegelt: Der Klientelismus wuchs, weil die Partei sich Unterstützung erkaufte, die sie auf andere Weise nicht bekommen konnte. Der Zusammenbruch des PSI in den 1990er Jahren war auf diese Schwäche zurückzuführen: Seine Macht beruhte auf einem »zerbrechlichen, an Kriminalität und Illegalität grenzenden Interessengeflecht, das von der Notwendigkeit beherrscht wurde, die Zustimmung einzelner Führungspersönlichkeiten zu erlangen, und nicht von Werten und einem Gefühl der Solidarität getragen wurde, die diese Interessen zum Schweigen hätten bringen können«.[165] Die Rolle der Partei wurde

162 Ingrid van Biezen, »Building Party Organisations and the Relevance of Post Models: The Communist and Socialist Parties in Spain and Portugal«, *West European Politics*, 21 (1998), S. 32–62, hier 41–42. Van Biezen fügt hinzu, dass die Parteien finanziell nicht von ihren Mitgliedern abhängig sind: »Die Parteien haben sich selbst gegenüber recht großzügig gezeigt, indem sie große Summen an staatlichen Subventionen erhielten«(S. 43). Zu den spezifischen Unterschieden in der Parteienfinanzierung siehe Anton Pelinka, *Social Democratic Parties in Europe* (New York 1983), S. 57–63.

163 Richard Gillespie, »The Break-up of the ›Socialist Family‹: Party-union Relations in Spain, 1982–89«, *West European Politics*, 13, 1 (1990), S. 47–62; Javier Astudillo Ruiz, »La trampa partidista de la UGT: de la relación solidaria con el PSOE a la unidad de acción sindical con CC OO«, *Revista Española de Ciencia Política*, 11 (Oktober 2004), S. 73–101.

164 David Hine, »The Italian Socialist Party«, in: Gallagher u. Williams, *Southern European Socialism*, S. 109–30, hier 110.

165 Giulio Sapelli, »The Italian Left after 1989: Continuity and Transformation«, in: Sassoon, *Looking Left*, S. 44–63, hier 47–48. Eigene Übersetzung.

später vom 2007 gegründeten *Partito Democratico* übernommen, der zum Teil aus dem ehemaligen *Partito Comunista Italiano* hervorging.

Nun noch kurz zur Entwicklung in Osteuropa. Nach dem Zusammenbruch des Kommunismus im Jahr 1989 entstanden neue Parteien. In der Tschechischen Republik wurde die Partei nach der Auflösung der Tschechoslowakei 1993 als ČSSD (Česká strana sociálně demokratická; Tschechische Sozialdemokratische Partei) wiedergegründet. Bei den Wahlen war sie zunächst sehr erfolgreich, doch dann ging die Unterstützung stark zurück (von 32,3 % der Stimmen im Jahr 2006 auf 7,3 % im Jahr 2017). Manchmal wurden Parteien wiedergegründet, die lange Zeit im Untergrund oder im Exil gewesen waren, wie in Lettland und Litauen, manchmal durch Koalitionen und Fusionen mehrerer Gruppen (Polen) und manchmal durch die Umwandlung traditioneller kommunistischer Parteien oder politische Spaltung (Bulgarien, Ungarn, Slowakei, Rumänien). Die Prozesse der Parteibildung durch Bündnisse und Spaltungen konnten sehr komplex sein. In vielen Ländern schnitten die neuen Parteien bei den Wahlen zunächst gut – manchmal sogar sehr gut – ab, aber ihre Popularität ging nach einiger Zeit zurück.[166] Einen Extremfall stellte das polnische Demokratische Linksbündnis *(Sojusz Lewicy Demokratycznej)* dar, das 2001 noch 41 % der Stimmen auf sich vereinigen konnte, 2015 aber unter der Wahlhürde blieb. Einige osteuropäische Parteien wurden damals und werden auch heute noch von umfangreichen Korruptionsskandalen geplagt, vor allem diejenigen, die ihren Ursprung in den traditionellen kommunistischen Parteien haben, in denen Eliten Teile der Wirtschaft kontrollieren. Außerdem schienen diese Parteien keine überzeugende Antwort auf die Wirtschaftskrise nach 2008 zu geben.[167]

Aussichten

Im letzten halben Jahrhundert haben sich alle sozialdemokratischen Parteien (nicht nur in Europa!) gewandelt, und obwohl die Akzente in den

166 Für eine vergleichende Analyse der frühen Zeit nach 1989 siehe Peter Gowan, »The Post-Communist Socialists in Eastern and Central Europe«, in: Sassoon, *Looking Left*, S. 143–76.

167 Milada Anna Vachudova, »The Positions and Fortunes of Social Democratic Parties in East Central Europe«, in: Michael Keating u. David McCrone (Hg.), *The Crisis of Social Democracy in Europe* (Edinburgh 2015), S. 47–67.

einzelnen Ländern unterschiedlich gesetzt wurden, bildete sich noch keine klare neue Strategie heraus. Dem neuen französischen *Parti Socialiste* gelang es beispielsweise, sich so weit zu erholen, dass er 1981 unter François Mitterrand die französischen Parlamentswahlen gewinnen konnte. Doch als Frankreichs Präsident Mitterrand seine Versprechen nicht einlöste, geriet die Partei erneut in einen lang anhaltenden Niedergang.

Die Aufweichung des Profils der Sozialdemokratie hatte die paradoxe Folge, dass die *Sozialistische Internationale* (SI) nach den 1970er Jahren explosionsartig wuchs. Während die Zahl der angeschlossenen Mitglieder in den ersten 25 Jahren nach ihrer Gründung im Jahr 1951 zwischen 34 und 39 schwankte, stieg sie zwischen 1977 und 2003 von 39 auf 105. Zu den neuen Mitgliedern gehörten Organisationen, die in früheren Jahren sicherlich nicht als sozialdemokratisch eingestuft worden wären, wie die Volksbewegung zur Befreiung Angolas (MPLA), die Sandinistische Nationale Befreiungsfront (FSLN) und die autokratische Demokratische Aktion in Venezuela. In der Tat konnte die enorme Expansion der SI nur durch eine »Ausweitung« ihrer politischen Grundsätze gerechtfertigt werden. Der 18. Kongress der SI (Stockholm 1989) verabschiedete eine neue »Grundsatzerklärung«, in der die Existenz von »Unterschieden« in den »Kulturen und Ideologien« der Mitglieder anerkannt und gleichzeitig betont wurde, dass die Grundwerte der SI (Frieden, Freiheit, Gerechtigkeit und Solidarität) »ihren Ursprung in der Arbeiterbewegung, den Volksbefreiungsbewegungen, den kulturellen Traditionen der gegenseitigen Hilfe und der kommunalen Solidarität in vielen Teilen der Welt haben«.[168] Als sich die SI 2013 spaltete und eine neue Progressive Allianz unter der Führung der deutschen SPD ins Leben gerufen wurde – die bedauerte, dass der SI auch undemokratische Parteien angehören würden –, blieben die Grundsätze dieses Bündnisses ebenfalls vage und ermöglichten den Beitritt der Demokratischen Partei der USA, der indischen Kongresspartei und des Südafrikanischen Nationalkongresses (ANC).

168 https://www.socialistinternational.org/congresses/xviii-stockholm/declaration-of-principles-of-the-socialist-international/, abgerufen 1. März 2024. Eine Analyse in Marcel van der Linden, »A Case of Lost Identity? A Long View on Social Democracy Worldwide«, in: John Callaghan u. Ilaria Favretto (Hg.), *Transitions in Social Democracy: Cultural and Ideological Problems of the Golden Age* (Manchester u. New York 2006), S. 35–41.

Im Laufe der Zeit wurden verschiedene Erklärungen für die internationale Schwächung der Sozialdemokratie angeboten. Einige AutorInnen beziehen sich vor allem auf strukturell-ökonomische Veränderungen. Jonas Pontusson zum Beispiel weist besonders auf »die Verlagerung zu kleineren Einheiten der industriellen Produktion« und »das Wachstum der privaten nicht-industriellen Beschäftigung« hin.[169] Karl Loxbo et al. sehen einen klaren Zusammenhang mit der Gewöhnung an den Wohlfahrtsstaat: »Während der Wohlfahrtsstaat im Laufe der Zeit in ganz Westeuropa großzügig ausgebaut wurde, hat die sozialdemokratische Parteienfamilie allmählich aufgehört, durch diesen Ausbau Stimmen zu gewinnen.«[170] Die Kehrseite davon ist die These von Alexander Horn und anderen, dass Sozialdemokraten für den Abbau von Sozialleistungen bestraft wurden.[171] Auch wird darauf hingewiesen, dass die KernwählerInnenschaft der Sozialdemokratie durch das Schrumpfen der traditionellen ArbeiterInnenklasse reduziert wurde, derweil außerdem postindustrielle Wahlkompromisse den Parteienwettbewerb verändert und die Schaffung neuer Wahlbedingungen erschwert haben.[172] Durch die relative Vernachlässigung von Umweltproblemen wurde der internationale Aufstieg »grüner« Parteien ermöglicht,[173] während rechtsradikale Parteien ebenfalls in die traditionelle sozialdemokratische WählerInnenschaft einbrachen.[174]

169 Jonas Pontusson, »Explaining the Decline of European Social Democracy«, *World Politics*, 47, 4 (Juli 1995), S. 495–533.

170 Karl Loxbo et al., »The Decline of Western European Social Democracy: Exploring the Transformed Link between Welfare State Generosity and the Electoral Strength of Social Democratic Parties, 1975–2014«, *Party Politics*, 27, 3 (2021), S. 430–41.

171 Alexander Horn, »The Asymmetric Long-term Electoral Consequences of Unpopular Reforms: Why Retrenchment Really is a Losing Game for Left Parties«, *Journal of European Public Policy*, 28 (2021), S. 1494–1517.

172 Bandau, »What Explains the Electoral Crisis«, S. 199; Giacomo Benedetto, Simon Hix u. Nicola Mastrorocco, »The Rise and Fall of Social Democracy, 1918–2017«, *American Political Science Review*, 114, 3 (2020), S. 928–39.

173 Dieser Aspekt wurde bisher von der Forschung einigermaßen vernachlässigt. Siehe jedoch z. B. Andreas Fagerholm, »Social Democratic Parties and the Rise of Ecologism: A Comparative Analysis of Western Europe«, *Comparative European Politics*, 14 (2016), S. 547–71. Eine frühe Fallstudie ist Rainer Berger, *SPD und Grüne. Eine vergleichende Studie ihrer kommunalen Politik: sozialstrukturelle Basis – programmatische Ziele – Verhältnis zueinander* (Opladen, 1995).

174 Z. B. Daniel Oesch, »Explaining Workers' Support for Right-Wing Populist Parties in Western Europe: Evidence from Austria, Belgium, France, Norway, and Switzerland«, *International Political Science Review*, 29, 3 (2008), S. 349–73; Dennis Spies, »Explaining Working-Class Support for Extreme Right Parties: A Party Competition Approach«, *Acta Politica*, 48 (Juli 2013), S. 296–325. Nadja Mosimann u. a. haben mit Recht darauf hingewiesen, dass die Taktik der heutigen extremen Rechten sich unterscheidet

Es ist nicht erstaunlich, dass dieser enorme »Problemdruck« in der Sozialdemokratie zu großer Uneinigkeit und Unsicherheit führte. Fest steht, dass die Parteien dabei sind, ihren Charakter ein zweites Mal zu ändern. Sie lassen die Phase der Reformparteien mit ArbeiterInnen-Anhängerschaft immer deutlicher hinter sich und entwickelten sich zu »normalen« bürgerlichen Parteien.

Es wäre aber wahrscheinlich übertrieben, vom »Ende« der sozialdemokratischen Parteien zu sprechen. Es stimmt zwar, dass sie in den letzten Jahrzehnten im Durchschnitt deutlich weniger Stimmen erhielten als in der vorangegangenen Periode (Tabelle 4.1), weshalb wahrscheinlich »eine Rückkehr zu früheren Wahlergebnissen [...] so gut wie unmöglich« wurde.[175] Trotzdem repräsentieren sie in vielen Fällen immer noch einen nicht unbedeutenden Anteil der WählerInnenschaft von 10 % bis 20 %.

---

vom früheren Faschismus: »Anstatt offen zu versuchen, die Arbeiterbewegung zu zerstören, wie es die alte extreme Rechte in der Zwischenkriegszeit tat, versucht die neue radikale Rechte, die Solidarität der Arbeiterklasse mit ihrer Anti-Immigrations-Agenda zu untergraben, indem sie vorgibt, sich mit ihrem Wohlfahrts-Chauvinismus um die (einheimischen) Arbeiter zu kümmern, und indem sie die Legitimität der Gewerkschaften in ihren Diskursen angreift.« Nadja Mosimann, Line Rennwald u. Adrian Zimmermann, »The Radical Right, the Labour Movement and the Competition for the Workers' Vote«, *Economic and Industrial* Democracy, 40, 1 (2019), S. 65–90, hier 81.

175 Bandau, »What Explains the Electoral Crisis«, S. 199.

5. Exkurs: Bolschewismus und Leninismus

Historisch gesehen wurden in der Debatte zu diesem Thema drei kontroverse Positionen eingenommen. Einige behaupten, dass der Leninismus in der russischen Oktoberrevolution seine Nützlichkeit bewiesen habe und dass deshalb das gleiche Modell auch anderswo angewendet werden sollte; andere tragen die Meinung vor, dass der Leninismus für die russischen Verhältnisse zu Beginn des 20. Jahrhunderts geeignet gewesen sei, jedoch nicht für die gegenwärtigen Bedingungen in anderen Ländern; und schließlich denkt eine weitere Gruppe, dass bereits in der vorrevolutionären Situation zu Beginn des 20. Jahrhunderts der Leninismus den Samen zur späteren stalinistischen Entartung in sich getragen habe und deshalb unter allen Umständen zurückgewiesen werden müsse.

Diese Positionen scheinen weit voneinander abzuweichen. Immerhin haben sie zwei Annahmen gemeinsam, denn alle drei gehen davon aus, dass erstens die Lenin'sche Theorie ein mehr oder weniger zusammenhängendes Ganzes ist, das in seiner Gesamtheit akzeptiert oder zurückgewiesen werden muss; und dass zweitens die bolschewistische Politik unter dem Zarismus das direkte Ergebnis der Lenin'schen Theorie war (Bolschewismus und Leninismus als Synonyme betrachtet). In diesem Kapitel möchte ich beide Annahmen einer näheren Untersuchung unterziehen. Dazu werde ich versuchen, die Stellung von Lenins Theorie (wobei ich mich auf seine Methode der Analyse und seine Theorien vom proletarischen Bewusstsein und von der revolutionären Partei konzentriere) in ihrem historisch-materialistischen Kontext zu bestimmen. Dann hoffe ich, eine Reihe von wichtigen inneren Widersprüchen abzuleiten, und schließlich werde ich zu beweisen versuchen, dass die bolschewistische Praxis in keiner Weise leninistisch war. Habe ich auf diese Weise die zwei Prämissen der zeitgenössischen Leninismusdebatte einer Kritik unterzogen, werde ich versuchen, kurz einige Schlussfolgerungen zu formulieren.[176]

176 Ich verwende den Begriff »Leninismus« nur im wörtlichen Sinne, als »Lehren Lenins«. Alle Theorien, die sich selbst als leninistisch bezeichnen, aber nicht direkt von Lenin stammen, sind damit ausgeschlossen. Ich verwende diese strikte Abgrenzung, weil ich es für äußerst zweifelhaft halte, ob die

Die historische Stellung des Leninismus

Um Entstehung und Entwicklung des Leninismus zu verstehen, ist es notwendig, den historischen Zusammenhang zu analysieren, in dem diese Theorie zur Blüte kam. Die russische Gesellschaft und der russische Staat stellten unter dem Zarismus ein Gemisch aus europäischen und asiatischen Elementen dar. Die HistorikerInnen sind sich nicht einig hinsichtlich des Ausmaßes, in dem die zaristischen gesellschaftlichen Verhältnisse als Feudalismus charakterisiert werden können. Es gibt Übereinstimmung dahingehend, dass die traditionelle russische Gesellschaft mit ihren vielen unterschiedlichen Entwicklungsstufen seit der mongolischen Periode nicht einfach als ein weiterer Typ des »normalen« Feudalismus betrachtet werden kann. Das ist auf eine Reihe wichtiger Abweichungen zurückzuführen.[177] Zugleich ist klar, dass der Staat, der von Anfang an stark entwickelt war und eine despotische Färbung hatte, asiatische Merkmale aufwies.

Vom 17. Jahrhundert an zeigte sich ein wachsender Bedarf nach einem Staat, um auf dem Weltmarkt konkurrieren zu können. Erster Ausdruck dieser Tendenz war die absolutistische Reformpolitik Peters des Großen, der einerseits die nötigen finanziellen Mittel und Waren nur durch eine verstärkte Leibeigenschaft der Bauernschaft erhalten konnte, andererseits jedoch diese Mittel einsetzte zum Bau von Städten, Kanälen, Häfen und Straßen, den Bergbau förderte, Manufakturen einrichtete speziell für die Armee, und Arbeitskräfte importierte.

Diese absolutistische Politik wurde nach Peter dem Großen fortgesetzt, aber es wurde offensichtlich, dass sie zu keinem großen Erfolg auf dem

späteren »leninistischen« Texte von Sinowjew, Stalin und anderen tatsächlich mit den Lehren Lenins übereinstimmen. Das Kapitel stützt sich stark auf einige brillante Veröffentlichungen des (damals linkssozialistischen) Bernd Rabehl und seiner Mitautoren: Bernd Rabehl, *Marx und Lenin. Widersprüche einer ideologischen Konstruktion des »Marxismus-Leninismus«* (Berlin 1973); Rabehl, Wilfried Spohn u. Ulf Wolter, »Halbheiten in der Überwindung des Lenininsmus«, *Probleme des Klassenkampfs*, 11–12 (1974), S. 1–55; dies. »Der Einfluß der jacobinistischen und sozialdemokratischen Tradition auf das leninistische Organisationskonzept«, *Probleme des Klassenkampfs*, 17–18 (1975), S. 99–142.

177 Perry Anderson betrachtet den Zarismus vor der Industrialisierung als einen reinen Typ des Feudalismus, wenn auch begleitet von einem außerordentlich gut entwickelten (atypischen) absolutistischen Staat (*Lineages of the Absolutist State* (London 1974), S. 328–60). Hans-Heinrich Nolte sieht eine besondere Art des Feudalismus, ohne entwickelte Klassenstruktur (»Zur Stellung Russlands im europäischen Feudalismus«, *Das Argument*, Sonderheft 32 (Berlin 1978), S. 149–63), Carsten Goehrke geht noch weiter und behauptet, dass der Begriff des Feudalismus nur falsche Assoziationen hervorruft (Goehrke et al., *Rußland* (Frankfurt/Main 1972), S. 120). Hierzu auch Tamás Krausz, *Lenin Reconstructed* (New York 2015), S. 101–09.

Weltmarkt führte. Die Industrialisierung Englands ab 1780, Frankreichs ab 1830, Deutschlands ab 1848 sowie der Vereinigten Staaten machte die niedrige Arbeitsproduktivität in Russland in schmerzlicher Weise sichtbar. Wenn der zaristische Staat nicht auf einen Kolonialstatus reduziert werden sollte, blieb nur eine Möglichkeit: eine drastische Erhöhung der Arbeitsproduktivität durch Zwangsindustrialisierung.

Von Anfang an war klar, dass aufgrund der hohen Akkumulationsrate des Kapitals in Westeuropa und Nordamerika der »englische Weg« von Russland nicht gegangen werden konnte. Der »preußische Weg« war der Orientierungspunkt des zaristischen Staates, als er ab 1861 die Bauern befreite. Doch es zeigte sich, dass die zwei zentralen Elemente dieses »preußischen Weges« – Befreiung der Bauern und Intervention des Staates – in der russischen Gesellschaft anders wirkten. So erwies sich auch der »preußische Weg« als nicht praktikabel für das zaristische Russland. Der Widerspruch zwischen dem Industrie- und Landwirtschaftssektor vertiefte sich. Durch die induktive Industrialisierungsmethode – d.h. Import von Formen entwickelter Kapitalverhältnisse – konnte in Russland ein technisch entwickelter Industriekomplex errichtet werden, aber die eigentlichen gesellschaftlichen und ökonomischen Grundlagen fehlten. Im Gegenteil, die zaristische Industrialisierungspolitik verstärkte die Rückständigkeit jenes gesellschaftlichen Sektors, der den Prozess finanzierte: die Landwirtschaft. Da die Landwirtschaft die ausschließliche Funktion hatte, den Import industrieller Anlagen, von denen sie kaum irgendwelche Vorteile hatte, zu finanzieren, musste sich folgerichtig ihre Unterlegenheit auf dem Weltmarkt verstärken.

Die Zwangsindustrialisierung erfolgte auf Kosten sowohl der Arbeiter als auch der Bauern. Und da der Wirtschaftsprozess mehr Zeichen der Stagnation zu zeigen begann, wurde das gemeinsame Schicksal beider Klassen umso klarer. Hier liegt die wesentliche Wurzel der Revolution von 1917.

Die russische revolutionäre Bewegung wurde aus diesem summarisch skizzierten, sozialökonomischen Hintergrund heraus geboren. Die relative wirtschaftliche und gesellschaftliche Rückständigkeit Russlands und seine gleichzeitige Integration in den kapitalistischen Weltmarkt bewirkten ein vielfarbiges Gemisch von unterschiedlichen Kulturstufen, das zu dem führte, was Engels als die »seltsamsten und unmöglichsten

Ideenverbindungen«[178] bezeichnete. Die revolutionäre Bewegung basierte zunächst fast ausschließlich auf der Intelligenz, die sich in der Periode nach 1861 in einer ungewissen Lage befand. Alte Sicherheiten schwanden, die schwierige ökonomische Entwicklung jedoch ergab wenig neue. Große Gruppen von Intellektuellen begannen die Ursachen der gesellschaftlichen Stagnation zu verstehen und wurden radikal.

Die Auseinandersetzungen in der revolutionären Intelligenz über die Entwicklungsmöglichkeiten der russischen Gesellschaft wurden größtenteils bestimmt durch die halb europäische und halb asiatische Natur des Zarismus: Sollte Russland dem westeuropäischen Weg folgen (wie das die »Abendländler« wollten) oder sollte es seinen eigenen historischen Weg beschreiten, der auf der spezifisch russischen, kollektiven landwirtschaftlichen Gesellschaftsform, der *Obschtschina*, beruhte (wie dies die Slawenfreunde wünschten)? 1862 wurde die *Semlja i Wolja*, eine Organisation von Intellektuellen, gegründet. Ihre Mitglieder (*Narodniki* oder Volkstümler) wollten sich mit dem Volk vereinigen, aber zugleich war die Organisation vom Volk isoliert und wollte an dessen Stelle handeln. Als Ergebnis der wachsenden Unterdrückung durch den Staat in den 1870er Jahren spalteten sich die Narodniki 1879 in Fraktionen: Die *Narodnaja Wolja* (Der Wille des Volkes) und die *Tschorny Peredel* (Die Schwarze Abteilung). Die letztgenannte war »eines der Saatbeete der russischen Sozialdemokratie.«[179]

In den 1880er Jahren brachen die terroristischen Strömungen zusammen, nachdem Narodnaja Wolja durch die zaristische Polizei aufgerieben worden war. Zur gleichen Zeit bliesen der intensive, erzwungene Vormarsch der Industrialisierung, der von viel Elend begleitet war, sowie der wachsende Kampf der Arbeiter neues Leben in die Auseinandersetzungen der revolutionären Intelligenz. Marxistisch gefärbte Theorien wurden populär. 1872 war bereits der erste Teil von *Das Kapital* auf Russisch

178 Friedrich Engels an Georgij W. Plechanow, 26. Februar 1895. Die gesamte relevante Passage lautet wie folgt: »[…] in einem Lande wie dem Ihrigen, wo die moderne Großindustrie auf die ursprüngliche Bauerngemeinde aufgepfropft ist und alle Zwischenphasen der Zivilisation nebeneinander bestehen, in einem Lande, das außerdem von einer mehr oder weniger wirksamen geistigen chinesischen Mauer umgeben ist, die der Despotismus errichtet hat, in einem solchen Lande darf man sich nicht wundern, wenn dort die seltsamsten und unmöglichsten Ideenverbindungen entstehen« (Marx/Engels, *Werke*, Bd. 39, S. 417).

179 Franco Venturi, *Roots of Revolution. A History of the Populist and Socialist Movements in Nineteenth Century Russia* (New York 1960), S. 575.

erschienen. Die Narodniki jedoch lasen das Werk in einer sehr spezifischen Weise: als eine moralische Anklageschrift gegen den Kapitalismus und nicht als den Versuch einer wissenschaftlichen Analyse.[180]

Eine weitere Interpretation trat erst in den 1880er und 1890er Jahren in Erscheinung, u. a. unter dem Einfluss der Pariser Kommune, der Hafenarbeiterstreiks in Großbritannien, der Zerschlagung der Narodnaja Wolja und des Wahlerfolgs der deutschen Sozialdemokratie. Ein Teil der Intelligenz betrachtete nun die Obschtschina nicht mehr als die Grundlage der künftigen Gesellschaft. Stattdessen glaubte sie, dass der Sozialismus nur nach einer kapitalistischen Entwicklungsphase möglich sein würde. Diese Positionsverlagerung machte es diesen Intellektuellen möglich, sich weiter an das sozialdemokratische Programm der Zweiten Internationale anzunähern. *Der neue Typ des russischen Marxismus, der auf diese Weise geschaffen wurde, setzte sich zusammen aus einem Gemisch aus den Traditionen der russischen Intelligenz und der deutschen Sozialdemokratie.*

Der typischste Vertreter des neuen russischen Marxismus unter deutschem Einfluss war Plechanow, der zu einem früheren Zeitpunkt den Narodniki angehört hatte und der »eine ganze Generation von russischen Marxisten erzogen« hat (Lenin). Plechanow betrachtete Marx' Theorie als eine »geniale Idee« und nicht als das historische Produkt der gesellschaftlichen Entwicklung. Allgemeiner gesagt war er der Meinung, dass die Ideen von Menschen *neben* der Geschichte existieren, so wie sie ist, und sie mehr oder weniger reflektieren würden. »Vom Marxschen Standpunkt aus gibt es verschiedenartige Ideale, niedrige und hohe, richtige und unrichtige«,[181] schrieb er. Für Plechanow war der Marxismus die perfekte Widerspiegelung der Wirklichkeit – ein allgemeines Entwicklungsmodell der Produktivkräfte, ein Kautskyscher Sozialdarwinismus. Wie Daniela Steila in ihrer gründlichen Analyse von Plechanows Erkenntnistheorie feststellt: »Die Praxis blieb der Theorie grundsätzlich äußerlich«.[182] Dieses Grundmuster von Plechanows Interpretation des Marxismus kann auf verschiedenen Ebenen angetroffen werden.

180 Z. B. Masaharu Tanaka, »The Narodniki and Marx on Russian Capitalism in the 1870's-1880's«, *Kyoto University Economic Review*, 39, 2 (Oktober 1969), S. 1–25; James D. White, *Karl Marx and the Intellectual Origins of Dialectical Materialism* (Basingstoke u. London 1996), S. 227–44.

181 G. W. Plechanow, *Zur Frage der Entwicklung der monistischen Geschichtsauffassung* (Berlin 1956), S. 227.

182 Daniela Steila, *Genesis and Development of Plekhanov's Theory of Knowledge. A Marxist between Anthropological Materialism and Physiology* (Dordrecht 1991), S. 133.

- Plechanow glaubte, dass alle Gesellschaften die gleichen Stadien durchlaufen müssten. Eine kombinierte und ungleiche Entwicklung im Weltmaßstab sah er nicht.
- Plechanow verstand die Dialektik von Form und Inhalt in keiner Weise besser als Kautsky. Das drückte sich in der Tatsache aus, dass er den Doppelcharakter der produktiven Arbeit im Kapitalismus nicht erkannte: die abstrakte, wertbildende Arbeit und die konkrete, gebrauchswertbildende Arbeit.
- Da er den Unterschied zwischen konkreter und abstrakter Arbeit nicht verstand, verlor Plechanow auch die Sicht auf den spezifischen Charakter der Herausbildung der kapitalistischen Gesellschaft. Nach seiner Ansicht unterschieden sich nur die Eigentumsverhältnisse. Aus diesem Grunde glaubte Plechanow, dass ein proletarisches Klassenbewusstsein nicht im Fabriksalltag entstehen könne, sondern nur von außen, durch »Erziehung«. Auch hier sah er die revolutionäre Theorie als etwas, das *neben* der Geschichte steht.
- Nach Plechanow musste die Intelligenz die Arbeiterklasse führen und sie über ihre Lage und die Notwendigkeit des politischen Kampfes unterrichten.

Plechanows Ansichten bestimmten das Denken aller Flügel der Sozialdemokratie. Selbst diejenigen, die teilweise unterschiedliche Positionen einnahmen (wie Bucharin z. B.), unterstützten Plechanows undialektischen Marxismus in seinem grundsätzlichen Herangehen.[183]

Widersprüche in Lenins Theorie

Lenin zögerte niemals, seine Positionen zu wechseln, wenn er es für notwendig hielt. Zwischen 1893 und 1924 änderte er seine theoretischen Gedanken über die Agrarfrage, die Taktik der proletarischen Partei, den Staat und die Diktatur des Proletariats in unterentwickelten kapitalistischen Ländern. Trotz dieser Korrekturen hielt Lenin seine spezifische Interpretation des Marxismus aufrecht, in dem die Einflüsse der Narodniki immer sichtbar blieben. Wie Nikolai Walentinow (der mit Lenin

183 Diese Interpretation Plechanows beruht auf Rabehl, *Marx und Lenin*, S. 197–210.

im Schweizer Exil zusammengearbeitet hatte) feststellte: »Als er zum Marxismus kam, war Lenin unter dem Einfluss von Tschernyschewski bereits mit bestimmten revolutionären Ideen gewappnet, die seine spezifisch ›leninistische‹ politische Ausrichtung ausmachten.«[184] Es war daher kein Zufall, dass Lenin seinem Pamphlet *Čto delat'?* (*Was tun?*) von 1902 denselben Titel gab wie Tschernyschewskis Roman von 1863. Lenin leitet seinen Marxismus im Wesentlichen von Plechanow ab. Sogar im Jahre 1921 noch glaubte er, dass Plechanows Beiträge über Philosophie »das Beste in der ganzen internationalen marxistischen Literatur« sind.[185] Lenin teilte deshalb einige von Plechanows methodologischen Fehlern.[186] Auch Lenin betrachtete den Marxismus als natürliche Wissenschaft von der Gesellschaft. Auch Lenin verstand nicht die Dialektik von Form und Inhalt und auch nicht den Unterschied zwischen abstrakter und konkreter Arbeit. Und Lenin betrachtete ebenfalls den wissenschaftlichen Sozialismus als ein unabhängiges Produkt der revolutionären Intellektuellen, getrennt vom »spontanen« Kampf der Arbeiter.[187]

Aufgrund dieser methodologischen Fehler enthielt Lenins Denken eine Reihe von Fehleinschätzungen.

- Für Lenin war die Gründung des Sozialismus eine reine Frage des Überbaus. Da Lenin, wie auch Plechanow und Kautsky, nicht unterschied zwischen der Vergesellschaftung der kapitalistischen und der sozialistischen Gesellschaft, war der Sozialismus in seinen Augen nicht die Befreiung der Arbeit von ihren kapitalistischen Formen. Stattdessen betrachtete Lenin den Sozialismus als Anpassung des politischen Überbaus an die hochentwickelte kapitalistische Basis. »Ist es da nicht klar«, schrieb er, »daß die Produktionsform in einen unversöhnlichen

184 Nikolay Valentinov, *Encounters with Lenin*. Übers. Paul Rosta u. Brian Pearce (London 1968), S. 65. Eigene Übersetzung.

185 W. I. Lenin, »Noch einmal über die Gewerkschaften, die gegenwärtige Lage und die Fehler Trotzkis und Bucharins« (1921), in: *Werke*, Bd. 32, S. 85.

186 Es ist klar, dass ich nicht mit Neil Harding übereinstimme, der meint, die »Bezugspunkte bei der Betrachtung des Grades der Orthodoxie bei Lenin sind nicht so sehr die Texte von Marx und Engels als vielmehr die seiner russischen marxistischen Vorgänger und Zeitgenossen, die von der russischen Bewegung als unbezweifelbar orthodox angesehen werden«. Harding, *Lenin's Political Thought*, Bd. 1 (London u. Basingstoke 1977), S. 30.

187 W. I. Lenin, »Was sind die ›Volksfreunde‹ und wie kämpfen sie gegen die Sozialdemokraten?« (1894), in: *Werke*, Bd. 1, S. 170.

Widerspruch zu der Aneignungsform gerät? Liegt es nicht auf der Hand, daß diese sich unweigerlich jener anpassen und ebenfalls gesellschaftlich, d. h. sozialistisch werden muß?«[188] Der bürgerliche Überbau des entwickelten Kapitalismus muss an die Basis angepasst werden, die bereits sozialistisch ist – das ist das Fundament des Sozialismus nach Lenin. (Dieser Schluss erklärt die Tatsache, dass Lenins bereitwillige Annahme der Taylor'schen Organisation der Arbeit nach 1917 kein Zufall war, sondern eine direkte Folge seiner Theorie, die ausdrücklich begründet war auf der politischen Neutralität des Arbeitsprozesses.)[189]

- Da die sozialistische Revolution für Lenin eine Frage des Überbaus war, sah er für die Arbeiterklasse keine Möglichkeit, aus der Sphäre der Produktion politische Einsichten in die Gesellschaft zu gewinnen. Deshalb musste der wissenschaftliche Sozialismus durch revolutionäre Intellektuelle von außen in die Arbeiterklasse hineingetragen werden. Nach Lenin waren die Bourgeoisie und die radikale Sozialdemokratie verwickelt in einen Kampf um das Bewusstsein der Arbeiterklasse. »Kann nun von einer selbständigen, von den Arbeitermassen im Verlauf ihrer Bewegung selbst ausgearbeiteten Ideologie keine Rede sein, so kann die Frage *nur* so stehen: bürgerliche oder sozialistische Ideologie.«[190] Die besondere Aufgabe der sozialistischen Intelligenz sei es, den Einfluss der bürgerlichen Ideologie umzukehren. Wenn die Revolutionäre die Propaganda der Bourgeoisie überlassen, dann wird dies bei der Arbeiterklasse zu einer »Unterordnung unter die bürgerliche Ideologie« führen. Im Kapitalismus hat deshalb die Arbeiterklasse selbst die Tendenz, bürgerlich zu sein. »Von der Sozialdemokratie losgerissen, verflacht die Arbeiterbewegung und verfällt unweigerlich in Bürgerlichkeit: führt die Arbeiterklasse nur den ökonomischen Kampf, so verliert sie ihre politische Selbständigkeit, wird zum Anhängsel anderer Parteien und übt Verrat an dem großen Vermächtnis: Die Befreiung der Arbeiter muß das Werk der Arbeiter selbst sein.«[191] Zwei in diesen Sätzen erwähnte Aspekte sind bemerkenswert. An erster

188 W. I. Lenin, »Was tun?« (1902), in: *Werke*, Bd. 5, S. 395f.

189 Hierzu auch Christel Neusüß, *Imperialismus und Weltmarktbewegung des Kapitals* (Erlangen 1972), S. 88ff.

190 Lenin, »Was tun?«, S. 396.

191 W. I. Lenin: »Die dringendsten Aufgaben unserer Bewegung« (1900), in: *Werke*, Bd. 4, S. 367.

Stelle der riesige Widerspruch, in den sich Lenin selbst verwickelte, wenn er sagt, dass die Arbeiterklasse sich nur selbst befreien könne, wenn sie sich einer radikalen bürgerlichen Intelligenz unterordnet. An zweiter Stelle der Mangel an Materialismus in der Begründung: Erfolg oder Misserfolg revolutionärer Pläne sind nicht so sehr von materiellen Entwicklungen in der Gesellschaft abhängig als vielmehr vom Willen und der Hingabe revolutionärer Intellektueller (Voluntarismus). Die Revolution wird reduziert auf eine technische Sache, die auf der moralischen Verantwortung von Nicht-Arbeitern beruht.

- Lenins Ansicht von der Geschichte als einem linearen Prozess drückte sich auch in der Tatsache aus, dass er Marx' ökonomische Analyse in *Das Kapital* als eine Chronologie des Kapitalismus betrachtete: die von Marx unterschiedenen logischen Stufen (einfache Warenproduktion, erweiterte Reproduktion usw.) wurden von Lenin unkorrekterweise als historische Stadien betrachtet, die in der Realität notwendigerweise aufeinander folgen.[192] Es kam Lenin nicht in den Sinn, dass diese Stufen in ein und demselben Land gleichzeitig existieren können und in der Tat existieren.

Während Plechanow im Anschluss an Marx noch die Möglichkeit »nichtlinearer« Entwicklungen in der Weltgeschichte – wie der angeblich stagnierenden asiatischen Produktionsweise – in Betracht gezogen hatte, war Lenin auch in dieser Hinsicht ein überzeugter Unilinearist. In seinem 1919 gehaltenen Vortrag »Über den Staat« präsentierte er eine Geschichtsauffassung, die später zur stalinistischen Orthodoxie werden sollte.

> »Die jahrtausendelange Entwicklung aller menschlichen Gesellschaften in ausnahmslos allen Ländern zeigt uns eine allgemeine Gesetzmäßigkeit, Regelmäßigkeit, Folgerichtigkeit dieser Entwicklung derart, daß wir zuerst eine Gesellschaft ohne Klassen haben [...]; dann eine Gesellschaft, die auf Sklaverei beruht – die Gesellschaft der Sklavenhalter. [...] Auf diese Form folgte in der Geschichte eine andere Form:

192 Marx betrachtete nämlich die einfache Warenproduktion *nicht* als gesondertes historisches Stadium. Siehe z. B. Christopher J. Arthur, »The Myth of ›Simple Commodity Production‹«, auf: https://www.marxists.org/subject/marxmyths/chris-arthur/article2.htm, abgerufen 25. 5. 2024, oder Nadja Rakowitz, *Einfache Warenproduktion. Ideal und Ideologie* (Freiburg i. Br. 2003).

> die Leibeigenschaft. […] Weiterhin entstand in der Gesellschaft der Leibeigenschaft in dem Maße, wie sich der Handel entwickelte, wie sich ein Weltmarkt herausbildete, in dem Maße, wie sich die Geldzirkulation entfaltete, eine neue Klasse, die Klasse der Kapitalisten.«[193]

Lenins methodologische Fehler hatten natürlich weitreichende Folgen für seine Gesellschaftsanalyse. Das zeigt sich klar in seiner weithin gelobten Studie über *Die Entwicklung des Kapitalismus in Rußland.* In diesem Buch, das eine Attacke auf die Narodniki darstellt, wollte Lenin zeigen, dass der Kapitalismus bereits gut entwickelt war in Russland. Um das zu beweisen, fertigte Lenin eine Studie des russischen Binnenmarktes an. Da er dachte, dass jedes Land die gleichen Stufen durchlaufen müsse und in diesem Sinne auf sich selbst gestellt sei, vernachlässigte er nachdrücklich den Weltmarkt wie auch den zaristischen Staat.[194] Wir haben jedoch weiter oben gesehen, dass eine solche Abstrahierung unmöglich ist, weil eben die Industrialisierung Russlands sowohl unter dem Einfluss des Weltmarktes als auch des absolutistischen Staates stattfand. Die Dynamik der russischen ökonomischen Entwicklung entging Lenin deshalb notwendigerweise.

Des Weiteren konnte er, da er die logischen Stufen von Marx' Analyse als tatsächliche historische Stadien betrachtete, nicht erkennen, dass Russland aus einer sehr breit gefächerten, flickwerkartigen Kombination aller Arten von Übergangswirtschaftsweisen zwischen der alten, vorkapitalistischen und der neu entstehenden kapitalistischen Wirtschaft bestand. Aufgrund seines schematischen Herangehens warf Lenin alle Arten von zeitweiligen Übergangsformen in einen Topf mit den Erscheinungen des entwickelten Kapitalismus. So kam er zu dem

193 W. I. Lenin, »Über den Staat« (1919), in: *Werke*, Bd. 29, S. 460–79, hier 465–66.

194 Lenin versuchte, »den ganzen Entwicklungsprozeß des Kapitalismus in Rußland in seiner Gesamtheit zu analysieren«, führte jedoch einige Beschränkungen ein: »Erstens behandeln wir […] die Entwicklung des Kapitalismus in Rußland ausschließlich vom Standpunkt des inneren Marktes, lassen also die Frage des äußeren Marktes […] unberücksichtigt. […] viertens beschränken wir uns ausschließlich auf die ökonomische Seite des Prozesses« (W. I. Lenin, »Die Entwicklung des Kapitalismus in Rußland« (1899), in: *Werke*, Bd. 3, S. 11). Obwohl Lenins Buch eine beeindruckende Zahl von Fakten und einige wirkliche Einblicke enthält, bleibt es unklar, warum einige Wissenschaftler es ziemlich unkritisch als »die vollste, best-dokumentierte und best-argumentierte Untersuchung der kritischen Phase der Entwicklung des Kapitalismus aus dem Feudalismus in der Literatur des Marxismus« betrachten (Harding, *Lenin's Political Thought*, Bd. 1, S. 107).

Schluss, dass die kapitalistische Produktionsweise in Russland seit der Bauernbefreiung 1861 vorherrschend war. Er betrachtete etwa die Hälfte (63,7 Mio.) der Gesamtbevölkerung (125,6 Mio.) als proletarisch oder halbproletarisch und schlussfolgerte deshalb, dass Russland bereits weit vor 1914 ein kapitalistisches Land gewesen sei. Es ist jedem, der etwas Kenntnis von Wirtschaftsgeschichte hat, klar, dass dies eine weitreichende Entstellung der wirklichen russischen gesellschaftlichen Verhältnisse war.

Es ist verständlich, dass Lenin für eine lange Zeit keine weitere Schlussfolgerung aus seiner offensichtlich inkorrekten Analyse zog. Denn die direkte Folge eines kapitalistischen Wesens der russischen Gesellschaft wäre gewesen, dass die proletarische Revolution auf der Tagesordnung gestanden hätte. Aber bis 1917 konstatierte Lenin nichts dergleichen. Die ganze Zeit über bestand eine Kluft, ein Widerspruch zwischen seiner Klassenanalyse und seinen strategischen Auffassungen. Erst nach Beginn des Ersten Weltkrieges konnte Lenin nicht mehr die internationalen Beziehungen zwischen Wirtschaft und Politik leugnen und begann, die Bedeutung des Weltmarktes zu schätzen. Das Ergebnis dieses Lernprozesses ist zu finden in seinem bekannten Werk *Der Imperialismus als höchstes Stadium des Kapitalismus.* Aufgrund seiner noch immer inkorrekten Interpretation von Marx jedoch betrachtete Lenin den Imperialismus nicht als ein historisch spezifisches Entwicklungsstadium der kapitalistischen Produktionsweise, sondern als ein neues »Stadium«, das dem des »normalen« Kapitalismus, wie Marx ihn analysiert hatte, folgte.

Ein neues, viertes und höchstes Stadium wurde der schematischen Reihe von Naturalwirtschaft, einfacher Warenwirtschaft und kapitalistischer Wirtschaft hinzugefügt: der Imperialismus. Lenin war sich seiner Analyse dieses höchsten Stadiums nicht ganz sicher. Bei der einen Gelegenheit sprach er über Imperialismus und Monopolkapitalismus, bei der anderen über Staatskapitalismus und staatsmonopolistischen Kapitalismus. Gleichzeitig dachte er auch weiterhin, dass die Verflechtung von Industrietrusts, Bankkapital und Staat die direkte ökonomische Vorbereitung für den Sozialismus bildete. Der Imperialismus funktionierte vielleicht noch im Interesse der Monopole, aber es gab eine objektive Grundlage für einen direkten Übergang zum Sozialismus.

> »Wenn aus einem Großbetrieb ein Mammutbetrieb wird, der planmäßig, aufgrund genau errechneter Massendaten, die Lieferung des ursprünglichen Rohmaterials [...] für Dutzende von Millionen der Bevölkerung organisiert; wenn die Beförderung dieses Rohstoffs [...] systematisch organisiert wird; wenn von einer Zentralstelle aus alle aufeinanderfolgenden Stadien der Verarbeitung des Materials bis zur Herstellung der verschiedenartigsten Fertigprodukte geregelt werden; wenn die Verteilung dieser Produkte auf Dutzende und Hunderte von Millionen Konsumenten nach einem einzigen Plan geschieht [...] – dann wird offensichtlich, daß wir es mit einer Vergesellschaftung der Produktion zu tun haben [...]; daß privatwirtschaftliche und Privateigentums-Verhältnisse eine Hülle darstellen, die dem Inhalt bereits nicht mehr entspricht.«[195]

Auch hier sieht Lenin noch keinen Unterschied zwischen kapitalistischer und sozialistischer Vergesellschaftung. Was ihn betrifft, würden die Hierarchie in den Fabriken, die entfremdeten Produktionsprozesse usw. auch im Sozialismus beibehalten werden.

Die Folgen dieses apolitischen Konzepts von der Vergesellschaftung kommen auf kuriose Weise in Lenins Buch *Staat und Revolution* an die Oberfläche. In diesem Werk ist der bürgerliche Staat in zwei Teile gespalten: den politisch-repressiven und den ökonomisch-administrativen. Der politisch-repressive Teil (Armee, Polizei usw.) muss von der Arbeiterklasse und ihrem politischen Ausdruck, der Rätebewegung, zerstört werden. Der ökonomische Teil (Staatsbank usw.) jedoch wird nach der Revolution beibehalten und kommt unter die Kontrolle der Arbeiter. Folglich wird das ganze Land letztlich *ein* Betrieb: »Die gesamte Gesellschaft wird ein Büro und eine Fabrik mit gleicher Arbeit und gleichem Lohn sein.«[196] Die Verbindung zwischen dem ökonomischen und dem repressiven Aspekt des bürgerlichen Staates blieb Lenin unklar. Das wurde durch den Umstand erleichtert, dass Lenin niemals klar die Hierarchie und die bürokratische Struktur des bürgerlichen Staates verstand. (Wenn Lenin den Bürokratismus angriff, bezog er sich nicht auf die bürokratische

195 W. I. Lenin, »Der Imperialismus als höchstes Stadium des Kapitalismus« (1916), in: *Werke*, Bd. 22, S. 308.
196 W. I. Lenin, »Staat und Revolution« (1917), in: *Werke*, Bd. 25, S. 488.

Organisation als solche, sondern auf den Fakt, dass bestimmte Bürokraten faul oder korrupt waren.)

Welche Folgen hatten diese eher verallgemeinerten Meinungen für Lenins Organisationstheorie? Er entwickelte die Hauptlinien seiner Position zu Aufgaben und Organisation der Sozialdemokratie durch polemische Auseinandersetzungen mit der »ökonomistischen« Fraktion, mit den Menschewiken und auch teilweise in Diskussionen mit Trotzki, Luxemburg und ihren AnhängerInnen. Obgleich Lenin später einige Veränderungen vornahm, waren die wichtigsten Annahmen seiner Organisationstheorie bereits in einer Reihe von Werken enthalten, die kurz nach der Jahrhundertwende veröffentlicht wurden, vor allem in *Womit beginnen?*, *Was tun?* und *Brief an einen Genossen über unsere organisatorischen Aufgaben*. In allen diesen Schriften erkennen wir erneut die Wiederkehr von Kautskys Idee, dass die Theorie ein unabhängiges Ganzes neben der Klassenbewegung bildet.[197] Ganz richtig konstatierte Lenin, dass der ökonomische Kampf der Arbeiterklasse verschmelzen muss mit der revolutionären politischen Theorie, aber er sieht diese Verschmelzung als die Kombination zweier völlig unabhängiger Elemente. Die Verbindung mit dem ökonomischen Kampf ist für Lenin einfach ein Mittel zur Gewinnung des Vertrauens der Arbeiterklasse; es ist ein Versuch, sich der Dynamik des ökonomischen Kampfes anzuschließen, um ihn organisch weiterzuentwickeln zu einem politischen Kampf. Die Aufgabe der revolutionären Partei ist eine technische, propagandistische. Die zentrale Frage für Lenin ist, wie die sozialdemokratischen Ideen so effektiv wie möglich verbreitet werden können. Die Publizierung ökonomischer und politischer Enthüllungen in einem vielgelesenen allrussischen Organ ist der beste Weg, das politische Bewusstsein der Arbeiterklasse zu erhöhen. Lenin charakterisierte deshalb den beispielhaften Revolutionär, indem er betonte, dass

> »das Ideal eines Sozialdemokraten nicht der Sekretär einer Trade-Union, sondern der Volkstribun sein muß, der es versteht, auf alle

197 Dies wird auch in Lenins Polemik gegen Bogdanovs *Empiriomonismus* (1904) deutlich. Wie Lenin zuvor (1904) an Gorki schrieb, waren er und Bogdanov sich »endgültig einig geworden und haben jenen stillschweigenden und die Philosophie als neutrales Gebiet stillschweigend ausschließenden Block gebildet.« Nur weil er sich über Bogdanovs philosophische »Abweichung« sehr geärgert hatte, polemisierte er später gegen dessen Bücher. Lenin, »An A. M. Gorki« (1908), in: *Werke*, Bd. 13, S. 455–61, hier 457. Eine Kontextanalyse in: Krausz, *Reconstructing Lenin*, S. 125–39.

> Erscheinungen der Willkür und Unterdrückung zu reagieren, wo sie auch auftreten mögen, welche Schicht oder Klasse sie auch betreffen mögen, der es versteht, an allen diesen Erscheinungen das Gesamtbild der Polizeiwillkür und der kapitalistischen Ausbeutung zu zeigen, der es versteht, jede Kleinigkeit zu benutzen, um vor aller Welt seine sozialistischen Überzeugungen und seine demokratischen Forderungen darzulegen, um allen und jedermann die welthistorische Bedeutung des Befreiungskampfes des Proletariats klarzumachen.«[198]

Die Aufgabe der Partei besteht darin, optimale Bedingungen für Volkstribune zu schaffen. Dazu ist ein gut geölter, äußerst wirkungsvoller Apparat nötig, auf den sich Lenin, sehr logisch, oft als eine Maschine bezieht. Die Partei nutzt alle Formen der bürgerlichen rationellen Denkweise wie Spezialisierung, Arbeitsteilung und Hierarchie. Das Zentralkomitee an der Spitze hält alle Fäden in der Hand und stellt sicher, dass »alle Zahnräder und Räder der Parteimaschine«[199] richtig zusammenpassen. Für Lenin war die Tatsache, dass im Ergebnis der zaristischen Unterdrückung die demokratische Wahl der Führung und die umfassende Information aller Mitglieder unmöglich war, nicht von Bedeutung. Für Lenin waren »strengste Konspiration, strengste Auslese der Mitglieder, Heranbildung von Berufsrevolutionären« ein »größeres Ding« als »Demokratismus«; es ging ihm um »das volle kameradschaftliche Vertrauen der Revolutionäre zueinander«. Sollte sich die zentrale Führung als inkompetent erweisen, so müsste sie durch »kameradschaftlichen Einfluß« abgelöst oder sonst als extremste Maßnahme gestürzt werden.[200]

Solche Ansichten bestätigen unsere Behauptung, dass die Kautsky'schen Traditionen und die der Narodniki vermischt wurden. Die deutsch-marxistische Idee, revolutionäre Gedanken von außen einzubringen, wurde kombiniert mit dem russischen Konzept einer konspirativen Eliteorganisation. Die Grundhaltung der Narodniki wird perfekt widergespiegelt in Lenins Ausruf: »Gebt uns eine Organisation von

198 W. I. Lenin, »Was tun?«, S. 437.

199 W. I. Lenin, »Brief an einen Genossen über unsere organisatorischen Aufgaben« (1902), in: *Werke*, Bd. 6, S. 243.

200 Ebd., S. 236 f.; Lenin, »Was tun?«, S. 498.

Revolutionären, und wir werden Rußland aus den Angeln heben!«,[201] oder wenn er fordert: »Wir aber brauchen eine militärische Organisation von Agenten.«[202] Es braucht deshalb niemanden zu überraschen, dass Lenin es als Pflicht von Sozialdemokraten betrachtete, »eine ebenso gute, ja noch unvergleichlich bessere Organisation von Revolutionären zu schaffen, als die *Semlja i Wolja* sie hatte«. Laut Lenin bestand der einzige große Fehler, den die Narodniki begangen hatten, darin, dass sie sich »auf eine Theorie stützten, die im Grunde genommen gar keine revolutionäre Theorie war«.[203] Da Lenin Ideen nicht von materiellen Verhältnissen ableitete, sondern sie als für sich selbst stehend betrachtete, sah er kein Problem darin, die Ideen der Narodniki zurückzuweisen, gleichzeitig aber ihr Organisationsmodell zu kopieren. Indem er dies tat, ignorierte er die Tatsache, dass es eine direkte Verbindung gab zwischen dem militärischen Organisationskonzept von *Semlja i Wolja* und deren konspirativ-terroristischen Ideen.

Nach 1902 änderte Lenin einige Aspekte seiner Parteitheorie. Bereits zur Zeit des zweiten Kongresses der SDAPR (1903) veränderte er ein Element in seiner Argumentation als Ergebnis des Abstimmungsverhaltens der Delegierten, das seiner Meinung nach bestimmt war durch deren Klassenposition. Lenins Ansicht nach hatte der proletarisch-revolutionäre Flügel bolschewistisch gestimmt, während der intellektuell-opportunistische Flügel sich für die menschewistische Position entschieden hatte. Tatsächlich war dies ein Konflikt »zwischen der Mentalität des wankelmütigen Intellektuellen und des standhaften Proletariers, zwischen dem intelligenzlerischen Individualismus und der proletarischen Geschlossenheit«.[204] Da Lenin seine Theorie von der Intelligenz als Trägerin des wissenschaftlichen Sozialismus aufrechterhielt, geriet er in einen neuen Widerspruch: Die ArbeiterInnenklasse kann nicht von sich aus ein revolutionäres Bewusstsein entwickeln, garantiert aber gleichzeitig, dass die Partei revolutionäre Positionen einnimmt.

Eine zweite wichtige Veränderung trat ein, als Lenin aufgrund der Erfahrungen während der fehlgeschlagenen Revolution von 1905 und

201 W. I. Lenin, »Was tun?«, S. 483.

202 Ebd., S. 536.

203 Ebd., S. 492.

204 W. I. Lenin, »Ein Schritt vorwärts, zwei Schritte zurück« (1904), in: Werke, Bd. 7, S. 406.

des sektiererischen Verhaltens vieler Bolschewiki gegenüber den Arbeiterräten diese Arbeiterräte zu berücksichtigen begann. Obwohl Lenin dieselben als bürgerliche Organe betrachtete, jedenfalls in den ersten Jahren, hielt er es nichtsdestotrotz für notwendig, eine Verbindung herzustellen zwischen der Partei und der Rätebewegung. Das hatte auch Folgen für die interne Struktur der Partei. Lenin wurde nun unter anderem zum Verfechter des demokratischen Zentralismus mit Freiheit der Diskussion und Einheit der Aktion.[205] In einer späteren Periode gab Lenin auch zu, dass er in *Was tun?* bestimmte Fragen überspitzt habe.[206] Bei alledem hielt er jedoch an dem Gedanken fest, dass revolutionäres Bewusstsein von außen hineingetragen werden muss. In dieser Hinsicht war die Akzeptanz des Prinzips des demokratischen Zentralismus keine prinzipielle Revidierung seiner Sicht der Partei, sondern nur ein Mittel, um zu verhindern, dass die Partei von der Klasse entfremdet und somit unfähig wird, ihre politische Führungsrolle zu erfüllen.

Differenzen zwischen bolschewistischer Praxis und leninistischer Theorie

Es besteht ein wachsender Konsens zwischen den HistorikerInnen darüber, dass Bolschewismus und Leninismus niemals identisch waren, denn der Bolschewismus war von Anbeginn an eine Sammlung von Persönlichkeiten, im »Exil und in Rußland, deren Ansichten oft im Widerspruch standen zu der Leninschen und marxistischen Orthodoxie«.[207]

Es existierte eine tiefe Kluft zwischen Lenins Ideen über die Organisation und der organisatorischen Praxis der Bolschewiki (Tabelle 5.1).

205 Vgl. z. B. W. I. Lenin: »Bericht über den Vereinigungsparteitag der SDAPR« (1906), in: *Werke*, Bd. 10, S. 384. In seiner Arbeit »Taktische Plattform zum Vereinigungsparteitag der SDAPR« (1906) hatte Lenin auch festgestellt, dass das Prinzip der Wahlen von unten nach oben in der Parteiorganisation durchgesetzt werden müsse (vgl. *Werke*, Bd. 10, S. 163).

206 Lars Lih, *Lenin Rediscovered. What Is To Be Done in Context* (Leiden u. Boston 2008).

207 R. C. Williams, *The Other Bolsheviks. Lenin and His Critics, 1904–1914* (Bloomington u. Indianapolis 1986), S. 31. Einige repräsentative Studien, die diese Ansicht verteidigen, sind: Dietrich Geyer, *Kautskys Russisches Dossier. Deutsche Sozialdemokraten als Treuhänder des russischen Parteivermögens 1910–1915* (Frankfurt/Main u. New York 1981); John Biggart, »Anti-Leninist Bolshevism: The Forward Group of the RSDRP«, *Canadian Slavonic Papers*, 1981/2, S. 134–53; Zenovia A. Sochor, *Revolution and Culture. The Bogdanov-Lenin Controversy* (Ithaca u. London 1988).

Tabelle 5.1: Mitgliederzahlen der bolschewistischen Partei, 1905–1917

	1905–06	1907	1908	1912	1915–16	1917 März	1917 (6. Kongress, 26. Juli-3. August)
Petrograd		2.105(a) (Jänner)				2.000	36.000
Moskau	500? (a) (Frühjahr 1905)					600	15.000
Iwanowo-Wosnessensk	500–700(a)					10	5.440
Ekaterinoslaw	2.000(b)	1.015(b)	100(b)	200(b)	300(b)	400	3.500
Charkov	300(b)	762(b)	150(b)	40(b)	120(b)	105	n. a.
Kyiv	1.500(b)	1.235(b)	80(b)	200(b)	(100) (b)	200	4.000
Saratow						60	3.000
Ekaterinburg						40	2.800
Ukraine insgesamt	20.000(b)	10.000(b)	1.000(b)	700(b)	1.000(b)		
Zarenreich insgesamt	8.400(c) 10.000(d)	40.000(a) 46.100(c)				10.000(d)	200.000(d)

Quellen: (a) David Lane, The Roots of Russian Communism. A Social and Historical Study of Russian Social Democracy 1898–1907 (Assen 1969), S. 12–13, 76, 104, 141; (b) Ralph Carter Elwood, Russian Social Democracy in the Underground. A Study of the RSDRP in the Ukraine, 1907–1914 (Assen 1974), S. 38; (c) Richard Pipes, The Russian Revolution, 1899–1919 (London 1990), S. 364; (d) Orlando Figes, A People's Tragedy. The Russian Revolution, 1891–1924 (New York 1996), S. 180, 301, 457; die übrigen Zahlen in V. V. Anikeev, »Svedenija o bolsevistskich organisacijach s marta po dekabr 1917 goda«, Voprosy istorii KPSS, 1958, H. 2, S. 126–93 u. H. 3, S. 96–168.

Nach Lenin sollte die Intelligenz eine entscheidende Rolle im Lernprozess der ArbeiterInnenklasse spielen. Seiner Meinung nach musste die Partei ein Bund von Intellektuellen sein, die die ArbeiterInnen an sich heranziehen und politisch erziehen sollten. Die historische Erfahrung zeigt jedoch, dass die Beziehung zwischen den ArbeiterInnen und Intellektuellen in Russland weit komplizierter war. Zahlreiche Quellen, darunter die Memoiren von Parteifunktionären, belegen, dass der Kern der Partei immer aus ArbeiterInnen zusammengesetzt war. Intellektuelle schlossen sich in Zeiten verstärkten Kampfes an und verließen die Bewegung wieder, wenn eine Phase des Niedergangs begann. Einige Zitate aus den Memoiren des alten Bolschewiken Alexander Schljapnikow (veröffentlicht 1923) können dies illustrieren:

- »Ein typisches Merkmal der Vorkriegsperiode in der Parteiarbeit war ihr Mangel an Intellektuellen: Der Exodus von Intellektuellen, der 1906 und 1907 eingesetzt hatte, bedeutete, daß Parteiarbeiter, hauptamtliches Personal usw. Arbeiter waren. Es war so wenig von der Intelligenz übriggeblieben, daß es kaum ausreichte, um den Bedarf der Duma-Fraktion und für die Tageszeitung zu decken.«
- »Anstelle der studentischen Jugend und der Intellektuellen von 1903–5 fielen nur Arbeiter in den Kriegsjahren ins Auge (auf Versammlungen und dergleichen – *MvdL*). [...] Intellektuelle bildeten eine seltene Ausnahme. Von der alten Parteiintelligenz waren nur einige wenige übrig geblieben, die ihre Bindungen zu den Arbeitern aufrechterhalten hatten.«
- Von 1916 an änderte sich das wieder: »Die Wende in der Stimmung des Volkes und das Anwachsen der Opposition selbst unter der Bourgeoisie trieb keine kleine Zahl von aktiven Studenten in unsere Reihen.«[208]

Das Muster ist klar: in den Jahren 1903–05 und 1916/17 gab es einen Zustrom von Intellektuellen, da sich die Bewegung im Aufwärtstrend befand. In der Zwischenperiode der Reaktion und Konterrevolution blieben sie draußen. Der Erfolg der bolschewistischen Partei ist nicht

208 Alexander Shlyapnikov, *On the Eve of 1917. Reminiscences from the Revolutionary Underground* (London 1982), S. 6, 94 u. 141.

den Intellektuellen geschuldet (ausgenommen einige wenige, besonders Lenin selbst), sondern den politisch gebildeten ArbeiterInnen, die von Schljapnikow als die »intellektuellen Arbeiter« beschrieben werden.[209]

In welchem Ausmaß war die bolschewistische Partei eine Gruppe von »gestählten Kämpfern«? Historische Forschungen haben gezeigt, dass es eine umfassende »Zirkulation« von Mitgliedern im bolschewistischen Flügel der Sozialdemokraten gab. Eine Studie über die Periode bis 1907 kam zu dem Schluss: »Hinsichtlich der Organisation hatten die Menschewiki einen größeren ständigen Stamm an Personal. Bei den Bolschewiki gab es eine große Umgruppierung.«[210] (Das war, nebenbei gesagt, eine Ursache, warum Lenin, der in sich die Kontinuität der Organisation von Beginn an verkörperte, eine solche Achtung in der Partei genoss.)

Der Gedanke einer kleinen, eng geknüpften Organisation von äußerst erfahrenen Kämpfern wurde endgültig in der Praxis unterminiert durch die Ereignisse von 1917. Wie Tabelle 5.1 zeigt, war der Zuwachs an Mitgliedern außerordentlich imposant und schnell. Es erscheint offensichtlich, dass die leninistischen Strukturen – die zudem viel Übung und Disziplin erforderten – unter diesen Umständen nicht vorhanden sein konnten.

Nach Lenins Ansicht war der allerbeste Weg für die Organisation, Unterstützung für ihre Ansichten zu gewinnen, die Presse (die Zeitung als Organisator). In der Praxis kam dabei nicht viel heraus. Im Juli 1917 gab die Partei 41 Zeitungen und Zeitschriften heraus, von denen 27 auf Russisch und 14 in den Sprachen von Minderheiten (Georgisch, Polnisch usw.) erschienen. Laut den Protokollen des VI. Parteitags betrug die Gesamtauflage aller Zeitungen 320.000 täglich. Mehr als die Hälfte wurden in Petrograd gedruckt (die *Prawda* allein belief sich auf 90.000 Exemplare täglich).[211] Die Gesamtmitgliederzahl betrug zu diesem Zeitpunkt 240.000. Mit anderen Worten: Die gesamte gedruckte Auflage war nur ein Drittel höher als die Mitgliedschaft. Die relativ niedrige Zahl von Publikationen kann nicht durch die Analphabetenrate unter den

209 Siehe hierzu manuelle, in der Regel qualifizierte Arbeiter, die gelesen und veröffentlicht haben: Reginald Zelnik (Hg.), *Workers and Intelligentsia in Late Imperial Russia: Realities, Representations, Reflections* (Berkeley 1999); Mark Steinberg, *Proletarian Imagination: Self, Modernity, and the Sacred in Russia, 1910–1925* (Ithaca, NY 2002).

210 David Lane, *The Roots of Russian Communism* (Assen 1969), S. 50.

211 Vgl. *Sestoj S-ezd RSDRP (bolševikov), avgust 1917 goda. Protokoly* (Moskau 1958), S. 147–50.

IndustriearbeiterInnen erklärt werden, denn mehr als drei Viertel der Männer und etwas weniger als die Hälfte der Frauen waren des Lesens kundig.

War die bolschewistische Partei tatsächlich eine Parteimaschine mit gut geölten Teilen, die in Harmonie unter Führung des Zentralkomitees zusammenwirkten? Auch dies muss verneint werden. Befehle der obersten Führung wurden regelmäßig von niedrigeren Staffeln ignoriert. Als 1917 die zentrale Führung den Aufbau regionaler Organisationen anordnete, erwuchs in verschiedenen Regionen eine Opposition dagegen. In Kiew und Umgegend weigerte sich eine wichtige Gruppe unter Pjatakow, sich dem regionalen Komitee anzuschließen. Im unteren Wolgagebiet war es nicht möglich, ein regionales Komitee zu bilden wegen der enormen Rivalität zwischen den Komitees von Saratow und Samara. Ähnliches passierte in Moskau, als sich das Stadtkomitee und das regionale Büro weigerten, sich zusammenzuschließen. Das Ergebnis: In mehreren Regionen gab es zwei bolschewistische Führungen.

Selbst das Zentralkomitee war nicht sehr pünktlich und diszipliniert. Eine große Zahl von Mitgliedern kam nicht einmal zu den Sitzungen. Der VI. Parteitag beispielsweise hatte 21 Mitglieder in die Führung gewählt. Auf den diesen Ernennungen folgenden Sitzungen waren zwischen 6 und 16 Mitglieder anwesend, bei einem Durchschnitt von 10 pro Sitzung. Die historisch lebenswichtige Sitzung vom 10. Oktober 1917, die über den Aufstand entschied, wurde von 11 Mitgliedern abgehalten. Laut Protokoll der Sitzung vom 10. Oktober 1917 wurde Folgendes diskutiert: »Genosse Dzierzynski schlägt vor, dass aus dem Zentralkomitee heraus ein Politisches Büro gebildet wird, um in den kommenden Tagen die Führung zu übernehmen. Nach einem Meinungsaustausch wurde der Vorschlag angenommen. Ein Politisches Büro vom 7 Mitgliedern wurde gebildet: Lenin, Sinowjew, Kamenew, Trotzki, Stalin, Sokolnikow, Bubnow.« Dieses Büro jedoch, von dem erwartet wurde, dass es die Revolte führe, trat niemals zusammen. Der Beschluss wurde einfach vergessen.[212] Die bolschewistische Organisation als Ganzes war nie die disziplinierte, gut geölte Parteimaschine, für die sie viele lange Zeit hielten. Alexander

212 Diese Einzelheiten (und andere) sind zu finden in Kapitel 8 von Tony Cliff, *Lenin*, Bd. II: *All Power to the Soviets* (London 1976) und Paul Le Blanc, *Lenin and the Revolutionary Party* (New Jersey u. London 1990), S. 270–73.

Rabinowitsch führt den bolschewistischen Erfolg 1917 in Petrograd »in nicht geringem Maße« auf den flexiblen Charakter der Partei zurück und betont »die intern relativ demokratische, tolerante und dezentralisierte Struktur und Organisationsmethode der Partei sowie ihren im wesentlichen offenen Massencharakter – im strengen Gegensatz zu dem traditionellen leninistischen Modell«.[213]

Schlussfolgerungen

Die Zentralisierung von Erfahrung und Wissen ist das Herzstück jeder kollektiven revolutionären Anstrengung. Der Punkt ist jedoch, dass Lenin die Zentralisierung als einen hierarchischen, armeeartigen Prozess interpretierte, bei dem die Offiziere der revolutionären Partei die Lehren des Kampfes verdauen und diese Lehren dann den Fußsoldaten, das heißt den breiten Schichten der Arbeiterklasse, erklären sollten. Hier liegt meines Erachtens der zentrale Widerspruch der Lenin'schen Organisationstheorie: Sie will die Selbsttätigkeit der Arbeiterklasse fördern, indem sie sie einer übergeordneten, hierarchischen Organisation unterordnet. Wenn die Partei der Lehrer des Proletariats ist, dann sind die Arbeiter die Schüler, die der Erziehung bedürfen. Die anderen inneren Widersprüche in Lenins Denken, auf die ich hingewiesen habe, hängen direkt mit dieser wohlwollend-autoritären pädagogischen Sichtweise zusammen.

Die russische Erfahrung von 1903 bis 1924 hat gezeigt, dass dieser Ansatz nur teilweise funktioniert. Einmal mehr bewies die Geschichte, dass die Realität stärker ist als die Theorie. Paul Le Blanc, ein anspruchsvoller Leninist, der einräumt, dass es eine »Spannung zwischen Vielfalt und Disziplin, zwischen lokaler oder individueller Initiative und Zentralismus« gab, hat betont, dass uns dies nicht dazu verleiten sollte, »eine eher amorphe ›anything-goes‹-Organisationspraxis mit einer sentimentalen Bindung an die bolschewistische Tradition in Einklang zu bringen«. So

213 Alexander Rabinowitsch, *The Bolsheviks Come to Power. The Revolution of 1917 in Petrograd* (New York 1976; Neuauflage 2004), S. 377. Nach Rabinowitsch »zeigte sich das wahrscheinlich klarste Beispiel für die Wichtigkeit und den Wert der relativ freien und flexiblen Struktur der Partei und für das Eingehen ihrer Taktik auf die vorherrschende Stimmung der Massen im Verlaufe des zweiten September (1917), als sich die Parteiführer in Petrograd taub stellten gegenüber der zeitlich gesehen unpassenden Aufforderung Lenins, der sich zu diesem Zeitpunkt noch in Finnland versteckt hielt, zum sofortigen Aufstand« (S. 313).

richtig diese Warnung auch ist, sie sollte uns nicht vergessen lassen, dass Lenin »Disziplin« und »Zentralismus« für viel wichtiger hielt als »Vielfalt« und »lokale oder individuelle Initiative«. In diesem Sinne war die bolschewistische Partei nicht leninistisch, sondern allenfalls »quasi leninistisch«.[214] Selbst 1917 gab es nicht, wie Le Blanc meint, in allen Teilen der Partei ein »gemeinsames Bekenntnis zum revolutionären Programm« – es sei denn, man betrachtet eine revolutionäre Gesinnung bereits als ein solches Bekenntnis. Um nur ein Beispiel zu nennen: Obwohl sich Bolschewiki und Menschewiki bereits 1912 gespalten hatten, trennten sich auch nach den Oktoberereignissen nicht alle lokalen Parteiorganisationen von den Menschewiki.

Die Schlussfolgerung aus dem oben Gesagten kann nur sein, dass der Leninismus im doppelten Sinne eine *Ideologie* ist, eine Form von zwangsläufig falschem Bewusstsein. Er ist eine Ideologie, weil er voller innerer Widersprüche ist und weil er nur die Hülle eines revolutionären Apparates ist, der in der Praxis anders funktionierte.

Nach dem Tode Lenins 1924 hatte der »Leninismus« als »Einheit von revolutionärer Theorie und Praxis« fast den Status einer Religion. In Übereinstimmung damit wurde die Geschichte der bolschewistischen Partei solcherart neu geschrieben, dass man in der Tat den Eindruck von einem monolithischen Block bekommt, in unfehlbarer Weise geführt von Lenin. In der offiziellen Geschichte der Partei von 1938 wurde die bolschewistische Partei auch charakterisiert als eine unteilbare Kriegsmaschine, »eng verbunden durch die Einheit von Zweck, Einheit der Aktion und Einheit in Disziplin«, mit »einer Parteidisziplin für alle, mit einem Führungsorgan an ihrer Spitze« usw.[215]

Andererseits formulierte der Stalinismus Lenins Theorie um in eine augenscheinlich kohärente »Weltanschauung«. Diese Anpassung der Lenin'schen Position an spätere Verhältnisse war möglich, weil ihre grundlegenden Widersprüche – auf der einen Seite Argumentation für die proletarische Revolution, auf der anderen Seite Aufrechterhaltung hierarchischer Strukturen – in die postrevolutionären Verhältnisse passten. So konnte der »Marxismus-Leninismus« die Ideologie der bürokratischen

214 Vergleiche Tony Cliff: »Welch unglaubliche Kluft zwischen Lenins Konzept einer zentralisierten Partei und der tatsächlichen Situation unter den Bolschewiki im Jahr 1917!« (*Lenin*, Bd. 2, S. 157).

215 *Geschichte der KPdSU (B) – Kurzer Lehrgang* (Offenbach, 2012).

Elite werden, die in den 1920er Jahren in den Vordergrund trat. Während der Leninismus trotz all seiner Fehler zumindest eine *lebende* Theorie mit revolutionären Ansprüchen und einer teilweise konservativen Grundlage war, war der neue Marxismus-Leninismus die Konservierung dieses Widerspruchs.

6. Kommunistische Parteien

Der Erste Weltkrieg hatte nicht nur unzählige Todesopfer gefordert, sondern auch unsägliche Folgen für die Lebensbedingungen der arbeitenden Klassen in Europa. Die russische bolschewistische Partei und die von ihr initiierte Oktoberrevolution schienen eine radikale Alternative zu bieten – weshalb ab 1918 in vielen Ländern »bolschewistische« oder kommunistische Parteien gegründet wurden, die sich sowohl für Sozialdemokraten als auch für Syndikalisten als attraktiv erwiesen und in der Tschechoslowakei, in Finnland, Frankreich und Deutschland schnell zu recht großen Parteien wurden.[216] In einigen Fällen traten ganze sozialdemokratische Parteien der neuen Kommunistischen Internationale bei. Die norwegische Arbeiterpartei (*Det Norske Arbeiderpartiet*, DNA) schloss sich kurzzeitig an (1919–23); 1920 wurde die indonesische sozialdemokratische Vereinigung die erste kommunistische Partei in Asien (die Kommunistische Union Indiens, *Perserikatan Komunis di Hindia*); während die chilenische sozialistische Arbeiterpartei (*Partido Obrero Socialista*, POS) 1922 zur Kommunistischen Partei Chiles wurde.

Die kommunistische Konkurrenz hatte einen großen Einfluss auf die weitere Entwicklung der sozialdemokratischen Parteien, denn von da an galten die sozialdemokratischen Parteien als »rechter Flügel« der sozialistischen Bewegung, »der sich in Wort und Tat mit der effektiven Anpassung an das kapitalistische sozioökonomische System identifizierte«.[217]

Im Folgenden werde ich versuchen, die Entwicklung der nicht-herrschenden kommunistischen Parteien in ihren Grundzügen zu rekonstruieren – also derjenigen, denen es nicht gelang, die Staatsmacht zu ergreifen und die kapitalistischen Strukturen zu stürzen. Da es viele Dutzende von Parteien gab, werde ich mich auf die einflussreichsten Organisationen konzentrieren.

216 In einigen Ländern hatte sich der linke Flügel der sozialdemokratischen Parteien vor der Oktoberrevolution von der Hauptpartei abgespalten und wurde dann nach 1917 zu kommunistischen Parteien. Dazu gehörten die »Schmalen Sozialisten« (*Tesni Socialisti*) in Bulgarien (gegründet 1903) und die *Sociaal Democratische Partij* (SDP) in den Niederlanden (gegründet 1909). In Großbritannien entstand die KP durch den Zusammenschluss einer Reihe älterer Gruppierungen außerhalb der Labour Party.

217 Gerassimos Moschonas, *In the Name of Social Democracy: The Great Transformation: 1945 to the Present* (London 2002), S. 20.

Die Gründungszeit

Ungeachtet der Gründung kommunistischer Parteien in der ganzen Welt bis in die 1960er Jahre hinein gelten die fünfeinhalb Jahre von Mitte 1918 bis 1923 als die »Gründungszeit« der internationalen kommunistischen Bewegung.[218] Dem Soziologen Arthur Stinchcombe zufolge könnte man sagen, dass »eine Untersuchung der Geschichte fast jeder Art von Organisation zeigt, dass es große Schübe der Gründung von Organisationen dieser Art gibt, gefolgt von Perioden relativ grundlegend anderer Arten von Organisationen auf demselben Gebiet.«[219] Die Gründung der kommunistischen Parteien in den ersten Jahren nach der Oktoberrevolution kann als ein solcher Schub betrachtet werden (Tabelle 6.1). Obwohl auch in anderen Teilen der Welt Parteien gegründet wurden, blieben die europäischen Organisationen lange Zeit dominant. Jede kommunistische Partei stellte eine nationale »Anfangslösung« für bestimmte Probleme dar, mit denen Teile der ArbeiterInnenklasse, der Bauernschaft und der mit ihnen sympathisierenden Intellektuellen konfrontiert waren.[220]

Tabelle 6.1: Die Gründungszeit (ausgewählte kommunistische Parteien)

Jahr	Land
Vor 1918	Bulgarien (1903), Niederlande (1909), Chile (1912), Indonesien (1914), Russisches Reich (1917)
1918	Argentinien, Deutschland, Griechenland, Litauen, Österreich, Ungarn
1919	Australien, Dänemark, Jugoslawien, USA
1920	China,[221] Frankreich, Großbritannien, Mongolei, Uruguay
1921	Abchasien, Kanada, Portugal, Rumänien, Spanien, Südafrika, Tschechoslowakei

Mehrere dauerhafte politische und kulturelle Merkmale wurden in der Gründungszeit festgelegt. Selbst wenn die unmittelbaren Bedingungen,

218 Perry Anderson, »Communist Party History«, in: Raphael Samuel (Hg.), *People's History and Socialist Theory* (London 1981), S. 145–56.

219 Arthur Stinchcombe, »Social Structure and Organizations«, in: James G. March (Hg.), *Handbook of Organizations* (Chicago 1965), S. 142–93, hier 154.

220 Der Begriff der »Anfangslösung« wurde entwickelt in James G. Scoville, »Some Determinants of the Structure of Labor Movements«, in: Adolf Sturmthal u. Scoville (Hg.), *The International Labor Movement in Transition* (Urbana, IL 1973), S. 58–78, hier 74.

221 Die KP Chinas wurde 1920 gegründet. Da aber Mao Ze Dong nicht bei der betreffenden Tagung anwesend war, wurde das Gründungsjahr im Nachhinein »offiziell« auf 1921 verschoben.

die zur Gründung einer Partei geführt hatten, nicht mehr bestanden, konnte die Organisation oft ihre wesentlichen politischen und kulturellen Merkmale beibehalten – vorausgesetzt, die internen Strukturen wurden gefestigt, eine Tradition etabliert und ein Sozialisierungsprozess in Familien und Gemeinschaften fortgesetzt, der immer wieder neue Generationen von AktivistInnen hervorbrachte, die sich den ererbten Normen und Werten anpassten. Eine Analyse der Ausgangssituation ist daher für das Verständnis der späteren Entwicklung unerlässlich.

Nach ihrer »Trächtigkeitsdauer« erlangten einige frühe kommunistische Parteien (z. B. in Deutschland und der Tschechoslowakei) politischen Einfluss im Inland, während andere (z. B. in Großbritannien oder der Schweiz) nie über praktisch unbedeutende Fraktionen hinauskamen. Darüber hinaus ist die Rolle einiger Parteien in dieser Klassifizierung eher zweideutig, wie z. B. die der Parteien in China und Indonesien, da sie in den frühen 1920er Jahren trotz ihrer relativ geringen Mitgliederzahl recht einflussreich waren. Warum hatten einige Parteien anfangs mehr Erfolg als andere?

Ein Grund liegt in den Umständen, unter denen diese Parteien gegründet wurden. Es gab fünf mögliche Szenarien: die Entwicklung aus einer Partei, die sich vor 1917–18 von der sozialdemokratischen Bewegung abgespalten hatte oder unabhängig davon entstanden war; die Abspaltung von einer bestehenden sozialistischen oder sozialdemokratischen Partei nach 1917; die Politisierung von Gewerkschaften und anderen parteilosen Organisationen; der Zusammenschluss mehrerer radikaler Bewegungen oder eine Kombination der oben beschriebenen Ereignisse.

Dazu lassen sich mehrere Feststellungen treffen. Erstens: Alle erfolgreichen kommunistischen Parteien hatten auch erfolgreiche Vorgängerparteien. In der Tschechoslowakei, in Finnland, Frankreich und Deutschland waren sie (teilweise) Erben hoch entwickelter sozialdemokratischer Parteien, während die bulgarische kommunistische Partei eine Fortsetzung der älteren »engen« Sozialisten war, die bereits vor der Oktoberrevolution einflussreich waren. Diese Aussage gilt auch für die indonesische kommunistische Partei, die einen Großteil ihres Einflusses aus der Übernahme von Teilen der nationalistischen *Sarekat Islam* (Islamische Vereinigung) bezog, sowie für die chinesische kommunistische Partei, die durch die Übernahme anarchistischer Organisationen und die

Beteiligung an der nationalistischen *Guomindang* ein vorübergehendes Wachstum erzielte.

Das Umgekehrte trifft nicht zu. Der Erfolg älterer Organisationen war keineswegs eine Garantie dafür, dass sich daraus eine florierende kommunistische Partei entwickelte. Ein Beispiel dafür ist Österreich, wo es der mächtigen sozialdemokratischen Partei gelang, ihre Reihen geschlossen zu halten, wodurch die *Kommunistische Partei Österreichs* (KPÖ) auf eine marginale Rolle zurückgedrängt wurde. In Ländern, in denen unabhängige radikalsozialistische Vorläuferparteien bereits vor 1917–18 bestanden und sich noch nicht zu größeren Organisationen entwickelt hatten (z. B. in den Niederlanden und in Chile), blieben die kommunistischen Nachfolgeparteien in der Gründungsphase klein.

Diese Trends deuten darauf hin, dass die rasche Gründung von Organisationen am einfachsten war, wenn es möglich war, Teile bestehender Organisationen zu übernehmen, einschließlich ihrer finanziellen Ressourcen, Kader und etablierten Kommunikationsnetze,[222] auch wenn massive Unterstützung aus Russland bzw. der Sowjetunion (wie z. B. im Falle Ungarns) deren Fehlen manchmal abmildern konnte. Diese Hypothese wird durch den finnischen Fall bestätigt, in dem die KommunistInnen in jenen Gebieten am stärksten waren, in denen die ArbeiterInnen in hohem Maße organisiert waren und in denen sie in den Besitz einer Organisation gelangten, die es ermöglichte, die kommunistische Ideologie in ihr unmittelbares Hinterland »auszustrahlen«.[223] Natürlich war es immer möglich, ein Netzwerk von Grund auf aufzubauen, aber dies erforderte einen wesentlich größeren Zeit- und Energieaufwand.

Ein zweiter wichtiger Faktor war der Zeitpunkt. Alle erfolgreichen »Geburten« scheinen vor Mitte 1921 stattgefunden zu haben – Parteien, die nach diesem Zeitpunkt gegründet wurden, waren anfangs von geringer Bedeutung. Zweifellos ist die Bedeutung von zwei historischen Ereignissen für diesen Unterschied verantwortlich: der Erste Weltkrieg, der vielen ArbeiterInnen die ruchlosen Folgen des Krieges und den Ruin

222 Diese Hypothese ist alles andere als neu. Siehe zum Beispiel Thomas H. Green, »The Electorates of Nonruling Communist Parties«, *Studies in Comparative Communism*, 4 (1971), S. 68–103; Branko Lazich u. Milorad M. Drachkovich, *Lenin and the Comintern*, Bd. 1 (Stanford 1972), S. 217.

223 Pertti Laulajainen, »Some Aspects of the Division of the Finnish Working Class after the Civil War«, *Scandinavian Political Studies*, 2, 1 (1979), S. 53–64.

der Sozialdemokratie vor Augen führte, und die Oktoberrevolution, die eine Alternative bot. Die durch diese Erfahrungen ausgelöste Begeisterungswelle in weiten Teilen der ArbeiterInnenschaft ebbte nach einigen Jahren ab.

Der dritte Faktor war die Art der staatlichen Intervention. Diktatorische Unterdrückung erschwerte offensichtlich den Prozess der Parteigründung erheblich, wenn sie ihn nicht gar unmöglich machte, wie die Situation in Japan zeigt, wo die Gründungszeit aufgrund der ständigen Repressionen kaum Wirkung zeigte. Folglich kamen die oben genannten Katalysatoren (geschickt getimte Abspaltung von einer florierenden Organisation) nur im Falle kompetitiver politischer Systeme zum Tragen. Darüber hinaus gab es mehrere Fälle, in denen die Repression Parteien, die einen guten Start hingelegt hatten, schnell dezimierte – zum Beispiel in Jugoslawien ab Ende der 1920er Jahre.

Darüber hinaus hat Duncan Gallie auf der Grundlage eines Vergleichs zwischen Großbritannien und Frankreich darauf hingewiesen, dass der Grad der konfrontativen und integrierenden Intervention von Staaten, in denen ein wettbewerbsorientiertes politisches System existiert, eine Rolle spielen könnte.[224] Weitere Untersuchungen sind erforderlich, um die Bedeutung dieses Faktors für die verschiedenen Fälle zu beurteilen. In ähnlicher Weise vertrat Alexandr Schifrin bereits 1927 den Standpunkt, dass sich in Nordwesteuropa (England, Belgien, Niederlande, Dänemark und Schweden) eine »allgemeine soziale Situation« entwickelt habe, die den Kommunismus behindere:

> »In diesen Ländern der alten kapitalistischen Kultur und der organischen Entwicklung der Demokratie konnte der Kommunismus keinen

224 »Während die britische Regierung der Nachkriegskrise mit einem umfassenden Programm für Gesetzesreformen begegnete, indem sie versuchte, die Gewerkschaftsführung stärker in die nationale Entscheidungsfindung einzubeziehen, indem sie ihren Einfluss geltend machte, um Arbeitskonflikte durch Verhandlungen und Kompromisse zu verringern, und indem sie institutionelle Verfahren zur Entschärfung von Konflikten in der Industrie entwickelte, versuchte die französische Regierung, die bürgerliche Vorkriegsordnung mit möglichst wenigen Zugeständnissen intakt zu halten. Indem sie sich gegen eine tiefgreifende Reform der Gesetzgebung stellte und ihre Macht nutzte, um zur Schwächung der Gewerkschaften beizutragen, erleichterte sie das Anwachsen der kommunistischen Unterstützung, indem sie die Glaubwürdigkeit einer Strategie untergrub, die von der Möglichkeit ausging, im Rahmen der bestehenden institutionellen Ordnung tiefgreifende soziale Reformen zu erreichen.« Duncan Gallie, *Social Inequality and Class Radicalism in France and Britain* (Cambridge 1983), S. 250.

> Widerhall finden. Auf der anderen Seite war es die Arbeiterbewegung selbst, die dem Kommunismus den Boden entzog. Die unbestreitbare Hegemonie in der Arbeiterbewegung des europäischen Nordwestens gehört dem Reformismus. Aber dieser Reformismus – und hierin besteht sein Unterschied vom tschechischen und polnischen Reformismus – ruft keine kommunistische Gegenbewegung hervor, erzeugt keinen Kommunismus. Der englische, belgische und skandinavische Reformismus ist der Reformismus der positiven und erfolgreichen sozialen Arbeit.«[225]

Wer waren die Begründer der Parteien? Nach einer langen Zeit von den KommunistInnen selbst vertretenen Meinung war die Spaltung zwischen den SozialdemokratInnen und den KommunistInnen eine Spaltung zwischen den privilegierten, von der Bourgeoisie »gekauften« ArbeiteraristokratInnen einerseits und den nicht korrumpierten revolutionären ArbeiterInnen andererseits.[226] Eine andere Sichtweise vertrat Lucien Laurat (Otto Maschl), ein Mitbegründer der Kommunistischen Partei Deutschösterreichs. Laurat unterschied zwischen den erfahrenen sozialdemokratischen KämpferInnen, die sich schon lange politisch engagieren und ihre Positionen nach reiflicher Überlegung beziehen, und den KommunistInnen, die als Neulinge in der politischen ArbeiterInnenbewegung leicht entflammbar sind und denen es an Disziplin fehlt:

> »Wer die Jahre der Zerrüttung miterlebt hat, wird sofort zustimmen, dass von September bis Dezember 1920, von der Spaltung der tschechischen Sozialdemokratie bis zum Kongress von Tours – über die Spaltung der Unabhängigen Sozialistischen Partei Deutschlands in Halle – überall ein und dasselbe Phänomen zu beobachten war: Die Mehrheit der neuen und rohen Rekruten des Sozialismus stimmte für den Beitritt zur Moskauer Internationale, während die Mehrheit der älteren Sozialisten dagegen stimmte. Und 1921, als die französische

225 M. Werner [Alexandr Šifrin], »Das Fazit des europäischen Kommunismus«, *Die Gesellschaft*, 1927/II, S. 385–404, hier S. 385–86.

226 Dieser Standpunkt findet sich z. B. in Grigorij Zinov'ev, *Vojna i krisis socializma* (Peterburg 1920), S. 292–335, und in Jablonski, »Ein Jahrzehnt Kommunistische Internationale«, *Unter dem Banner des Marxismus*, 3 (1929), S. 177–91.

> C. G. T. in eine Spaltung hineingezogen wurde, sahen wir erneut den Zusammenstoß dieser ›zwei Massen‹.«[227]

Die erste Hypothese erwies sich für die größte kommunistische Partei außerhalb der Sowjetunion vor 1933 als unhaltbar: die KPD *(Kommunistische Partei Deutschlands)*. Die soziale Zusammensetzung dieser Partei unterschied sich weniger von jener der SPD *(Sozialdemokratische Partei Deutschlands)*, als es die Theorie der ArbeiterInnenaristokratie nahelegen würde, obwohl es zwischen den beiden Parteien erhebliche Unterschiede gab.[228]

Was die andere Hypothese betrifft, so hat die empirische Forschung positivere Ergebnisse erbracht. Es hat sich gezeigt, dass die Mitglieder kommunistischer Parteien in einer Reihe von Ländern im Durchschnitt jünger waren als die Mitglieder sozialdemokratischer Parteien.[229] Dennoch sollte dieser Punkt nicht überbetont werden, da viele »widerspenstige« Elemente der ArbeiterInnenbewegung, die sich zum Kommunismus hingezogen fühlten, keineswegs unerfahren waren, da sie schon seit geraumer Zeit an älteren (d. h. sozialanarchistischen oder revolutionär-syndikalistischen) Bewegungen teilgenommen hatten.[230]

Generell ist der Erklärungswert eher einfacher Kausalbeziehungen, wie sie oben vorgeschlagen wurden, fraglich. Im Moment ist eine Kombination aus mehreren Ursachen wahrscheinlich vorzuziehen.[231] Die ver-

227 Lucien Laurat, *Marxism and Democracy* (London 1940), S. 124–25.

228 Ossip K. Flechtheim, *Die KPD in der Weimarer Republik* (Frankfurt/Main 1969), S. 311–21; Hartmann Wunderer, »Materialien zur Soziologie der Mitgliedschaft und Wählerschaft der KPD zur Zeit der Weimarer Republik«, *Gesellschaft. Beiträge zur Marxschen Theorie*, 5 (1975), S. 257–81.

229 Z. B. Annie Kriegel, *Aux origines du communisme français*, Bd. 2 (Paris 1964), S. 837–38; Robert F. Wheeler, »German Labor and the Comintern: A Problem of Generations?«, *Journal of Social History*, 7 (1973–1974), S. 304–21; Renzo Martinelli, *Il Partito Comunista d'Italia 1921–1926: politica e organizzazione* (Rom 1977), S. 88; Kimmo Rentola, »Generations of Finnish Communism«, *Twentieth Century Communism*, 4 (2012), S. 159–180. Eine ähnliche Bemerkung bei Neil McInnes, »The Labour Movement«, in: McInnes (Hg.), *The Impact of the Russian Revolution 1917–1967. The Influence of Bolshevism on the World outside Russia* (London 1967), S. 32–133, hier 58.

230 Kathryn E. Amdur, »La tradition révolutionnaire entre syndicalisme et communisme dans la France de l'entre-deux-guerres«, *Le Mouvement Social*, 139 (1987), S. 37–50; Larry Peterson, »Revolutionary Socialism and Industrial Unrest in the Era of the Winnipeg Strike: The Origins of Communist Labour Unionism in Europe and North America«, *Labour/Le Travailleur*, 13 (1984), S. 115–31. Siehe auch Kapitel 3 des vorliegenden Bandes.

231 Alexander Dallin, »The Bases of Communist Support. Pre-Theoretical Approaches«, in: Hannelore Horn, Alexander Schwan u. Thomas Weingartner (Hg.), *Sozialismus in Theorie und Praxis. Festschrift für Richard Löwenthal* (Berlin u. New York 1978), S. 14–40, hier 31.

fügbaren Daten über die soziale Zusammensetzung der Mitglieder und WählerInnen deuten darauf hin, dass die kommunistischen Parteien vor allem ArbeitnehmerInnen anzogen, die sich um die unmittelbare Zukunft sorgten und daher an schnellen Ergebnissen interessiert waren. Sei es die relative Jugend der Mitglieder, die Überrepräsentation von Berufsgruppen, die für ihre Streikanfälligkeit bekannt waren (wie in der Landwirtschaft, in den Häfen, usw.), oder syndikalistische Einflüsse – alles in den frühen 1920er Jahren spiegelt dieses eine gemeinsame Merkmal wider: große soziale Ungeduld.

Anpassungen

Als die revolutionäre Welle von 1917–21 abzuebben begann, veränderten sich die Kräfteverhältnisse in der internationalen kommunistischen Bewegung. Dies zeigt sich deutlich an der Rolle der 1919 gegründeten *Kommunistischen Internationale (Komintern)*. Der kommunistische Dissident Theodor Bergmann stellte fest: »Die welterfahrenen leitenden Funktionäre vor der Stalin-Ära relativierten die Bedeutung ihrer siegreichen Revolution, betrachteten die SU als ein rückständiges Land. Die Bruderparteien sollten Strategie und Taktik selbst entsprechend den nationalen Beziehungen erarbeiten. Die Lehren aus der siegreichen Revolution waren zu nutzen, aber nur selektiv, nachdem das Allgemeingültige vom Spezifischen getrennt war. Die Komintern bestand für sie zwar aus Sektionen, die aber gleichberechtigt waren.«[232]

Anfänglich war die Macht in der Organisation also noch recht gleichmäßig verteilt. Der Österreicher Franz Borkenau, der selbst für die Komintern gearbeitet hatte, stellte fest:

> »Solange es außerhalb Russlands relativ starke revolutionäre Bewegungen gab, akzeptierten diese Bewegungen trotz des Prestiges der russischen Revolution keine Befehle aus Moskau. [In Ungarn] weigerte sich [Bela] Kun 1919 kategorisch, die organischen Verbindungen mit den Sozialdemokraten während der ungarischen Diktatur zu kappen,

232 Theodor Bergmann, »Bolschewisierung«, in: Wolfgang Fritz Haug (Hg.), *Historisch-Kritisches Wörterbuch des Marxismus* (Hamburg 1995), Spalten 279–82, hier 279.

> obwohl Lenin ihm dazu geraten hatte. In Deutschland sorgten Rosa Luxemburg und [Paul] Levi an der Spitze des Spartakusbundes dafür, dass die Russen als Verbündete, aber nicht als Herren behandelt wurden.«[233]

Borkenau war der Ansicht, dass die Komintern anfangs in weiten kommunistischen Kreisen als »eine unbedeutende Kraft« angesehen wurde. Ihre weltweite Dominanz ab 1920–21 war »ein Produkt der Niederlage«: »Als 1920 klar wurde, dass die revolutionäre Welle der Nachkriegszeit abebbte, ging der Stern von Moskau auf.« Erst von diesem Zeitpunkt an wurde zunehmend überall »das Dogma, dass die Arbeiterbewegung gründlich von allen unorthodoxen Elementen gesäubert werden muss, bevor sie gewinnen kann«, akzeptiert.[234]

Die Jahre nach 1921 stellten nach Stalins Meinung einen Übergang von einer Periode des revolutionären Fortschritts zu einer Periode der Ruhe dar. Fast alle Parteien sahen sich gezwungen, ihre Strategien zu überdenken. Wie Boris Goldenberg beobachtete:

> »Eine kommunistische Partei trägt einen Widerspruch in ihrem eigenen Wesen. [...] Dieser Widerspruch resultiert daraus, daß sie Teil einer Wirklichkeit ist, die sie zugleich vernichten will. Immanenz und Transzendenz lassen sich aber nur in Zeiten tiefer gesellschaftlich-politischer Krisen, in revolutionären Situationen, in Einklang bringen. Nur in solchen kurzen historischen Perioden kann eine genuin revolutionäre Organisation die Gefolgschaft großer Massen erreichen, deren Kampf um unmittelbare, unverzichtbare Interessen zugleich den Rahmen des kapitalistischen Systems sprengt.«

Als sich die soziale Lage etwas stabilisierte, mussten sich auch die Parteien anpassen. Sie hatten dann zwei Möglichkeiten: Entweder sie konzentrierten sich auf soziale Reformen und wurden dann leicht zu einem »linken Flügel« des bestehenden Systems; oder sie verzichteten auf einen harten Kampf für Reformen und die damit verbundenen Kompromisse

233 Franz Borkenau, *The Communist International* (London 1938), S. 416.
234 Ebd., S. 417.

und wurden »entweder zur Sekte, die ihre Machtlosigkeit mit revolutionärer Phraseologie verhüllt, oder sie verfielen, von Ungeduld getrieben, in putschistische Abenteuer.«[235] Dieser schwierige Balanceakt konnte zu einem Hin und Her zwischen »linker« und »rechter« Politik führen. Auf der einen Seite gab es folglich Versuche eines bewaffneten Aufstands, wie in Bulgarien und Deutschland 1923, in Indonesien 1926 und 1948, in China 1927, Brasilien 1935, Telangana (Indien) 1944–46, in Malaya 1948–60, usw. Andererseits tendierten die Parteien regelmäßig dazu, sich als verlässliche Partner der Bourgeoisie zu profilieren.

Parallel zu diesen Gegensätzen gab es in der weltweiten kommunistischen Bewegung und in den einzelnen Parteien weiterhin erhebliche politische Meinungsverschiedenheiten. Selbst nachdem Stalin Ende der 1920er Jahre seine Macht gefestigt hatte, gab es verschiedene Ansätze: International dominierte die unnachgiebige Ansicht, dass das Streben nach einer schnellen proletarischen Machtergreifung im Mittelpunkt stehen sollte. Daneben gab es aber auch BefürworterInnen eines allmählicheren Weges zum Sozialismus, mit einer relativ langfristigen Zwischenstufe der fortgeschrittenen Demokratie. Man könnte sagen, dass diese beiden Linien die beiden Pole in der Dialektik der kommunistischen Bewegung selbst darstellen.

> »Einerseits kann ein Großteil der Anziehungskraft des Kommunismus auf die Arbeiterklasse auf seine revolutionäre Lehre zurückgeführt werden, das unnachgiebige Beharren auf der Notwendigkeit eines Aufstandes und einer proletarischen Diktatur. Andererseits werden die kommunistischen Parteien in den hochentwickelten kapitalistischen Ländern, in denen sie eine reale politische Kraft sind, ständig in die alltäglichen Abläufe des politischen Prozesses einbezogen«.[236]

Dieser Kontrast führte unter anderem dazu, dass die Parteien regelmäßig einen Zick-Zack-Kurs einschlugen.

Schließlich wurde Ende der 1920er Jahre eine dritte Veränderung sichtbar: die Akzeptanz der Vorstellung, dass der Sozialismus in einem Land

235 Boris Goldenberg, *Kommunismus in Lateinamerika* (Stuttgart 1971), S. 31–32.

236 Jeff Frieden, »The Internal Politics of European Communism in the Stalin Era: 1934–1949«, *Studies in Comparative Communism*, 14, 1 (Frühjahr 1981), S. 44–69, hier 67–68.

möglich sei und in der Sowjetunion verwirklicht wurde. Dieser Gedanke wurde 1928 in das Programm der Komintern aufgenommen. Eine unvorhergesehene Folge davon war, dass sich viele Parteien mehr und mehr mit dem »eigenen« Land, mit einem »nationalen Weg« zum Sozialismus identifizierten. Das revolutionäre Zwischenspiel ab 1917 und der wirtschaftliche Aufschwung in den ersten Jahren danach hatten den Trend zur nationalen Integration eine Zeit lang blockiert, doch nun konnte er wieder einsetzen. Damit wurde auch die sozialreformerisch orientierte (»rechte«) Politik auf Dauer zur einzig möglichen, wenngleich der »Verteidigung der UdSSR« zunächst noch große Bedeutung beigemessen wurde.[237]

Diese »nationalistische« Tendenz wurde in den 1930er Jahren noch verstärkt, als die Gegensätze zwischen den Großmächten wuchsen und folglich die Kriegsgefahr zunahm. Scharfsinnig schloss Trotzki damals daraus, dass die zentrifugalen nationalistischen Tendenzen innerhalb der Komintern gestärkt werden würden: »Jede ihrer Sektionen wird beginnen, eine patriotische Politik für sich selbst zu entwickeln.«[238]

Eine Folge all dieser widersprüchlichen Tendenzen war, dass die Parteien häufig nicht nur den Kurs, sondern auch die Parteiführung wechselten. Im französischen PCF gab die ursprüngliche Führung (Ludovic-Oscar Frossard, Paul Louis u. a.) Anfang 1923 auf. Dann wurden die Gründer der Organisation (Fernand Loriot, Boris Souvarine, Alfred Rosmer, Pierre Monatte) 1924–26 ausgeschlossen, und Pierre Semard und Jacques Doriot übernahmen die Führung. Noch instabiler war die Entwicklung in der KPD. Dort verließen die Führer der ersten »heroischen« Periode (Paul Levi, Ernst Reuter, Curt Geyer, Ernst Däumig u. a.) 1921 die Organisation. Die nächste Führung, die von Heinrich Brandler und August Thalheimer, wurde Anfang 1924 abgesetzt. Aber auch die dritte Führung um Ruth Fischer, Ernst Thälmann u. a. hielt sich nur anderthalb Jahre. Sie wurde abgelöst durch die Gruppe um Thälmann, Philipp Dengel, Otto Braun, Heinz Neumann. Schifrin sah hierin eine »Qualitätsverschlechterung« der führenden Gruppen:

237 Robert Dornhorst, »The Communist Parties of Western Europe: The Origin of the National Roads to Socialism«, *Revolutionary Communist*, 6 (April 1977), S. 5–22.

238 Trotsky, »A Fresh Lesson« [10. Oktober 1938], in: *Writings of Leon Trotsky 1938–39* (New York 1974), S. 52–78, hier 71; Michel Lequenne, »Sur un pronostic de Trotsky«, *Marx ou crève*, 5 (Februar-März 1975), S. 64–81.

»Während die ersten zwei Gruppen aus den erfahrenen Führern des linken Flügels der deutschen Arbeiterbewegung bestanden, waren die Parteiführer der dritten und vierten Einberufung sozusagen politische Parvenus, Männer ohne jegliche politische Vergangenheit, die auf einmal vom politischen Nichtsein zur Parteiführung gelangten.«[239]

Lange Zeit, aber sicherlich auch in den 1920er Jahren, entsprachen die nicht-herrschenden KPs in keiner Weise dem leninistischen Modell (das fälschlicherweise auch als bolschewistisches Modell bezeichnet wurde; siehe Kap. 5). Dies war überall der Fall. Über die PKI in Indonesien wurde festgestellt, dass sie sogar noch in den 1950er und 60er Jahren keine »hochdisziplinierte Organisation nach bolschewistischem Vorbild« darstellte, denn »als Massenpartei, die in einem weitgehend ungebildeten Umfeld agierte, war sie weit davon entfernt, ein vorbildlicher *Apparat* zu sein.«[240]

Ab 1924 versuchte die Komintern, ihre Mitgliedsorganisationen zu »bolschewisieren«. Dies scheint mit der deutschen Partei begonnen zu haben. Bolschewisierung bedeutete u. a. »Umstellung der Partei auf Betriebszellen, jedes Mitglied ein volldisziplinierter Funktionär, Übernahme der russischen Organisationsmethoden (Stalinscher Prägung), Organisierung der Revolution, innerparteiliche Gleichschaltung, absolute Anerkennung der Kominternführung, Auswechslung der Funktionäre, scharfe Zentralisierung.«[241] Mitte der 1920er Jahre wurde diese Zentralisierung in immer mehr Parteien umgesetzt, nachdem Sinowjew grünes Licht gegeben hatte.[242]

In den ersten Jahren ihres Bestehens war die internationale kommunistische Bewegung nach russischem Vorbild stark auf die städtischen LohnempfängerInnen ausgerichtet. Das zeigt sich sehr deutlich bei der damals wichtigsten Partei, nämlich der in Deutschland.

239 Werner, »Das Fazit«, S. 401–02.

240 Ruth T. McVey, »PKI Fortunes at Low Tide«, *Problems of Communism*, 20, 1–2 (Jänner-April 1971), S. 25–36, hier 32.

241 Bergmann, »Bolschewisierung«, S. 280.

242 Grigorij Evseevič Zinov'ev, *Über die Bolschewisierung der Parteien (Reden vor der Erweiterten Exekutive, März/April 1925)* (Hamburg 1925). Hans-Dieter Heilmann u. Bernd Rabehl, »Die Legende von der ›Bolschewisierung‹ der KPD«, *Sozialistische Politik*, 2 (1970), S. 65–114; Fritz Keller, »Die ›Bolschewisierung‹ der Kommunistischen Partei Österreichs«, *Die Internationale*, 12 (Februar 1978), S. 66–83.

»Die KPD war hinsichtlich der sozialen Struktur ihrer Mitgliedschaft – und wohl auch der Wählerschaft – die homogenste Partei der Weimarer Republik. Das Gros kommunistischer Anhängerschaft stellte mit knapp 70 % die ›moderne‹ Industriearbeiterschaft (Metall-, Maschinen-, Bauarbeiter usw.), während der Anteil der handwerklichen Arbeiter (10 %) recht bescheiden war. [...] Wenig erstaunlich ist der geringe Anteil der landwirtschaftlichen Arbeiter (2,2 %) in der KPD.«[243]

Fast in allen Ländern arbeiteten gewerkschaftlich organisierte FabrikarbeiterInnen hauptsächlich in kleinen und mittleren Fabriken. In großen Fabriken waren sie nur schwach vertreten. Außerdem zirkulierten die Mitglieder schnell. »Es gibt nur wenige Aspekte des Kommunismus, über die es so viel Material gibt wie über sein Versagen, diejenigen zu halten, die er für sich gewonnen hatte. Die Mitgliedschaft in den kommunistischen Parteien war einer fast unglaublichen ›Fluktuation‹ unterworfen«.[244] Die Kommunistische Partei der Tschechoslowakei kann als Beispiel herangezogen werden. Nach offiziellen Angaben hatte die Partei 1925 93.220 Mitglieder. Davon verließen im folgenden Jahr 27.203 die Organisation, während 26.801 neu beitraten, so dass die Gesamtzahl für 1926 immer noch 92.818 betrug. Ähnliche Daten gibt es für die KPs in den 1920er Jahren u. a. in Großbritannien, Frankreich, Deutschland und den Vereinigten Staaten.[245] Die Beiträge wurden unregelmäßig oder gar nicht gezahlt.

Auch anderswo, in Asien, ähnelten die Parteien meist kaum dem leninistischen Modell. Zur PKI bemerkte Ruth McVey, dass die Partei

»nicht wirklich eine Maschine (im Sinne von Einheiten, die einer Befehlskette gehorchen) [darstellte], geschweige denn die

243 Hartmann Wunderer, »Materialien zur Soziologie and Wählerschaft der KPD zur Zeit der Weimarer Republik«, *Gesellschaft: Beiträge zur Marxschen Theorie*, 5 (1975), S. 257–81, hier 261–62.

244 Borkenau, *The Communist International* (1938), S. 366. Zu den verschiedenen Gründen für die Fluktuation siehe auch Neil McInnes, *The Communist Parties of Western Europe* (London 1975), S. 36–38. McInnes konstatiert, dass diese Fluktuation »jene abrupten Politikwechsel erleichtert, wenn auch nicht verursacht, in denen die KPs früher versiert waren [...] Eine Partei, die ihre Mitglieder ständig und schneller wechselt als andere Parteien, hat weniger ›Gedächtnis‹. Ihre Mitglieder werden zustimmen, das Gegenteil von dem zu tun, zu sagen und zu glauben, was kurz zuvor in der Partei gesagt, getan und geglaubt wurde, weil sie nicht dieselben Mitglieder sind.« (S. 39).

245 Informativ sind die zahlreichen Beiträge von Osip Piatnitzky in der *Internationalen Presse Korrespondenz* (*Inprekorr*) dieser Periode.

›organisatorische Waffe‹, die Beobachter des Kalten Krieges so sehr beeindruckte. Vielmehr glich sie einer Gemeinschaft, und ihre Disziplin beruhte eher auf einer gemeinsamen Überzeugung als auf einer Inszenierung. Diese emotionale Bindung setzte Energien frei, die einer eher bürokratisch-rationalen Struktur vielleicht nicht zur Verfügung gestanden hätten, bedeutete aber auch, dass das Handeln nicht automatisch ablief und dass die Befehlslinie von der zentralen Parteiführung zu den Massenteilnehmern relativ schwach war.«[246]

Die ländliche Wende

Die stärksten Parteien gab es zunächst in West- und Mitteleuropa. Die einflussreichsten Organisationen befanden sich in Deutschland und der Tschechoslowakei. Im Jahr 1928 hatte die KPČ fast fünfmal so viele Mitglieder wie die chinesische und dreimal so viele wie die französische Partei.[247] Doch beide Parteien fielen der harten Unterdrückung durch den Nationalsozialismus zum Opfer: in Deutschland ab 1933 und in der ČSSR ab 1938.

Auch außerhalb Europas lief es vorerst nicht gut, und die Kommunisten mussten Niederlagen einstecken. In Indonesien unternahm die PKI im November 1926 einen Aufstandsversuch, der jedoch auf Westjava beschränkt blieb und scheiterte. Anschließend wurde die Partei bis zum Ende des Zweiten Weltkriegs verboten. In Indien wurden führende Kommunisten verhaftet und im Rahmen des so genannten Meerut-Verschwörungsprozesses (1929–33) zu hohen Strafen verurteilt. Am meisten Aufsehen erregten jedoch die Ereignisse in China. Zum Teil aufgrund der »Einmischung und Manipulation« durch die Komintern wurde die KPCh zu einer Einheitsfront mit der nationalistischen *Guomindang* (GMD) gezwungen. Als dies eine ernsthafte Bedrohung für die Partei darstellte, unternahm sie drei Versuche eines bewaffneten Aufstandes, die 1927 in einem außerordentlich blutigen Massaker in Shanghai endeten.[248]

246 Ruth McVey, »Nationalism, Revolution, and Organization in Indonesian Communism«, in: Daniel S. Lev u. Ruth McVey (Hg.), *Making Indonesia: Essays on Modern Indonesia* (Ithaca, NY 1996), S. 96–117, hier 105.

247 Joseph Grim Feinberg, »Czechoslovakia 1948«, *Jacobin*, 13.3.2018, https://jacobin.com/2018/03/czechoslovakia-1948-communist-party-repression, abgerufen 27. Mai 2024.

248 S.A. Smith, »The Comintern, the Chinese Communist Party and the Three Armed Uprisings in Shanghai,

Die Partei befand sich nun in ernsten Schwierigkeiten. Es hatte sich als unmöglich erwiesen, einen Kompromiss mit dem bürgerlichen Lager zu schließen. Die GMD verfolgte die KPCh »mit den schärfsten Mitteln«, während sie gleichzeitig »den chinesischen Bauern nicht die geringsten Zugeständnisse [machte] und sich damit den Weg [verbaute] zu einer vorübergehenden Abschwächung der Widersprüche auf dem Lande.«[249] Als Japan ab 1937 in China einmarschierte, kam ein zweiter rücksichtsloser militärischer Gegner hinzu. In einem entwickelten kapitalistischen Land wäre die Partei in einer Sackgasse gelandet. Doch anders als in Europa, wo die klassische ArbeiterInnenklasse dominierte, vermochte sich die KPCh nach ihrer vernichtenden Niederlage auf eine andere Zielgruppe konzentrieren – die Bauernschaft. Die KommunistInnen konnten auf bereits bestehende ländliche Verbindungen aufbauen, verließen die Städte und zogen aufs Land.[250]

Diese »ländliche Wende« führte zum Entstehen einer ganz anderen Art von Partei. Sie verwandelte sich in einen Militärapparat, eine revolutionäre Armee. »Seit Ende der 20er Jahre haben wir in China ein wenn auch kleines, aber immerhin von der KPCh geführtes Staatsgebilde vor uns. [...] Durch diese chinesische Besonderheit war die Parteibürokratie schon vor der Machtübernahme in ganz China in eine Partei- und Staatsbürokratie transformiert worden. Die Bauern und Armeemitglieder der Partei hatten wenig Interesse an der Kontrolle der Bürokratie, solange die Forderungen nach Land erfüllt wurden.«[251] Die chinesische KP war eine Vorreiterin, der später Indochina, die Philippinen und Indonesien folgten.

Der bewaffnete Kampf gegen die GMD und die japanischen Besatzungstruppen führte bei Kriegsende 1945 zu neunzehn von der KPCh beherrschten Stützpunkten mit einer Bevölkerung von über 95 Millionen Menschen, einer Armee von 910.000 Regulären und 2.200.000 MilizsoldatInnen und einer Mitgliederzahl von 1,2 Millionen.[252] Die Macht-

1926–27«, in: Tim Rees u. Andrew Thorpe (Hg.), *International Communism and the Communist International 1919–43* (Manchester 1998), S. 254–70.

249 Peter Cardorff [Peter Kulemann], *Über den Charakter der chinesischen Revolution und der KP Chinas* (Frankfurt/Main 1978), S. 153.

250 Hans J. van de Ven, *From Friend to Comrade: The Founding of the Chinese Communist Party, 1920–1927* (Berkeley 1991), S. 194.

251 Cardorff, *Über den Charakter der chinesischen Revolution*, S. 153–54.

252 Chalmers A. Johnson, *Peasant Nationalism and Communist Power. The Emergence of Revolutionary China 1937–1945* (Stanford 1962), S. 71f.

ergreifung der KPCh im Jahr 1949 war das Ergebnis von etwas, was der Politologe Erik van Ree »revolutionäre Etatisierung« genannt hat: »Revolutionäre Aufständische neigen dazu, embryonale Staatsapparate, d. h. Proto-Staaten, zu schaffen, noch bevor sie die Macht ergriffen haben.«[253]

In mehrfacher Hinsicht war die Revolution in Vietnam im August 1945 eine Vorbotin der chinesischen Revolution. In den Jahren nach ihrer Gründung im Jahr 1930 hatte sich die Kommunistische Partei Indochinas intensiv mit den ArbeiterInnen und ihrem Kampf befasst, doch im Laufe der 1930er Jahre hatte sich das Interesse auf die Mobilisierung der Bauernschaft verlagert. Auf der Achten Konferenz im Mai 1941 änderte die Partei endgültig ihren Kurs. Sie vertrat die Auffassung, dass

> »die Vorbereitung des Aufstandes die zentrale Aufgabe unserer Partei in der gegenwärtigen Periode ist. Sie rief zu einer ›nationalen Befreiungsrevolution‹ und einem vorübergehenden Aufschub des Klassenkampfes auf. [...] Am 19. Mai 1941, am Ende der Konferenz, wurde die Allianz für die vietnamesische Unabhängigkeit (Viet nam Doc lap Dong minh Hoi) oder die Viet Minh Front gegründet. Sie war der organisatorische Ausdruck der in der Resolution der Konferenz vorgeschlagenen Einheitsfront.«

Der Staatsstreich drei Monate später konzentrierte sich auf die Reform des Landbesitzes und nicht auf die Befreiung der LohnarbeiterInnen.[254]

Die Ähnlichkeiten zwischen China und Vietnam sind offensichtlich. Die Partei führte nicht nur die Kriegsanstrengungen an, sondern organisierte im Verlauf der Feindseligkeiten auch einen wachsenden Teil der bäuerlichen Bevölkerung. Eine wichtige Rolle spielten dabei die traditionellen Dorfverbände, die unter kommunistischer Kontrolle SoldatInnen und Bauern/Bäuerinnen zusammenbrachten. »Dieses gemeinsame organisatorische Raster [...] erwies sich als ein System, das nicht nur einem langwierigen Krieg standhalten konnte, sondern in diesem sogar

253 Erik van Ree, »Standing Against a State Requires the State: Exploring Revolutionary Etatization«, *Journal of Political and Military Sociology*, 50, 1 (2023), S. 1–31, hier 2.

254 Huynh Kim Khanh, »The Vietnamese August Revolution Reinterpreted«, *The Journal of Asian Studies*, 30, 4 (August 1971), S. 761–82, hier 772–73. Zu den Nachwirkungen: Pierre Asselin, »The Indochinese Communist Party's Unfinished Revolution of 1945 and the Origins of Vietnam's 30-Year Civil War«, *Journal of Cold War Studies*, 25, 1 (2023), S. 4–45.

gedieh.«[255] Definitiv wurde das bestätigt im chinesischen Widerstand gegen die japanische Invasion und im vietnamesischen Krieg gegen die französische und amerikanische Herrschaft.

Natürlich dienten die Entwicklungen in China und Vietnam als Inspiration für andere KPs in überwiegend agrarisch geprägten Regionen. Nach der Niederschlagung eines Aufstands im Jahr 1948 in Madiun, die zum Teil auf die mangelnde Unterstützung durch die Anhängerschaft zurückzuführen war, gelang der indonesischen PKI in den 1950er Jahren eine eigene »ländliche Wende«. Nach offiziellen Angaben der Partei »stieg die Zahl der Mitglieder der PKI von weniger als 80.000 im März 1954 auf mehr als eine Million im April 1961. Im September 1959 hatte die Partei Zweigstellen in 84,2 % der 21.047 Dörfer Javas. Der Bauernverband (*Barisan Tani Indonesia*, oder BTI), wuchs von 360.000 Mitgliedern im September 1953 auf 4,5 Millionen im April 1962.[256] Im Jahr 1965 wurde die Partei durch einen von den USA unterstützten Putsch in einer Gewaltorgie weitgehend zerstört.[257]

Die Entwicklung auf den Philippinen war komplizierter. Unter der Führung der 1935 gegründeten Philippinischen Kommunistischen Partei, die aus einer früheren KP hervorging, entstand während der japanischen Besatzung (1942–1945) eine beachtliche, landesweite Guerillabewegung, die *Hukbalahap* (Antijapanische Volksarmee). Der PKP gelang es dadurch, ihren Einfluss erheblich zu vergrößern, aber ab 1948 fühlte sie sich gezwungen, erneut gegen die neue Regierung zu den Waffen zu greifen. Der darauf folgende Krieg gipfelte 1954–55 in einem Sieg der regulären Armee, woraufhin die PKP ihren Kampf mit friedlichen Mitteln fortsetzte. Gegen diese gemäßigte Linie erhob sich eine radikale Opposition, die Erste Große Korrekturbewegung, aus der Ende 1968 eine neue, maoistisch inspirierte KP (*Partido Komunista ng Pilipinas*) hervorging, die bald sehr groß wurde. Seit den 1990er Jahren ist die Organisation stark geschwächt und in mehrere abtrünnige Fraktionen zerfallen.[258]

255 Eric R. Wolf, *Peasant Wars of the Twentieth Century* (New York 1969), S. 298.

256 Donald Hindley, »The PKI and the Peasants«, *Problems of Communism*, 11, 6 (1962), S. 28–36, hier 31; Rex Mortimer, *Indonesian Communism under Sukarno. Ideology and Politics, 1959–1965* (Ithaca 1974).

257 Ruth T. McVey, »PKI Fortunes at Low Tide«, *Problems of Communism*, 20, Nr. 1–2 (Jänner-April 1971), S. 25–36.

258 Jim Richardson, *Komunista. The Genesis of the Philippine Communist Party, 1902–1935* (Quezon City 2011); Colleen Woods, *Freedom Incorporated: Anticommunism and Philippine Independence in the Age*

Eine logische Folge der »ländlichen Wende« war, dass in Asien das ländliche Element nicht nur proportional stark in der Parteiführung, sondern noch deutlicher in der Mitgliedschaft vertreten war. Nur in jenen Ländern, in denen Parteien legal arbeiten konnten – wie in Japan und Indien –, konnte das städtische Proletariat eine relativ starke Rolle in der Parteiarbeit spielen. Die meisten Parteien mussten jedoch illegal arbeiten und griffen auf Guerilla-Aktivitäten zurück. Sie waren viel stärker auf die Bauernschaft und auch auf ethnische Minderheiten angewiesen, die oft in Randgebiete vertrieben waren.[259] Nicht selten zwangen diese die städtischen ArbeiterInnen sogar in die Passivität. Eine eindrucksvolle Illustration liefert die chinesische KP. Als sie am Vorabend ihres Sieges 1949 die Städte von der japanischen und der GMD-Herrschaft befreite, gab die Volksbefreiungsarmee acht Direktiven an die lokale Bevölkerung heraus, in denen es unter anderem hieß: »Das individuelle gewerbliche und industrielle Eigentum der Chinesen wird geschützt. Private Fabriken, Banken, Lagerhallen usw. werden nicht angetastet und können weiter betrieben werden.« Und: »Das bürokratische Kapital, einschließlich der Fabriken, Geschäfte, Banken, [...] wird von der Befreiungsarmee übernommen werden, obwohl die privaten Anteile respektiert werden. Diejenigen, die in diesen Organisationen arbeiten, sollten friedlich arbeiten und auf die Übernahme warten.«[260] Erst nach 1949 begann die soziale und politische Bedeutung der ArbeiterInnenklasse wieder zu wachsen.[261] Alles in allem können die KPs, die eine ländliche Wende vollzogen hatten, nicht wirklich als Teil der klassischen ArbeiterInnenbewegung angesehen werden.

Die »traditionellen« kommunistischen Parteien, die sich weiterhin stark an der ArbeiterInnenklasse orientierten, hatten nach dem Zweiten Weltkrieg schwer zu leiden. Von großer Bedeutung war natürlich Chruschtschows berühmte Rede auf dem 20. Parteitag der KPdSU im Jahr 1956.

of Decolonization (Ithaca 2020); Patricio Abinales (Hg.), *The Revolution Falters. The Left in Philippine Politics after 1986* (Ithaca 1996).

259 Robert A. Scalapino, »Patterns of Asian Communism«, *Problems of Communism*, 20, 2 (1971), S. 2–13, hier 5.

260 Arthur Doak Barnett, *China on the Eve of Communist Takeover* (New York 1963), S. 327–28.

261 Wie der Sinologe Andrew Walder festgestellt hat: »Es wird allgemein und mit offensichtlicher Berechtigung gesagt, dass die Arbeiterklasse die chinesische Revolution nicht gemacht hat. Eine ebenso berechtigte Bemerkung ist selten zu hören: dass die Revolution im Gegenteil die chinesische Arbeiterklasse gemacht hat.« Andrew G. Walder, »The Remaking of the Chinese Working Class, 1949–1981«, *Modern China*, 10, 1 (Jänner 1984), S. 3–48, hier 4.

Sie hatte viele Folgen, darunter den Austritt zahlreicher kritischer Mitglieder und die Konsolidierung einer neuen internen politischen Kultur, die mit einer gewissen »Informalisierung« einherging (die übrigens in einigen Fällen schon etwas früher eingesetzt hatte).[262] Der österreichische Dissident und Intellektuelle Franz Marek bemerkte: »Der XX. Parteitag der KPdSU hatte Auswirkungen auf die Interpretation des ›demokratischen Zentralismus‹, der Formen der innerparteilichen Demokratie und nicht zuletzt der ›führenden Rolle der Partei‹, die auf dem XX. Parteitag als Umschreibung der Rolle der Parteiführung demaskiert worden war. Manche Parteien legten nun Wert darauf, die Wahl der Leitungen geheim durchzuführen [...].« Es fand eine »Rückkehr zum Prinzip der Diskussion« statt.[263] Anschaulich ist das Beispiel der schwedischen KP, die ab 1964 demokratisiert wurde: Die einzelnen Mitglieder wurden über ihre Rechte und Freiheiten aufgeklärt, die Abstimmungen waren von nun an geheim, die Abgeordneten mussten nicht mehr alle gleich abstimmen. Die Zelle wurde durch den Bezirk ersetzt.

Ein weiteres Ergebnis war, dass die »Bolschewisierung«, die – wie oben erwähnt – seit 1924 eingeführt worden war, in vielen Ländern überdacht wurde. Die Kommunistische Partei Indiens beispielsweise gab sich 1956 eine neue Satzung, die »besser für einen friedlichen Übergang und die Arbeit in einem System der repräsentativen Demokratie geeignet ist«. Die Struktur der Organisation wurde angepasst, und aus den Parteizellen wurden Zweigstellen.[264] Auch anderswo wurde die Zellstruktur ganz oder teilweise abgeschafft. In seiner Studie über westeuropäische KPs stellte Neil McInnes in den 1970er Jahren fest: »Die Zelle hat sich auf dem westeuropäischen Boden nur schwer akklimatisieren können, insbesondere die Arbeitsplatzzelle, und es gibt Anzeichen dafür, dass sie angesichts der neokapitalistischen Attraktionen verwelkt. Viele der Zehntausenden von Zellen, auf die sich die Parteien berufen, existieren nur auf dem Papier, viele weitere treffen sich nur selten, und alle überlassen den Großteil der

262 »Chruschtschows ›Geheimrede‹ vom 25. Februar 1956«, in: Reinhard Crusius u. Manfred Wilke (Hg.), *Entstalinisierung. Der XX. Parteitag der KPdSU und seine Folgen* (Frankfurt/Main 1977), S. 487–537.

263 Franz Marek, »Der XX. Parteitag der KPdSU und die kommunistischen Parteien Westeuropas«, in: Reinhard Crusius u. Manfred Wilke (Hg.), *Entstalinisierung. Der XX. Parteitag der KPdSU und seine Folgen* (Frankfurt/Main 1977), S. 177–93, hier 188–89.

264 T. J. Nossiter, *Marxist State Governments in India. Politics, Economics and Society* (London 1988), S. 28.

Arbeit einer Minderheit von Aktivisten.«[265] In Italien sanken sie zwischen 1950 und 1963 von 54.000 auf 33.000, während die Zahl der Sektionen von 10.200 im Jahr 1951 auf 11.000 im Jahr 1961 anstieg. In Spanien beschloss der Parteivorsitzende Santiago Carillo, dass auch seine Partei die Zellenstruktur abschaffen würde.[266]

Parallel dazu begannen viele kommunistische Parteien, einen reformistischen Kurs einzuschlagen, auch wenn sie zunächst eher der frühen als der späten Sozialdemokratie ähnelten. Denis Berger und Paul-Louis Thirard zum Beispiel sahen eine zunehmende Ähnlichkeit zwischen der französischen KP nach 1968 und der deutschen SPD vor 1914:

> »Der Apparat der Partei und der Gewerkschaftsbewegung war stark bürokratisiert und die Masse ihrer Funktionäre stand rechts in der Bewegung. [...] Die Partei führte eine Doppelexistenz: revolutionär, sozialistisch in ihren Worten und reformistisch in ihrer täglichen Praxis. Tatsächlich spielte sie eine notwendige Rolle im Funktionieren der imperialen deutschen Gesellschaft: Sie vermittelte den Arbeitern den Eindruck einer gewaltigen Macht und leistete dem Staat den Dienst, die Arbeiterbewegung daran zu hindern, über die Ebene der täglichen Kämpfe hinauszugehen.«[267]

Ein solcher reformistischer Trend scheint oft eine defensive Reaktion auf die Schwächung der Organisation gewesen zu sein. Der PCF zum Beispiel befand sich seit Anfang der 1950er Jahre in einem anhaltenden Niedergang (Abbildung 6.1).

265 Neil McInnes, *The Communist Parties of Western Europe* (London 1975), S. 99.

266 R. Neal Tannahill, *The Communist Parties of Western Europe. A Comparative Study* (Westport, CT, u. London 1978), S. 51. Einen interessanten Einblick in das Leben einer (wahrscheinlich nicht durchschnittlichen) Parteizelle geben Jane Jenson u. George Ross, *The View from inside: A French Communist Cell in Crisis* (Berkeley 1984).

267 Denis Berger u. Paul-Louis Thirard, »Un Parti social-démocrate de type nouveau«, *Les Temps Modernes*, 284 (März 1970), S. 1446–71, hier 1462. Auch Michel Lequenne, »Inéluctabilité et difficultés de la social-démocratisation du PCF«, *Critique Communiste*, 23 (Mai-Juni 1978), S. 157–75.

Abbildung 6.1: Wahlergebnisse des PCF, 1924–2007

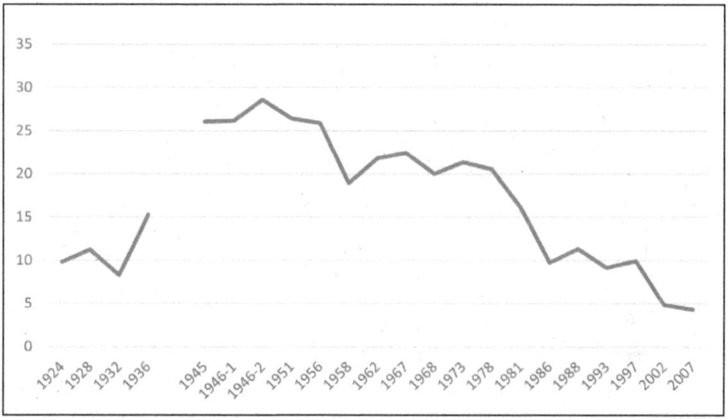

Der PCF verlor nicht nur Stimmen, sondern auch Mitglieder. Im Jahr 1978 zählte die Partei 520.000 Mitglieder, 2011 waren es nur noch 69.000.[268] Ähnliche Tendenzen waren auch bei einer Reihe anderer Parteien zu beobachten, so zum Beispiel in Österreich, wo der Stimmenanteil von 5,1 % im Jahr 1949 auf 1,0 % oder etwas weniger ab 1979 sank.[269] Es gab aber auch Parteien, die sich zahlenmäßig ganz anders entwickelten. Bestes Beispiel ist der italienische PCI, der selbst in den 1980er Jahren noch sehr beachtliche Wahlergebnisse erzielte (26,6 % im Jahr 1987), aber 1991 in die Demokratische Partei der Linken (*Partito Democratico della Sinistra*, PDS) umgewandelt wurde.

Von dort spaltete sich ein Drittel der eher traditionell orientierten Mitglieder ab und gründete die *Rifondazione Comunista* (PRC). Aus dem ersten Zweig wurde nach mehreren Fusionen 2007 der sozialdemokratische *Partito Democratico* (PD), dessen Stimmenanteil zwischen 2008

268 Philippe Buton, »Les effectifs du Parti communiste français (1920–1984)«, *Communisme*, 7 (1985), S. 5–30; Pierre Bréchon, *Les partis politiques français* (Paris 2011).

269 Mehr im Detail: Philippe Buton, »Les effectifs communistes en Europe occidentale depuis 1968«, *Communisme*, 17 (1988), S. 6–20.

und 2022 von 33,2 % auf 19,1 % sank. Die PRC ist nach einigen kurzzeitigen Erfolgen zu einer eher marginalen Partei geschrumpft.

Nicht alle KPs haben stark an Boden verloren. Im indischen Bundesstaat Kerala scheint die CPM recht stabil zu sein und gewinnt noch immer etwa ein Viertel der Stimmen. Auch die einflussreiche Südafrikanische Kommunistische Partei ist zwar geschwächt, hat aber immer noch einen erheblichen Einfluss auf die Politik des ANC.[270] Doch für die meisten Parteien lag der Höhepunkt in den 1940er Jahren. In etlichen Ländern wurden die Parteien nach dem Niedergang bei Wahlen, nach Spaltungen oder nach dem finanziellen Bankrott aufgelöst. Dies war zum Beispiel in Großbritannien (Auflösung 1991), Italien (Auflösung 1991), Finnland (Konkurs 1992) und Brasilien (interner Putsch und Spaltung 1992) der Fall. Andere Parteien haben Fusionen hinter sich, z. B. in Mexiko (Gründung der Vereinigten Sozialistischen Partei 1981), Dänemark (Bildung der Rot-Grünen Allianz 1989) und in den Niederlanden (Gründung der Grünen Linkspartei 1989). Sogar die CPI-M (Kommunistische Partei Indiens, marxistisch) in Westbengalen, die von 1977 bis 2011 regierte, ist jetzt wegen ihrer gewalttätigen neoliberalen Politik zu einer unbedeutenden Akteurin geworden. Im Jahr 2021 erhielt die Partei 4,7 %; 10 Jahre zuvor waren es noch mehr als sechsmal so viel gewesen.

Rückgang

Was ist die Erklärung für den Rückgang der kommunistischen Parteien? Der Umstand, dass es einen fast universellen negativen Trend zu geben scheint, legt nahe, dass es auch gemeinsame Ursachen gibt, von Europa bis Japan und von Australien bis zu den Vereinigten Staaten. Es scheint offensichtlich, dass Ereignisse wie die Niederschlagung des Prager Frühlings 1968 und der Zerfall der Sowjetunion 1991 zum Niedergang beigetragen haben. Aber es steckt eindeutig mehr dahinter, und sei es nur, weil diese Ereignisse ja auch zum Entstehen neuer kommunistischer Organisationen führen hätten können. Es kursieren mehrere Erklärungen, von denen sich einige mit jenen überschneiden, die auch für den Niedergang der

270 Tom Lodge, *Red Road to Freedom. A History of the South African Communist Party 1921–2021* (Johannesburg 2021).

Sozialdemokratie angeführt werden. Einige Autoren betonen die sich verändernde Zusammensetzung der ArbeiterInnenklasse. Marc Lazar und andere weisen auf die Zersetzung der sozialen Basis hin. Das traditionelle ArbeiterInnenmilieu, in dem die Parteien ihre HauptbefürworterInnen fanden, ist aufgrund des »massiven Personalabbaus in traditionellen Industriezweigen wie der Schwerindustrie, der Stahlindustrie, der Textilindustrie, dem Bergbau, dem Schiffbau, der Fischerei und der Holzindustrie« weitgehend verschwunden, während die BefürworterInnen in ländlichen Gemeinden (z. B. in Nordfinnland und Teilen Südeuropas) »ebenfalls altern und weniger werden«.[271]

Als zweiter Faktor werden kulturelle Veränderungen in kapitalistischen Gesellschaften genannt, wie die abnehmende Bedeutung sozialer Klassenunterschiede, das Aufkommen einer neuen Massenkultur und des »Postmaterialismus«.[272]

Eine dritte Ursache sind die veränderten wirtschaftlichen Verhältnisse, insbesondere die Stagflation, das Ende der keynesianischen Politik, die neoliberale Offensive und die geringeren Möglichkeiten zur sozioökonomischen Umverteilung. Charles Maier stellte fest:

> »Als Margaret Thatcher erklärte: ›Es gibt keine Alternative‹, protestierten viele in der westlichen Linken, fügten sich aber im Grunde. Auch die tiersmondistische Vision der Bauernrevolution fand keine Massenanhänger, als die Kulturrevolution den Reformen Deng Xiapings in China wich. Fidel überlebte, aber Che ging unter. Der große Wurf einer globalen Linken, die seit der Wende im Zweiten Weltkrieg bis Ende der 1960er Jahre in der Offensive zu sein schien, geriet in den 1970er Jahren ins Stocken, ihre großen Ideen (so vielfältig sie auch waren) erschöpften sich.«[273]

271 Mark Lazar, »Communism in Western Europe in the 1980s«, *The Journal of Communist Studies*, 4, 3 (1988), S. 243–57, hier 251–52; ders., »Les partis communistes de l'Europe occidentale face aux mutations de la classe ouvrière«, *Communisme*, 17 (1988), S. 30–46.

272 Frank Lee Wilson, *The Failure of West European Communism: Implications for the Future* (New York 1993).

273 Charles S. Maier, »Thirty Years After: The End of European Communism in Historical Perspective«, in: Juliane Fürst, Silvio Pons u. Mark Selden (Hg.), *The Cambridge History of Communism*, volume 3: *Endgames? Late Communism in Global Perspective, 1968 to the Present* (Cambridge 2017), S. 600–22, hier 605.

Als vierter und letzter Faktor wurde die Starrheit der Parteien genannt, die den neuen politischen Herausforderungen, wie sie von feministischen oder ökologischen Bewegungen artikuliert wurden, meist nicht gewachsen waren:

> »Die neuen sozialen Bewegungen und die Parteien der ›Neuen Politik‹ stellten den organisatorischen und wahlpolitischen Status der kommunistischen Parteien in Frage, da sie einige Wählergruppen ansprachen, die sonst eher klassische linke Kräfte unterstützen würden. Die Unfähigkeit vieler kommunistischer Parteien, auf diese neuen Forderungen und das Auftauchen neuer Themen zu reagieren, führte dazu, dass sie in einigen Ländern tatsächlich durch grüne Parteien ersetzt wurden und generell von wichtigen Teilen der Wählerschaft isoliert wurden.«[274]

Auch hier ist es wahrscheinlich, dass die Erklärung nicht auf einen einzigen Faktor beschränkt werden kann.

274 Luis Ramiro Fernández, *The Crisis of Western Communist Parties. Reconsidering Socio-structural Explanations* (Departamento de Ciencia Politica y Relaciones Internacionales, Facultad de Derecho, Universitat Autonoma de Madrid 2003), S. 30.

7. Gewerkschaften

Gewerkschaften gab es schon vor der industriellen Revolution. Es gibt Belege für fast vierhundert, meist relativ kleine Arbeitskämpfe, die zwischen 1717 und 1800 in Großbritannien und Irland stattfanden, während viele andere wahrscheinlich keine Spuren hinterließen. Es ist plausibel, dass sich die Arbeitenden bei den meisten dieser Streiks informell oder formell organisierten. Als der wirtschaftliche Umbruch im Vereinigten Königreich anhielt, wurde daher 1799 das erste Gewerkschaftsgesetz (*Combination Act*) verabschiedet, »um ungesetzliche Zusammenschlüsse von Arbeitern zu verhindern«, wodurch Gewerkschaften und Tarifverhandlungen illegal wurden. Ähnliche Entwicklungen gab es später auch in anderen Ländern, und mit der Zeit entstanden aus den anfänglich kleinen und lokalen Gewerkschaften nationale und internationale Organisationen.

Man kann die Entwicklung der Gewerkschaftsbewegung für jedes Land einzeln betrachten, aber ich denke, dass es fruchtbarer ist, eine transnationale Perspektive einzunehmen, die allgemeinere Entwicklungsmuster sichtbar machen kann, denn – wie sich zeigen wird – die Gewerkschaftsgeschichte wurde fast von Anfang an stark durch die Entwicklung des Weltmarkts beeinflusst. Zurückblickend möchte ich fünf Stadien unterscheiden: 1.) eine vorbereitende Periode bis zu den europäischen Revolutionen 1848–49; 2.) den »subnationalen« Internationalismus von 1848–49 bis zum Ende der 1870er Jahre; 3.) eine erste Übergangsperiode von den 1870er bis zu den 1890er Jahren; 4.) den »nationalen« Internationalismus von den 1890er bis zu den 1960er Jahren; 5.) eine zweite Übergangsperiode seit den 1960er Jahren. Ich vermute, dass wir am Vorabend eines sechsten Stadiums stehen, und ich hoffe, darüber auf der Basis des historischen Rückblicks etwas mehr sagen zu können.

Erstes Stadium: Die ArbeiterInnenbewegung definiert sich selbst (bis 1848)

Während der ersten Hälfte des 19. Jahrhunderts entstand unter Handwerkern und Facharbeitern allmählich das Bewusstsein, dass sie eine besondere Klasse mit einem historischen »Auftrag« bildeten: Sie verkörperten den technischen und sozialen Fortschritt, während der größte Teil der unter ihnen stehenden Gruppen überwiegend reaktionär und binnen kurzer Zeit zum Untergang verdammt war. Um zu begreifen, wie dieses Bewusstsein zustande kam, müssen wir uns vergegenwärtigen, dass die Begriffe »Proletariat« und »Arbeiterklasse« ursprünglich keineswegs identisch waren. Das Proletariat umfasste Anfang des 19. Jahrhunderts alle Personen ohne Eigentum und ohne Ehre.[275] LohnarbeiterInnen waren nur ein Teil dieser amorphen Masse. Für den französischen Adeligen Adolphe Granier de Cassagnac bildete das Proletariat, wie er in den 1830er Jahren schrieb, »den niedrigsten Rang, die tiefste Schicht der Gesellschaft« und bestehe aus vier Gruppen: »die Arbeiter, die Bettler, die Diebe und die öffentlichen Mädchen«:

> »Der Arbeiter ist ein Proletar, der um zu leben arbeitet und einen Lohn verdient; der Bettler ein Proletar, der nicht arbeiten will oder nicht kann, und der um zu leben bettelt; der Dieb ein Proletar, der weder arbeiten noch betteln will, und, um zu leben stiehlt; das öffentliche Mädchen ein Proletar, der weder arbeiten, noch betteln, noch stehlen will, und, um zu leben, sich preisgiebt.«[276]

Einige Jahre später unterschied Heinrich Wilhelm Bensen sieben Kategorien von Proletariern: Neben drei Gruppen von ArbeiterInnen nannte er »die Armen, welche der öffentlichen Unterstützung heimfallen«, »die gemeinen Soldaten«, »die Gauner, Freudenmädchen, Banditen etc.« und »die kleinen Bediensteten geistlicher und weltlicher Art«.[277]

Als kapitalistische Verhältnisse sich mehr und mehr festigten, wuchs das Verlangen der »respektablen« ArbeiterInnen, sich vom Rest des »Proletariats« zu unterscheiden. Der Bund der Kommunisten artikulierte dies eindeutig in seinem Manifest, als er »die modernen Arbeiter, die *Proletarier*«[278] zwischen den beiden sozialen Schichten einordnete, die im

275 Werner Conze, »Proletariat, Pöbel, Pauperismus«, *Geschichtliche Grundbegriffe*, Bd. 5 (Stuttgart 1984), S. 27–68, hier 41.

276 Adolphe Granier de Cassagnac, *Geschichte der arbeitenden und der bürgerlichen Classen* (Braunschweig 1839), hier S. 7–8.

277 Heinrich Wilhelm Bensen, *Die Proletarier: Eine historische Denkschrift* (Stuttgart 1847), S. 344.

278 Karl Marx u. Friedrich Engels, »Manifest der Kommunistischen Partei« (1848), in: *Marx-Engels-Werke* (*MEW*), Bd. 4, S. 468.

kapitalistischen Prozess sozialer Polarisation zum Untergang verdammt sind: die KleinbürgerInnen und das Lumpenproletariat.

> »Von allen Klassen, welche heutzutage der Bourgeoisie gegenüberstehen, ist nur das Proletariat eine wirklich revolutionäre Klasse. Die übrigen Klassen verkommen und gehen unter mit der großen Industrie. [...] Die Mittelstände, der kleine Industrielle, der kleine Kaufmann, der Handwerker, der Bauer, sie alle bekämpfen die Bourgeoisie, um ihre Existenz als Mittelstände zu sichern. Sie sind also nicht revolutionär, sondern konservativ. [...] Sind sie revolutionär, so sind sie es im Hinblick auf den ihnen bevorstehenden Übergang ins Proletariat [...], so verlassen sie ihren eigenen Standpunkt, um sich auf den des Proletariats zu stellen. Das Lumpenproletariat, diese passive Verfaulung der untersten Schichten der alten Gesellschaft, wird durch eine proletarische Revolution stellenweise in die Bewegung hineingeschleudert, seiner ganzen Lebenslage nach wird es bereitwilliger sein, sich zu reaktionären Umtrieben erkaufen zu lassen.«[279]

Das Konzept der »Arbeiterklasse« war historisch in dreierlei Weise markiert: durch die Abgrenzung von Kleinbürgertum, Lumpenproletariat und Sklaven. Alle drei Abgrenzungen waren darüber hinaus auch geschlechtsbezogen: Die »Arbeiterklasse« wurde im Prinzip als eine aus männlichen Ernährern bestehende Klasse begriffen.

Dieser Stereotyp beherrschte die Vorstellungswelt von der Arbeiterbewegung fast anderthalb Jahrhunderte lang. Zwar war aufmerksamen BeobachterInnen schon sehr früh klar, dass die real existierenden Arbeiterbewegungen nicht oder nur zum Teil aus »reinen Arbeitern« im Sinne des Kommunistischen Manifests bestanden, hieraus wurde lange Zeit aber keinerlei Konsequenz gezogen. Die aufkommenden Arbeiterbewegungen in Westeuropa hatten ein Selbstbild entwickelt, das zwar den inneren Zusammenhalt förderte, gleichzeitig aber große Teile des Proletariats ausschloss. Dieses Selbstbild sollte bis weit ins 20. Jahrhundert dominieren.

279 Ebd., S. 472.

Zweites Stadium: Sub-nationaler Internationalismus (1848–1870er Jahre)

Die ersten bedeutenden Äußerungen des organisierten Internationalismus kamen aus dem Zentrum des damaligen Hegemonen des Weltkapitalismus, London, während der langen Periode ökonomischen Wachstums von den späten 1840er bis zu den frühen 1870er Jahren. Schon in den 1830er Jahren hatten britische Gruppen von Facharbeitern ihr Interesse an Entwicklungen im Ausland gezeigt. Eine der ersten schriftlichen Äußerungen des Arbeiter-Internationalismus war ein Dokument, das von William Lovetts Working Men's Association am 1. November 1836 angenommen wurde. In diesem Dokument – *Address to the Belgian Working Classes* – äußerte die WMA die Überzeugung, »daß unsere Interessen – ja sogar die Interessen aller Arbeiter in allen Ländern der Welt – identisch sind«. Den belgischen »Brüdern« wurde geraten, »wenn möglich, eine Union mit den umliegenden Ländern zu bilden«, weil »eine Föderation der Arbeiterklassen in Belgien, Holland und den Rheinprovinzen eine großartige Demokratie bilden würde.«[280]

Nach den Revolutionen von 1848 intensivierte sich dieses Interesse, und es entstanden auch kleine Organisationen mit einer multinationalen Mitgliedschaft, so wie die *Fraternal Democrats* und der *Communistische Arbeiter-Bildungs-Verein*. Der letztere zählte viele Nicht-Deutsche zu seinen Mitgliedern.[281] Parallel hierzu begannen internationale Hilfsleistungen bei Streiks, vor allem zwischen England und dem europäischen Kontinent. Es ging hierbei meist um zwei Formen. *Erstens*: finanzielle Unterstützung für Streiks im Ausland. Diese Unterstützung konnte sowohl »inner-beruflich« sein in dem Sinne, dass Mitglieder derselben Berufsgruppen einander unterstützten, oder weiter ausgreifend. Am häufigsten handelte es sich dem Anschein nach um die erste Variante. Die *London Society of Compositors* sandte einer Schwesterorganisation in Paris 1852 und 1862 Geld; Pariser Bauarbeiter halfen ihren Londoner

280 Arthur Lehning, *From Buonarroti to Bakunin: Studies in International Socialism* (Leiden 1970), S. 210–14.

281 Alexander Brandenburg, »Der kommunistische Arbeiterbildungsverein in London: ein Beitrag zu den Anfängen der Deutschen Arbeiterbildungsbewegung (1840–1847)«, *International Review of Social History*, 24, 3 (1979), S. 341–70; Christine Lattek, *Revolutionary Refugees. German Socialism in Britain, 1840–1860* (London u. New York 2006).

Kollegen 1860. Kurz vor der Gründung der *Internationalen Arbeiter Assoziation* (IAA) baten die Töpfer aus Limoges ihre Kollegen in Staffordshire um Hilfe.[282] Es gab in den 1850er Jahren sogar Versuche, zweisprachige Berufszeitungen zu erstellen, so wie das Journal *Gutenberg* der Drucker und der *Innovator* der Schuhmacher.[283]

Zweitens: Der Widerstand gegen Streikbrecher. Bei verschiedenen Streiks versuchten britische Arbeitgeber, Streikbrecher vom Kontinent zu importieren. So »bei Streiks der Zinngießer in Wolverhampton 1851 und Birmingham 1853, und der Gasheizer, Bäcker, Zigarrenmacher, Schneider und Pianofortehersteller in London.«[284] Manchmal gelang es, den Einsatz von Streikbrechern zu verhindern. »Die Londoner Schriftgießer, die 1850 streikten, appellierten an die Pariser Gesellschaft, die sich damit einverstanden erklärte, die Rekrutierung von Männern zu stoppen, und informierte alle Schriftgießereien in Frankreich, Deutschland, Belgien, den Niederlanden und der Schweiz hierüber.«[285]

Die Gründung der *Ersten Internationale* (IAA) war teilweise ein Ergebnis dieser Entwicklung. Ende 1863 schrieben einige britische Gewerkschafter einen Aufruf *To the workmen of France from the working men of England*, in dem es u. a. hieß:

> »Eine Verbrüderung der Völker ist für die Arbeitersache höchst notwendig, denn immer, wenn wir versuchen, unsere soziale Lage durch Verkürzung der Arbeitszeit oder Erhöhung der Löhne zu bessern, drohen unsere Fabrikanten, sie würden Franzosen, Deutsche, Belgier und andere herüberbringen, um unsere Arbeit zu geringerem Lohn ausführen zu lassen; und wir müssen leider feststellen, daß dies auch wirklich geschehen ist, nicht aus der Absicht unserer Brüder auf dem Kontinent, uns zu schaden, sondern wegen des Mangels an regelmäßigen, systematischen Verbindungen zwischen den Arbeiterklassen aller Länder, die wir bald verwirklicht zu sehen hoffen. Unser Ziel ist es, die Löhne der schlechter Bezahlten soweit wie möglich an die der besser Bezahlten anzugleichen und es unseren Arbeitgebern

282 John Merriman, *The Red City: Limoges and the French Nineteenth Century* (Oxford 1985), S. 112–14.
283 Iorwerth Prothero, *Radical Artisans in England and France, 1830–1870* (Cambridge 1997), S. 116.
284 Ebd.
285 Ebd.

> nicht zu erlauben, uns gegeneinander auszuspielen und uns auf das niedrigste Niveau herunterzudrücken, das ihrem geizigen Handeln zupaß kommt.«[286]

Acht Monate später war die Gründung der IAA vollzogen. Aktiv einbezogen war die IAA erstmals bei dem Versuch eines Streikbruchs 1866: Die Londoner Schneider hatten sich im April dieses Jahres organisiert und forderten eine Lohnerhöhung von einem Penny pro Stunde. Die Unternehmer reagierten darauf mit einer Aussperrung und versuchten, Streikbrecher in Deutschland zu rekrutieren, so wie sie es schon öfter getan hatten. Die IAA half dabei, dies in Hamburg und Berlin zu verhindern, was zum Sieg der Londoner Schneider beitrug.[287]

Von wesentlicher Bedeutung ist, dass alle grenzüberschreitende Solidarität in diesen Fällen auf einem sub-nationalen Niveau stattfand. Nationale Gewerkschaften bestanden noch nicht, so dass jeder internationale Kontakt zwischen lokalen Organisationen stattfand. Es handelte sich somit also um sub-nationalen Internationalismus.

Drittes Stadium: Übergang (1870er bis 1890er Jahre)

Diese Form kollektiver Aktion geriet zu Beginn der 1870er Jahre zunehmend in Schwierigkeiten. Erstens gelang es Gewerkschaften, sich allmählich auch auf nationaler Ebene zu konsolidieren. Beginnend mit der Gründung der *Amalgamated Society of Engineers* 1861 schritt die Vereinigung von Gewerkschaften in Großbritannien voran. In den führenden Industriestädten – Glasgow, Sheffield, Liverpool, Edinburgh usw. und in London – wurden zwischen 1858 und 1867 permanente Gewerkschaftsversammlungen etabliert. Dies wiederum führte zur Gründung des *Trades Union Council* (TUC) 1868. Fast zur selben Zeit und im Rahmen der gesellschaftlichen Eingliederung der Arbeiterklasse erlangte die ArbeiterInnenbewegung eine gewisse Form staatlicher Anerkennung. Der *Reform Act* 1867 erweiterte die Bürgerrechte. 1871 trat der *Trade Union Act* in Kraft, der den legalen Status der Gewerkschaften festigte. 1876

286 *Beehive*, 5.12.1863; Sabine Hanna Leich u. Wolfgang Kruse, *Internationalismus und nationale Interessenvertretung. Zur Geschichte der internationalen Gewerkschaftsbewegung* (Köln 1991), S. 26–27.

287 Prothero, *Radical Artisans*, S. 116.

folgte ein Amending Act. Das Resultat erwies sich als eher schädlich für ein aktives britisches Interesse an der Internationale, das um 1870 sowieso nicht besonders ausgeprägt war.[288] Auch in anderen nordatlantischen Ländern setzte sich der Prozess nationaler Konsolidierung mit einiger Verzögerung durch. Nach der Schweiz und Kanada folgten innerhalb einiger Jahrzehnte die meisten anderen Staaten aus der Region (Tabelle 7.1).

Tabelle 7.1: Gründungsjahre einiger nationaler Gewerkschaftsverbände

1868	Großbritannien
1880	Schweiz
1883	Kanada
1886	USA
1888	Spanien
1890	Deutschland
1893	Österreich; Niederlande
1895	Frankreich
1897	Tschechische Länder
1898	Schweden; Dänemark; Ungarn; Belgien
1903	Serbien
1906	Niederlande; Italien; Rumänien
1907	Finnland
1911	Griechenland

Zweitens begann sich in den frühen 1870er Jahren das Wirtschaftswachstum zu verzögern. Die Jahre bis etwa 1895 können als eine Periode aufgefasst werden, in der rückläufiges ökonomisches Wachstum, Stagnation und Rezession in einem komplexen Prozess zusammenfielen. In der Entwicklung der britischen Ökonomie tat sich eine Kluft auf; die deutschen und amerikanischen Ökonomien waren in einer schweren

288 »Die Mitgliedschaft der angeschlossenen britischen Gewerkschaften erreichte nie mehr als ungefähr 50.000, möglicherweise weniger, der zu dieser Zeit vielleicht insgesamt 800.000 Gewerkschaftsmitglieder. Die angeschlossenen Gewerkschaften, wie die der Maurer, Schneider, Schuhmacher, Kunsttischler usw. vertraten meist niedergehende oder anfällige Handwerkerberufe, hauptsächlich in London […]. Auch waren diese nicht sehr eifrig bei der Zahlung von Beiträgen. Das Interesse schwand bald und die Aufnahme von Mitgliedern wurde eingestellt.« A. E. Musson, *British Trade Unions, 1800–1875* (London u. Basingstoke 1972), S. 58.

Krise, und die französische Ökonomie der 1880er Jahre war in ernsthaften Schwierigkeiten.

Drittens: Nach dem französisch-preußischen Krieg 1870–71 nahm die Arbeiterklasse nähere Beziehung mit den Nationalstaaten auf. Unter anderen wies Hobsbawm darauf hin, dass das Eindringen einer nationalistischen und chauvinistischen Einstellung in stetig expandierende soziale Schichten zum großen Teil das Ergebnis einer Bewusstseinspolitik war – wie sie im Schulunterricht, dem Militärdienst, öffentlichen Zeremonien und der Massenproduktion öffentlicher Monumente sichtbar wurde –, die selbstverständlich gewissen Wünschen der Arbeiterklasse entsprach.[289]

In ihrem Zusammenhang führten diese Faktoren dazu, dass der subnationale Internationalismus untergraben wurde, wie es auch mit dem Dahinschwinden der Ersten Internationale nach 1872 deutlich wurde. Es handelte sich um eine Übergangsperiode, in der die alte Form des Internationalismus wegbrach, während eine neue erst im Keim sichtbar war.

Viertes Stadium: Nationaler Internationalismus (1890er bis 1960er Jahre)

Um die Wende zum 20. Jahrhundert war die Konsolidierung der Gewerkschaftsbewegungen weit fortgeschritten. Nun fand ein wirklicher Durchbruch statt, der sich beispielsweise im gewerkschaftlichen Organisationsgrad abbildete (Tabelle 7.2).

Tabelle 7.2: Gewerkschaftliche Organisationsgrade ausgewählter Länder, 1900–1950 (Prozentsätze)[290]

	1905	1913	Höhepunkt nach dem 1. Weltkrieg	1930	1939–40	1950
Australien	10	25	30	38	35	50
Belgien	2	7	27	18	24	36

289 Marcel van der Linden, *Transnational Labour History. Explorations* (Aldershot 2003).

290 Etwas andere Daten, die jedoch denselben Trend wiedergeben, finden sich bei Anders Kjellberg, *Facklig organisering i tolv länder* (Lund 1983), S. 50–51.

	1905	1913	nach 1. WK	1930	1939–40	1950
Dänemark	7	13	27	21	28	33
Deutschland	6	11	30	18	-	29
Finnland	-	2	11	1	3	17
Frankreich	4	5	8	7	17	22
Italien	1	2	12	-	-	37
Kanada	-	6	12	8	8	19
Neuseeland	8	15	19	17	39	38
Niederlande	-	11	15	20	22	31
Norwegen	2	7	13	12	26	34
Österreich	3	3	39	25	-	40
Schweden	5	6	11	20	36	51
Schweiz	-	5	12	17	19	29
USA	6	7	11	7	16	22
Vereinigtes Königreich	11	22	43	23	31	40

Quelle: John D. Stephens, The Transition from Capitalism to Socialism (London u. Basingstoke 1979), S. 115.

Mit der Festigung von Gewerkschaftsbewegungen wurde eine neue Phase möglich: der nationale Internationalismus. Es waren anscheinend mindestens drei Bereiche, in denen internationale Kooperation mehr oder weniger aus der Selbstverständlichkeit praktischer Aktivitäten entstand.

Erstens der Bereich der Berufsgruppen von Facharbeitern mit internationaler Mobilität. Die Drucker sind ein gutes Beispiel. Sie unterhielten seit langem bestehende und auch nationale Grenzen überschreitende Beziehungen, speziell innerhalb gemeinsamer Sprachregionen (in der französischen Region zum Beispiel, die neben Frankreich auch Teile Belgiens und der Schweiz umfasst), und sie nahmen schon in den 1860er Jahren an Konferenzen mit ihnen verbundener Gewerkschaften in anderen Ländern teil. Ihre Themen wie das *Viaticum* (Reisegeld) waren von großer Bedeutung.[291]

Internationale Migration konstituierte den zweiten Bereich internationaler Aktivität. Länder mit stabilem ökonomischem Wachstum zogen Hunderttausende von ImmigrantInnen aus weniger entwickelten Teilen

291 Paul Chauvet, *Les ouvriers du livre en France de 1789 à la constitution de la Fédération du Livre* (Paris 1956), S. 632–34; ders., *Les ouvriers du livre et du journal: La Fédération Française des Travailleurs du Livre* (Paris 1971), S. 245; A. E. Musson, *The Typographical Association* (London 1954), S. 305–08.

der Welt an. Menschen aus China und Japan migrierten nach Kalifornien, aus Polen und Italien nach Deutschland usw. Die Gewerkschaften in den höher entwickelten Staaten versuchten, die ImmigrantInnen zu organisieren oder sie vom nationalen Arbeitsmarkt auszuschließen. Der deutsche Gewerkschaftsverband der Bauarbeiter versuchte, italienische Immigranten zu organisieren, was ihm manchmal gelang.[292]

Der dritte Bereich war der internationale Transport. Hier waren der Arbeitsmarkt und der Arbeitsprozess schon an sich international und förderten so die Zusammenarbeit. Die Tendenz zum Internationalismus war in diesem Segment der Arbeiterklasse besonders stark. Dies wird deutlich in dem großen internationalen Transportarbeiterstreik von 1911 oder der Tatsache, dass die britische Seeleute-Gewerkschaft (NAS&FU) am Beginn der 1890er Jahre für kurze Zeit Abteilungen in Norwegen, Schweden, Dänemark, Deutschland und den Niederlanden unterhielt.[293]

Zuerst entstanden die sog. Internationalen Gewerkschaftssekretariate, Verbände zur Zusammenarbeit nationaler Gewerkschaften einer bestimmten Berufsgruppe. Eine wichtige Anregung war von der Gründung der *Zweiten Internationale*, dem 1889 gegründeten Verband von SozialistInnen (und bis ungefähr 1896: AnarchistInnen), ausgegangen. Die Kongresse dieser Internationale waren auch Treffpunkte für GewerkschafterInnen.

Tabelle 7.3: Gründungsjahre Internationaler Gewerkschaftssekretariate

1889	Typographen und Drucker; Hutmacher; Zigarrendreher und Tabakarbeiter; Schuhmacher
1890	Bergleute
1892	Glaser
1893	Schneider; Metallarbeiter; Eisenbahnarbeiter

292 Hermann Schäfer, »Italienische ›Gastarbeiter‹ im deutschen Kaiserreich, 1890–1914«, *Zeitschrift für Unternehmensgeschichte*, 27 (1982), S. 192–214, hier 208–10; Ulrich Herbert, *Geschichte der Ausländerbeschäftigung in Deutschland 1880 bis 1980* (Berlin u. Bonn 1986), S. 68–70; René Del Fabbro, *Transalpini: Italienische Arbeitswanderung nach Süddeutschland im Kaiserreich 1870–1918* (Osnabrück 1996).

293 Marcel van der Linden, »Transport Workers' Strike, Worldwide 1911«, in: Neil Schlager (Hg.), *St. James Encyclopedia of Labor History Worldwide*, 2 Bde. (Detroit 2003), S. 334–36; Arthur Marsh u. Victoria Ryan, *The Seamen: A History of the National Union of Seamen, 1887–1987* (Oxford 1989), S. 51–52.

1894	Textilarbeiter; Kürschner
1896	Lithographen; Brauereiarbeiter
1897	Transportarbeiter
1898	Gießereiarbeiter
1900	Zimmermänner
1902	Steinarbeiter
1903	Bauarbeiter
1904	Waldarbeiter
1905	Porzellanarbeiter
1906	Öffentlicher Dienst
1907	Buchbinder; Friseure
1908	Fabrikarbeiter; Hotelangestellte
1910	Postarbeiter
1911	Maler

Quelle: Michel Dreyfus, »The Emergence of an International Trade Union Organization (1902–1919)«, in: Marcel van der Linden (Hg.), The International Confederation of Free Trade Unions (Bern 2000), S. 25–71, hier 36–39.

Über einzelne dieser Gewerkschaftssekretariate wurde schon einiges geschrieben, über die meisten wissen wir jedoch noch wenig. Viele bestanden vornehmlich auf dem Papier und gaben sich mit dem Austausch der Korrespondenz zwischen den Mitgliedsorganisationen zufrieden. Die den Gewerkschaftssekretariaten angeschlossenen Gewerkschaften stammten anfangs fast ohne Ausnahme aus Europa und in geringerem Umfang aus Nordamerika.

Als die Gründung der internationalen Gewerkschaftssekretariate gelungen war, nahm auch die Zusammenarbeit zwischen nationalen Gewerkschaftsverbänden an Fahrt auf. 1903 wurde das Internationale Sekretariat der Nationalen Gewerkschaftsverbände (ISNGV) aus der Taufe gehoben. GewerkschafterInnen aus verschiedenen Ländern trafen sich 1901 in Kopenhagen und 1902 in Stuttgart, um ihre Interessen zu erörtern. Daraufhin wurde 1903 das Internationale Zentrum in Dublin unter der Ägide von Carl Legien, dem Leiter der deutschen Gewerkschaftsbewegung, organisiert. Hieraus entstand 1913 auf Drängen der *American*

Federation of Labor (AFL) der Internationale Gewerkschaftsbund (IGB). Auch ISNGV und IGB waren bis weit ins 20. Jahrhundert hinein überwiegend auf die nordatlantische Region konzentriert.

Die kurze Periode zwischen 1889 und 1903 war alles in allem außerordentlich wichtig für den allmählichen Aufstieg der internationalen Gewerkschaftsbewegung. Die während dieser Jahre entwickelten Strukturen blieben während des 20. Jahrhunderts größtenteils unverändert. Ursachen waren wahrscheinlich »die Beharrlichkeit der am Anfang gebildeten Ideologie«, »das Überleben der Vorherrschaft der Institutionen« und der Einfluss der ArbeiterInnenbewegung auf die Gesellschaft, der später auf die Bewegung zurückstrahlte.[294]

Der Lauf der Ereignisse vor mehr als einem Jahrhundert gab der internationalen Gewerkschaftsbewegung eine duale Struktur: Internationale Gewerkschaftssekretariate auf der einen und internationale Konföderationen (mit wechselnden Namen) auf der anderen Seite. Diese Struktur ist nicht notwendig die logischste. Die Internationalen Gewerkschaftssekretariate (heutiger Name: Global Unions) hätten auch eine unabhängige internationale Föderation bilden können. In diesem Fall würde heute nur *eine* internationale Schirmorganisation existieren; ein solches Arrangement wäre vermutlich effektiver gewesen. Gelegentlich schlugen einzelne Personen eine dahingehende Reorganisierung der Bewegung vor (u. a. Edo Fimmen vom Internationalen Transportarbeiterverband in den 1920er Jahren). Aber vergeblich: Das institutionelle Beharrungsvermögen war stärker.

Warum bildeten die Internationalen Gewerkschaftssekretariate nicht von vornherein ihre eigene Föderation? Ein möglicher Grund ist, dass sie sich auf ökonomische Aspekte konzentrierten (die weltweiten Probleme bestimmter Industrien), während der Internationale Bund Freier Gewerkschaften (IBFG) und seine Vorgänger eher politisch orientiert waren. Dennoch überschnitten sich die Operationen des Internationalen Gewerkschaftssekretariats und der internationalen Konföderationen durchweg beträchtlich, was oft zu gespannten Beziehungen führte.

Für das Funktionieren der Gewerkschaften war ihre schrittweise Integration in den Kapitalismus, insbesondere in den hoch entwickelten

294 Scoville, »Some Determinants of the Structure of Labor Movements«, S. 74.

Ländern, sehr wichtig. Dies zeigte sich zunächst am deutlichsten in der Blüte des Tarifwesens, d. h. in Vereinbarungen zwischen Unternehmern und Gewerkschaften, die für eine begrenzte Anzahl von Jahren Standardlöhne und Arbeitsbedingungen für LohnarbeiterInnen in einem bestimmten Unternehmen, Sektor oder einer Region festlegten. Solche Vereinbarungen schufen ein gewisses Maß an sozialer und wirtschaftlicher Stabilität für beide Seiten, verpflichteten die Gewerkschaften jedoch, während der Laufzeit der Vereinbarung auf Streiks und andere Aktionen zu verzichten (siehe auch Kap. 3 in diesem Band). Das Tarifwesen hat eine lange Geschichte, gewann aber in den ersten Jahrzehnten des 20. Jahrhunderts an Einfluss.

In den Vereinigten Staaten wurde beispielsweise 1935 der *National Labor Relations Act* (auch als Wagner-Gesetz bekannt) verabschiedet, der den ArbeitnehmerInnen das Recht gab, Gewerkschaften zu gründen oder diesen beizutreten und Tarifverhandlungen zu führen. Das Gesetz verpflichtete die Unternehmer, mit derjenigen Gewerkschaft zu verhandeln, die von der Mehrheit der Belegschaft als Vertreterin gewählt worden war. Und in Frankreich hatten die Regierung, der Arbeitgeberverband und die Gewerkschaftsbewegung nach einem Generalstreik im Jahr 1936 das »Matignon-Abkommen« unterzeichnet, das unter anderem die 40-Stunden-Woche festlegte und das Recht auf Tarifverhandlungen festschrieb. Entwicklungen wie diese erlaubten es der *Internationalen Arbeitsorganisation* damals »die zunehmende Bedeutung des Tarifvertrags als Element der sozialen und wirtschaftlichen Struktur der modernen Industriegesellschaft« festzustellen, mit dem Ergebnis, dass »in vielen Ländern der Tarifvertrag heute eine anerkannte Methode zur Festlegung der Arbeitsbedingungen ist«.[295]

Die Entwicklung des Systems sektoraler Tarifverträge führte dazu, dass »die Gewerkschaften nicht nur Schutz- und Verteilungsfunktionen für ihre Mitglieder, sondern auch Kartell-, Ordnungs- und Befriedungsfunktionen für die Unternehmer übernahmen.« Der sektorale Tarifvertrag »nimmt Löhne und Arbeitszeiten durch ihre Standardisierung aus der Konkurrenz und garantiert den Unternehmen für die vertragliche Laufzeit

295 International Labour Office, *Collective agreements, Studies and Reports, Series A (Industrial Relations)*, 39 (London 1936), S. 265.

sozialen Frieden und stabile Kalkulationsgrundlagen.«[296] Das Ergebnis war die Integration der Gewerkschaftsbewegung in die kapitalistische Wirtschaft, denn die Gewerkschaften hatten wie die Unternehmer ein Interesse daran, die bestehende ökonomische Grundstruktur aufrechtzuerhalten: Die kapitalistische Produktionsweise war zur Grundlage ihrer organisatorischen Existenz geworden.[297]

Das zu Beginn des 20. Jahrhunderts konsolidierte Grundmuster war während vieler Jahrzehnte keiner strukturellen Änderung ausgesetzt. Aber im Lauf der Zeit kam es dennoch zu einigen wichtigen Verschiebungen *innerhalb* des Grundmusters. Bis zum Ersten Weltkrieg dominierte Deutschland. 1913 hatten mindestens 17 der 28 Gewerkschaftssekretariate ihren Hauptsitz in Deutschland. Die wichtigsten Ausnahmen von dieser Regel waren die Bergarbeiter und die TextilarbeiterInnen, deren Hauptsitze sich in Manchester befanden.[298] Nach 1918 dominierten Großbritannien und die USA. Während die deutsche Gewerkschaftsbewegung in der Periode ihrer Dominanz noch mehr oder weniger »außerhalb« des eigenen Staates gestanden hatte, arbeiteten der britische TUC und die US-amerikanische AFL(-CIO) nach dem Ersten Weltkrieg eng mit ihren jeweiligen Heimatstaaten zusammen. Eine Zeit lang war die Bindung der AFL(-CIO) an die US-Regierung samt dem Großkapital so eng, dass es einer korporativen Struktur glich, einem *Blocco storico* à la Antonio Gramsci.[299] Während des Zweiten Weltkriegs bewegte sich der britische TUC auf »eine enge Beziehung mit der Regierung bei der Entwicklung der Arbeitspolitik in den Kolonien« zu und strebte offenbar nach einer aufgeklärten Form kolonialer Macht in Afrika, Asien und der Karibik.[300] Peter Weiler folgerte:

296 Walther Müller-Jentsch, »Auf dem Prüfstand: Das deutsche Modell der industriellen Beziehungen«, *Industrielle Beziehungen: Zeitschrift für Arbeit, Organisation und Management*, 2, 1 (1995), S. 11–24, hier 14–15; ders. »Gewerkschaften als intermediäre Organisationen«, *Kölner Zeitschrift für Soziologie und Sozialpsychologie*, Sonderheft 24 (1982), S. 408–32.

297 Rainer Erd u. Christoph Scherrer, »Unions – Caught between Structural Competition and Temporary Solidarity: A Critique of Contemporary Marxist Analysis of Trade Unions in Germany«, *British Journal of Industrial Relations*, 23, 1 (1985), S. 115–31, hier 120–21.

298 Michel Dreyfus, »The Emergence of an International Trade Union Organization (1902–1919)«, in: Marcel van der Linden (Hg.), *The International Confederation of Free Trade Unions* (Bern 2000), S. 25–71, hier 36–39.

299 Robert W. Cox, »Labor and Hegemony: A Reply«, *International Organization*, 34 (1980), S. 159–76.

300 D. I. Davies, »The Politics of the TUC's Colonial Policy«, *The Political Quarterly*, 35 (1964), S. 23–34, hier 24.

> »Aktivitäten des TUC [...] halfen dem britischen Empire fortzubestehen. Teilweise war dieser Effekt nicht beabsichtigt. Der TUC drängte die Gewerkschaften in den Kolonien, demselben reformistischen Pfad zu folgen, wie sie es zuhause tat, obwohl der Reformismus in den Kolonien andere Resultate zeitigte als in Großbritannien. Britische Arbeiter hatten zumindest die politische Möglichkeit, ihre Gesellschaft zu ändern, während die Arbeiter in den Kolonien dies nicht hatten. Obwohl Reformismus nicht Teil einer kalkulierten Strategie war, die britische Herrschaft zu wahren, hatte er zwangsläufig diesen Effekt. Auf einer anderen Ebene war dieser Effekt jedoch beabsichtigt, weil britische Gewerkschaftsführer die Idee von Großbritanniens imperialer Mission akzeptierten und jeden gewaltsamen Versuch, sie zu beenden, ablehnten.«[301]

Im Lauf der »nationalen« Phase des Internationalismus hatte die Anzahl Internationaler Gewerkschaftssekretariate durch die Einrichtung besonderer Verbindungsorganisationen zugenommen, sich aber auch ebenso durch Fusionen vermindert. Der sozialreformistische Mainstream des IGB und sein Nachfolger nach 1949, der IBFG, bekamen im Lauf der Zeit mehrere Konkurrenten. Dazu gehörten nicht nur die syndikalistische Internationale, die sich ebenso wie die Erste Internationale IAA nannte (seit 1922), sondern auch die kommunistische *Rote Gewerkschaftsinternationale* (RGI, 1921–1937) und der *Internationale Bund Christlicher Gewerkschaften* (IBCG).[302] Der IGB nahm gegen Ende des Zweiten Weltkriegs die Zusammenarbeit mit den kommunistischen Gewerkschaften im Weltgewerkschaftsbund (WGB) auf, aber diese Zusammenarbeit hielt dem aufkommenden Kalten Krieg nicht stand. 1949 entstand wie erwähnt der IBFG, während der WGB kommunistisch dominiert wurde.[303]

301 Peter Weiler, »Forming Responsible Trade Unions: The Colonial Office, Colonial Labor, and the Trades Union Congress«, *Radical History Review*, 28–30 (1984), S. 367–92, hier 384.

302 Wayne Thorpe, *»The Workers Themselves«: Revolutionary Syndicalism and International Labour, 1913–1923* (Dordrecht 1989); ders., »Syndicalist Internationalism before World War II«, in: Marcel van der Linden u. Wayne Thorpe (Hg.), *Revolutionary Syndicalism: An International Perspective* (Aldershot 1990), S. 237–60; Patrick Pasture, *Histoire du syndicalisme chrétien international: La difficile recherche d'une troisième voie* (Paris 1999); Rainer Tostorff, *Profintern: die Rote Gewerkschaftsinternationale 1920–1937* (Paderborn 2004).

303 Marcel van der Linden (Hg.), *The International Confederation of Free Trade Unions* (Bern 2000).

Das Interesse an den Gewerkschaftsbewegungen in den peripheren und semiperipheren Ländern nahm in der Zwischenkriegszeit zu. Die RGI versuchte fast von ihrer Gründung 1920 an, in diesen Ländern Wurzeln zu schlagen. Der IGB folgte einige Jahre später, teils als Reaktion auf die RGI. Mit dem IGB konkurrierte die RGI und versuchte, ihren Einfluss in den kolonialen und semikolonialen Staaten auszudehnen.[304] Der IBCG wurde etwas später in der sog. Dritten Welt aktiv. Bis zum Zweiten Weltkrieg hatte er sich völlig auf Europa orientiert, aber dies veränderte sich notgedrungen, zum Teil, weil sich einige seiner früheren Mitgliedsorganisationen aufgelöst hatten oder in Gewerkschaften aufgegangen waren, die alle Ideologien einschlossen (z. B. in Deutschland und Österreich). Der IBCG gründete eine recht erfolgreiche Regionalorganisation in Lateinamerika (1954) und erwarb Unterstützung in Vietnam und ebenso in Afrika.[305]

Der britische TUC und die US-amerikanische AFL(-CIO) dominierten IGB und IBFG und wurden deshalb in der sog. »Dritten Welt« als Instrumente des Kolonialismus und Neokolonialismus angesehen. Dieser Verdacht war nicht völlig unbegründet.[306] Der IBFG hatte lange Zeit versucht, ein bestimmtes »Modell« einer »reinen Gewerkschaft« zu propagieren. Schon bei der Gründung der Organisation 1949 wurde als eine der Zielsetzungen formuliert: »Unterstützung zu geben bei der Gründung, Erhaltung und Entwicklung von Gewerkschaftsorganisationen, insbesondere in ökonomisch und sozial unterentwickelten Ländern.«[307] Es wurde angenommen, »reine« Gewerkschaften würden 1. völlig unabhängig bleiben von politischen Parteien und Staaten; 2. sich auf Tarifverhandlungen und Lobbying für eine Sozialgesetzgebung konzentrieren; 3. die parlamentarische Demokratie verteidigen und fördern. Oft erwies es sich als schwierig, diese Prinzipien in der »Dritten Welt« anzuwenden.[308] Viel

304 Ken Post, *Revolution's Other World: Communism and the Periphery, 1917–39* (Houndmills 1997), S. 40.

305 Gerhard Wahlers, *CLAT: Geschichte einer lateinamerikanischen Gewerkschaftsinternationale* (Witterschlick u. Bonn 1990); Pasture, *Histoire du syndicalisme chrétien international.*

306 Magaly Rodríguez García, *Liberal Workers of the World, Unite? The ICFTU and the Defence of Labour Liberalism in Europe and Latin America (1949–1969)* (Oxford 2010).

307 *Official Report of the Free World Labour Conference and of the First Congress of the International Confederation of Free Trade Unions, London, November-December, 1949*, S. 226.

308 Manchmal erwies es sich auch als unaufrichtig. Angesichts der Emphase des britischen TUC in den 1950er Jahren über den nicht-politischen Charakter der »reinen« Gewerkschaften hat Davies zutreffend bemerkt: »Manche dieser Sentimente klingen sonderbar im Zusammenhang der Geschichte der britischen Gewerkschaftsbewegung, die einen Generalstreik unterstützt hatte, enge Verbindung mit der Labour Party hielt und bei ihren jährlichen Kongressen regelmäßig eine große Anzahl von Resolutionen

später bemerkte Adolf Sturmthal, dass es speziell in den anglo-amerikanischen Staaten (deren Gewerkschaften den IBFG dominierten) »einen naiven Glauben an die universelle Anwendbarkeit einiger Formen der Tarifverhandlungen« gab:[309]

> »Effektive Gewerkschaften sind selten, wenn überhaupt, von ›nichtengagierten‹ Arbeitern organisiert worden, d.h. von Gelegenheitsarbeitern, die ihre Arbeit häufig wechseln, in regelmäßigen Abständen in ihren Heimatort zurückkehren, und die keine speziellen oder nur sehr simple industrielle Kenntnisse haben. Sogar sehr engagierte Industriearbeiter mit geringer oder keiner Fachkenntnis sind zu effektiven Tarifverhandlungen nur unter bestimmten, selten vorhandenen Bedingungen fähig. In den meisten (wenn nicht allen) neuen Industriestaaten stehen einfache Arbeiter im Übermaß für nichtlandwirtschaftliche Arbeit zur Verfügung. Ungelernte Arbeiter sind nicht nur selten fähig, eigene Gewerkschaften unter solchen Umständen zu bilden; gelingt es ihnen, haben ihre Gewerkschaften wenig oder keine Verhandlungskraft.«[310]

Fünftes Stadium: Ein neuer Übergang (seit den 1960er Jahren)

Seit den 1960er Jahren wurde die internationale Gewerkschaftsbewegung mit vielen neuen Herausforderungen konfrontiert, die in ihrer Gesamtheit das alte Modell des »nationalen Internationalismus« immer deutlicher untergruben. Ich nenne einige der wichtigsten Faktoren:

- Zu allererst war es der Prozess der Entkolonisierung (eigentlich der zweite Entkolonisierungsprozess, wie Bergesen und Schoenberg gezeigt haben[311]), bei dem die Gewerkschaften in kolonialen Ländern

diskutierte, deren Themen außerhalb der Arbeitsbeziehungen lagen.« (Davies, »The Politics of the TUC's Colonial Policy«, S. 26.)

309 Adolph Sturmthal, »Industrial Relations Strategies«, in: Sturmthal and Scoville, *The International Labor Movement in Transition*, S. 5.

310 Ebd., S. 10.

311 Albert Bergesen u. Ronald Schoenberg, »Long Waves of Colonial Expansion and Contraction, 1415–1969«, in: Albert Bergesen (Hg.), *Studies of the Modern World-System*. New York 1980), S. 231–77.

nicht selten eine wesentliche Rolle spielten. Dies hatte zur Folge, dass eine gewisse Distanz zwischen Gewerkschaften im Zentrum und der (Semi-)Peripherie entstand.

- Parallel mit der Entkolonisierung machte die imperiale Arbeitsteilung Platz für eine transnationale Arbeitsteilung. Diese neue Phase »beließ einige neokoloniale Beziehungen (die Frankreich bemerkenswerterweise besser aufrechterhielt als die anderen europäischen Mächte), führte aber zu einer umfassenden Restrukturierung der industriellen Produktion in den Metropolen (verbunden mit dem Import von Arbeitsmigranten) und der weiteren Internationalisierung der führenden Fraktionen des Kapitals, insbesondere der Ölgiganten, der Automobil-Gesellschaften und der Unternehmen, die langlebige Konsumgüter, Elektrogeräte und elektronische Komponenten produzieren.«[312]
- Es gab eine graduelle Verschmelzung von Regionen und Handelsblöcken, wie Europäische Union, NAFTA, ASEAN und Mercosur.
- Der »real existierende Sozialismus« in der Sowjetunion und in Osteuropa konnte die Kosten der Konkurrenz mit »dem Westen« immer weniger aufbringen und implodierte am Ende der 1980er Jahre.
- Allmählich machte der von Keynes inspirierte Wohlfahrtsstaat Platz für »nationale Wettbewerbsstaaten«,[313] die der Förderung der Konkurrenzposition der nationalen Ökonomie den Vorrang gaben gegenüber der »Sozialpartnerschaft« aus der Zeit der Kalten Kriegs.
- Weltweit veränderten die »Sixties« (nicht allein »1968«, sondern auch, weniger ausdrücklich, politische Effekte) die Massenkultur. Ein wichtiges Element war der Feminismus, der sich seit den 1970er Jahren vielerorts zu manifestieren begann.
- Proletarisierungsprozesse in der Semiperipherie und der Peripherie wurden beschleunigt. Hierdurch breitete sich der sog. »informelle Sektor« mit einem atemraubenden Tempo aus, alte Antagonismen – »Osten« versus »Westen« – verloren viel von ihrer Bedeutung, und der Anteil von Frauen mit bezahlter Arbeit nahm zu.[314]

312 Robin Cohen, *The New Helots: Migrants in the International Division of Labour* (Aldershot 1987), S. 240.
313 Joachim Hirsch, *Der nationale Wettbewerbsstaat* (Berlin u. Amsterdam 1995), S. 84–152.
314 Dazu ausführlicher: Jan Breman u. Marcel van der Linden, »Informalizing the Economy: The Return of the Social Question at a Global Level«, *Development and Change*, 45, 5 (September 2014), S. 920–40.

- Ein weiterer wichtiger Faktor ist der von dem Arbeitsökonomen Richard Freeman so genannte »Arbeitsangebotsschock«, der sich seit Anfang der 1990er Jahre manifestierte. Durch den Eintritt chinesischer, indischer, russischer und anderer Arbeitskräfte in die Weltwirtschaft verdoppelte sich praktisch die Zahl der für die internationalen Märkte produzierenden Arbeitskräfte in den letzten zwei Jahrzehnten. »Ein Rückgang des globalen Kapital-Arbeit-Verhältnisses verschiebt das Machtgleichgewicht auf den Märkten weg von den Löhnen der Arbeitnehmer und hin zum Kapital, da mehr Arbeitnehmer um die Arbeit für dieses Kapital konkurrieren. [...] Selbst wenn man die hohe Sparquote der neuen Marktteilnehmer berücksichtigt – die Weltbank schätzt, dass China eine Sparquote von 40 % des BIP hat –, wird es etwa 30 Jahre dauern, bis die Welt das Kapital-Arbeits-Verhältnis der Länder wieder erreicht hat, die früher die Weltwirtschaft ausmachten. Doppelt so viele Arbeitskräfte und fast die gleiche Menge an Kapital üben großen Druck auf die Arbeitsmärkte in der ganzen Welt aus. Dieser Druck betrifft sowohl die Arbeitnehmer in den Entwicklungsländern, die traditionell an der Weltwirtschaft beteiligt waren, als auch die Arbeitnehmer in den fortgeschrittenen Ländern.«[315]

Als Folge dieser und anderer Einflüsse ging der gewerkschaftliche Organisationsgrad (Gewerkschaftsmitglieder als Prozentsatz der gesamten Erwerbsbevölkerung) im Allgemeinen zurück. Tabelle 7.4 zeigt die Trends in einer Reihe von großen Ländern für den Zeitraum 1960 bis 2020.

315 Richard Freeman, »What Really Ails Europe (and America): The Doubling of the Global Labor Force«, *The Globalist*, 5. März 2010. Vergleiche auch Abbildung 8.1 in diesem Band.

Tabelle 7.4: Gewerkschaftlicher Organisationsgrad in ausgewählten Ländern mit mehr als 50 Millionen Einwohnern, 1960–2020

	1960	1970	1980	1990	2000	2010	2020
Deutschland(a)	34,7	32	34,9	31,2	24,6	18,9	16,3 (2019)
Frankreich	20	22,1	18,6	10,7	9,5	9	8,8 (2018)
Italien	28,5	36,3	49,6	39	34,8	35,3	32,5 (2019)
Japan	32,3	35,1	31,1	25,4	21,5	18,4	16,8 (2019)
Mexiko	n. a.	n. a.	n. a.	n. a.	15,9	13,8	[12,4]
Russische Föderation	--	--	--	84,3 (1992)	64,4	33,7	27,5 (2017)
Südafrika	n. a.	n. a.	n. a.	n. a.	42,2	[30]	[29]
Südkorea	n. a.	n. a.	14,7	17,4	11,4	9,6	[12,3]
Türkei	12,1	n. a.	n. a.	24	12,5	7,3	9,9 (2019)
USA	30,9	27,4	22,1	17,3	13,4	13,2	10,3
Vereinigtes Königreich	40,4	44,8	52,2	39,6	29,7	26,8	22,8 (2019)

(a) Deutschland 1960–1990 meint Westdeutschland. Ziffern in eckigen Klammern [] sind Schätzungen. Wegen Datenmangels konnten folgende Länder nicht berücksichtigt werden: Ägypten, Äthiopien, Argentinien, Bangladesch, Brasilien, Kolumbien, Demokratische Republik Kongo, Indonesien, Iran, Malaysien, Myanmar, Nigeria, Pakistan, Philippinen, Tansania und Vietnam.

Quelle: OECD/AIAS ICTWSS database, https://www.oecd.org/employment/ictwss-database.htm, September 2023. Alle Prozentsätze bezeichnen die Nettogewerkschaftsmitgliedschaft als Anteil der beschäftigten Lohn- und Gehaltsempfänger, sofern diese Zahlen verfügbar sind.

Auf globaler Ebene ist der gewerkschaftliche Organisationsgrad (der Anteil der Gewerkschaftsmitglieder an der weltweiten Gesamtbelegschaft) nahezu unbedeutend. Wie wir bereits sahen, erreichen die unabhängigen Gewerkschaften weltweit vielleicht 5 oder 6 % ihrer Zielgruppe, die Mehrheit davon lebt in der relativ wohlhabenden Nordatlantikregion.

Welche sind die wesentlichsten Herausforderungen (oder, wenn man so will, Probleme), mit denen sich die Gewerkschaftsbewegung konfrontiert sieht? Ich würde unterscheiden zwischen den Herausforderungen »von oben« (d. h. von Staaten und dem Kapital) und denen »von unten« (d. h. von ArbeiterInnen und ihren Organisationen). Bei den Herausforderungen von oben können wir vor allem denken an:

- Das eindrucksvolle Wachstum des Foreign Direct Investment innerhalb des Kerns und der Semiperipherie der transnationalen Gesellschaften. Als Antwort auf diese Entwicklung entstanden seit Mitte der 1960er Jahre sog. Weltkonzernräte, vor allem in der chemischen und der Automobilindustrie. Obwohl viele GewerkschaftsaktivistInnen an diese neuen Organe große Erwartungen knüpften, ist deren Effektivität durch die Interessengegensätze der Unternehmer in verschiedenen Ländern unzureichend.[316]
- Die Bildung von Handelsblöcken. Dies führte zu einer gewissen Egalisierung gesetzlicher und politischer Parameter; der Aufbau transnationaler Gewerkschaftsstrukturen innerhalb dieser Blöcke lag auf der Hand. Innerhalb der NAFTA entwickelte sich diese Zusammenarbeit nicht primär auf dem Spitzenniveau nationaler Gewerkschaftsföderationen, sondern auf dem subnationalen Niveau oder auf Branchenebene. Oft sind auch Nicht-Gewerkschaften (z. B. religiöse und Menschenrechtsorganisationen) in diese Art von Projekten einbezogen. Beispiele sind u. a. die in den 1980er Jahren gegründete *Coalition for Justice* in den Maquiladoras, das *Comité Fronterizo de Obreras* und *La Mujer Obrera*.[317] Hierzu gehört auch das von den *United Auto Workers* gegründete *Council of Ford Workers*.[318]
- Neue übernationale Institutionen entstanden, die die Dynamik des »neuen« Kapitalismus zu regulieren versuchten. Das wichtigste Beispiel ist die 1995 gegründete Welthandelsorganisation. Gewerkschaften fühlten sich genötigt, bei oder in diesen Institutionen Lobbyarbeit zu betreiben und/oder ihren Protest zu artikulieren.

316 Kurt Tudyka, »Die Weltkonzernräte in der Krise«, *WSI-Mitteilungen*, 39 (1986), S. 324–29; Werner Olle (Hg.), *Einführung in die internationale Gewerkschaftspolitik*, 2 Bde. (Berlin 1978); Burton Bendiner, *International Labour Affairs: The World Trade Unions and the Multinational Companies* (Oxford 1987). Auf europäischer Ebene scheinen Konzernräte etwas effektiver zu sein: Thomas Haipeter, Markus Hertwig u. Sophie Rosenbohm, *Employee Representation in Multinational Companies. The Articulation of Interests in Multilevel Action Fields* (Cham 2019).

317 Ralph Armbruster, »Cross-National Labor Organizing Strategies«, *Critical Sociology*, 21, 2 (1995), S. 75–89, hier 77–78; auch Frank Borgers, »The Challenges of Economic Globalization for U. S. Labor«, *Critical Sociology*, 22, 2 (1996), S. 67–88, hier 81–85; Barry Carr, »Globalization from Below: Labour Internationalism under NAFTA«, *International Social Science Journal*, 51 (1999), S. 49–59.

318 Cyrus Bina u. Chuck Davis, »Transnational Capital, the Global Labor Process, and the International Labor Movement«, in: Berch Berberoglu (Hg.), *The Labor Process and Control of Labor: The Changing Nature of Work Relations in the Late Twentieth Century* (Westport, CT u. London 1993), S. 152–70, hier 165–66.

- Es gibt große Regionen, in denen staatliche Repression gewerkschaftliche Arbeit unmöglich macht. Das auffälligste Beispiel für eine schnell wachsende kapitalistische Wirtschaft ohne unabhängige Gewerkschaften ist die Volksrepublik China. Das Land beherbergt die weltweit größte ArbeiterInnenorganisation, den *Allchinesischen Gewerkschaftsbund* (ACGB) mit mehr als 300 Millionen Mitgliedern. Dies ist jedoch kein unabhängiger Verband, sondern ein Transmissionsriemen für die Kommunistische Partei Chinas. Die meisten der zahlreichen Arbeitskonflikte in der Volksrepublik werden ohne Unterstützung des ACGB ausgetragen.

Hinzu kommen die Herausforderungen von unten:

- Die sozialen und ökonomischen Veränderungen in der Semiperipherie und der Peripherie ermöglichten das Aufkommen neuer, oft sehr kämpferischer ArbeiterInnenbewegungen, wie u. a. in Brasilien, Südafrika, auf den Philippinen, in Taiwan und Südkorea deutlich wurde.
- Abseits der etablierten Wege entwickelten sich seit den 1970er Jahren neue Formen der Gewerkschaftsarbeit der Basis mit internationalen Verbindungen auf Betriebsebene, und zwar »sämtlich vorbei an den Sekretariaten, die in ihren [der Basisaktivisten] Augen zu oft den Bürokratien ihrer diversen nationalen Mitglieder verpflichtet waren.«[319] Ein bekanntes Beispiel ist der *Transnational Information Exchange* (TIE), dem viele Dutzend Untersuchungs- und AktivistInnen-Arbeitsgruppen angeschlossen sind, um Informationen über die transnationalen Unternehmen auszutauschen. Ein anderes Beispiel ist die »alternative Außenpolitik«, die seit den frühen 1980er Jahren innerhalb der AFL-CIO entstanden ist.[320]
- Gewerkschaften derselben Branche (z. B. Bergarbeiter) in verschiedenen Ländern führen seit den späten 1960er Jahren gemeinsame Aktionen gegen transnationale Unternehmen durch.[321] Ein erster

319 Andrew Herod, »Labor as an Agent of Globalization and as a Global Agent«, in: Kevin R. Cox (Hg.), *Spaces of Globalization: Reasserting the Power of the Local* (New York 1997), S. 167–200, hier 184.

320 Hobart A. Spalding, »The Two Latin American Foreign Policies of the U. S. Labor Movement: The AFL-CIO Top Brass vs. Rank-and-File«, *Science and Society*, 56 (1992), S. 421–39.

321 Andrew Herod, »The Practice of International Labor Solidarity and the Geography of the Global Economy«, *Economic Geography*, 71 (1995), S. 341–63, hier 342; Ralph Armbruster, »Cross Border Labor

Versuch war die koordinierte Aktion von Glasarbeitern gegen den Saint-Gobain Konzern 1969.[322] Sehr wichtig waren die Solidaritätsstreiks und -kundgebungen, die in Frankreich, Spanien, Portugal und Slowenien durchgeführt wurden, als der französische Automobilhersteller Renault in Februar 1997 die Schließung seiner belgischen Niederlassung bekanntgab – damit war der Begriff »Euro-Streik« entstanden.

- Die ungleichmäßige Entwicklung von Gewerkschaften im Kern und in der Peripherie veranlasst internationale Gewerkschaftssekretariate, Mitglieder *direkt* in peripheren Staaten zu rekrutieren, wie z. B. die Aktivitäten von *Union Network International* (UNI) im IT-Sektor Indiens.[323]
- Immer häufiger übernehmen Nichtregierungsorganisationen Aufgaben, die eigentlich von der internationalen Gewerkschaftsbewegung ausgeführt werden müssten, so etwa der Kampf für die Regulierung und Abschaffung von Kinderarbeit.

Diese Herausforderungen zwingen die internationale Gewerkschaftsbewegung zur Rückbesinnung auf ihre eigenen Zielsetzungen und Aktivitäten. Die Notwendigkeit einer solchen Rückbesinnung wird verstärkt durch den Umstand, dass die sich verändernde Zusammensetzung der ArbeiterInnenklasse weltweit die Schwäche der Gewerkschaftsbewegung besonders deutlich macht. Dass die große Mehrheit der LohnempfängerInnen von der traditionellen Gewerkschaftsbewegung nicht erreicht wird, heißt übrigens nicht unbedingt, dass diese Menschen überhaupt nicht über Interessenorganisationen verfügen (es gibt hier und dort alternative organisatorische Modelle), aber es verdeutlicht sehr wohl das Unbefriedigende der heutigen Lage.

Organizing in the Garment and Automobile Industries«, *Journal of World-Systems Research*, 4, 1 (1998), S. 20–51.

322 Fredrik Håkansson, *Standing up to a Multinational Giant. The Saint-Gobain World Council and the American Window Glass Workers' Strike in the American Saint Gobain Corporation in 1969* (Växjö 2011).

323 »Solidarität als Gegengewicht zur Globalisierung: Erster Weltkongress der Dienstleistungsgewerkschaft UNI in Berlin sucht Wege zur Wahrung der Arbeitnehmerinteressen«, *Süddeutsche Zeitung*, 8./9. September 2001.

Spekulationen über die Zukunft

Die hier vorgestellte Periodisierung ist in der untenstehenden Tabelle zusammengefasst.

Tabelle 7.5: Die Entwicklungslogik des gewerkschaftlichen Internationalismus

Bis 1848	Abgrenzung der »Arbeiterklasse«		Geographischer Fokus: Nordatlantische Region
1848–1870er Jahre	Subnationaler Internationalismus	Britische Hegemonie	
1870er-1890er Jahre	Erster Übergang		
1890er Jahre-1918	Nationaler Internationalismus	Deutsche Hegemonie	
1918–1940er Jahre		Britisch-amerikanische (und zeitweise sowjetische) Teil-Hegemonie	
1940er-1960er Jahre			Geographische Expansion in Asien, Afrika, Lateinamerika
Seit den 1960er Jahren	Zweiter Übergang		

Um ein Missverständnis zu vermeiden: Die hier präsentierte Phaseneinteilung soll nicht den Eindruck erwecken, dass subnationaler und nationaler Internationalismus einander ausschließen. Das ist selbstverständlich nicht der Fall. Die unterschiedlichen Formen grenzüberschreitender Solidarität können miteinander verbunden werden oder gleichzeitig bestehen.

Die internationale Solidarität mit dem Streik der Liverpooler Docker in den 1990er Jahren war z. B. zu einem wesentlichen Teil subnational.[324]

Im Licht der Entwicklung der letzten anderthalb Jahrhunderte muss die gegenwärtige verlängerte Übergangsphase offensichtlich als Vorbereitung für ein völlig neues Stadium betrachtet werden, und zwar als *transnationaler Internationalismus*. Die Umrisse dieser neuen Form des gewerkschaftlichen Internationalismus sind noch nicht besonders deutlich, zeichnen sich jedoch inzwischen einigermaßen ab. Ich gehe darauf im letzten Kapitel näher ein.

324 Noel Castree, »Geographic Scale and Grass-Roots Internationalism: The Liverpool Dock Dispute, 1995–1998«, *Economic Geography*, 76 (2000), S. 272–92.

8. Krise

Die ArbeiterInnenbewegungen haben weltweit mit enormen Problemen zu kämpfen, obwohl gleichzeitig die Zahl der Lohnabhängigen absolut und relativ unaufhörlich wächst. Die Erklärung dieses vermeintlichen Widerspruchs erfordert eine partielle Neuinterpretation der globalen Sozial- und Wirtschaftsgeschichte.

Der Prozentsatz von Menschen, die vollständig von Löhnen abhängen (»ArbeitnehmerInnen«), stieg nach Angaben des Internationalen Arbeitsamtes zwischen 1991 und 2018 weltweit von 41,5 auf 51,4 %.[325]

Tabelle 8.1: Zusammensetzung der erwerbstätigen Weltbevölkerung, 1991 und 2018*

<table>
<tr><th></th><th colspan="2">1991</th><th colspan="2">2018</th></tr>
<tr><th></th><th>in Tausend</th><th>%</th><th>in Tausend</th><th>%</th></tr>
<tr><td>1. ArbeitgeberInnen (Selbstständige, die regelmäßig MitarbeiterInnen beschäftigen</td><td>60.600</td><td>2,5</td><td>104.000</td><td>3,0</td></tr>
<tr><td>2. ArbeitnehmerInnen (Personen, die einer bezahlten Beschäftigung nachgehen)</td><td>995.000</td><td>41,5</td><td>1.797.600</td><td>51,4</td></tr>
<tr><td>3. Mithelfende Familienangehörige (Selbstständige in einem Betrieb, der von einem/einer Familienangehörigen des gleichen Haushalts geleitet wird)</td><td rowspan="2">1.204.500</td><td rowspan="2">50,3</td><td>338.420</td><td>9,7</td></tr>
<tr><td>4. Selbstständige (ohne abhängig Beschäftigte)</td><td>1.052.600</td><td>30,0</td></tr>
<tr><td>5. Unbeschäftigte</td><td>134.900</td><td>5,6</td><td>188.200</td><td>5,4</td></tr>
<tr><td>6. Arbeitskräfte insgesamt</td><td>2.395.100</td><td>99,9</td><td>3.498.600</td><td>99,5</td></tr>
<tr><td>7. Nicht Teil der Arbeitskräfte</td><td>1.247.900</td><td></td><td>2.164.100</td><td></td></tr>
</table>

** Weil die Mitglieder von Produktionskooperativen und ArbeiterInnen ohne klassifizierbaren Status in dieser Tabelle nicht enthalten sind, summieren sich die Zahlen nicht genau auf 100 %. Quelle: ILO WESO Data Finder (https://www.ilo.org/wesodata) und Berechnungen des Autors.*

325 ILO WESO Data Finder, https://www.ilo.org/wesodata, abgerufen 21. Mai 2024.

In diesem Sinne sehen wir also eine fortschreitende Proletarisierung. Schätzungen besagen, dass Lohn- und GehaltsempfängerInnen in entwickelten Ländern etwa 90 % aller Beschäftigten ausmachen. In Entwicklungs- und Schwellenökonomien hingegen machen ArbeitnehmerInnen lediglich 30 % oder weniger der Gesamtbeschäftigung aus.[326] Die tatsächliche WeltarbeiterInnenschaft ist natürlich wesentlich zahlreicher als die Zahl der »ArbeitnehmerInnen«. Diese Zahl sollte zunächst mit den beitragenden Haushaltsmitgliedern ergänzt werden, die entweder ab und zu oder sogar in Vollzeit am Arbeitsprozess beteiligt sind, ohne für die Nutzung ihrer Arbeitskraft separat bezahlt zu werden. Ein noch größeres Kontingent, das selten Beachtung findet, aber fest in der Belegschaft verankert ist, ist ein unbekannter Anteil von ArbeitnehmerInnen, die auf eigene Rechnung tätig sind. Viele von ihnen sind Scheinselbstständige, d. h. sie sind formell selbstständig, haben tatsächlich aber nur einen oder zwei KundInnen und sind daher direkt von diesen abhängig.

Hinzu kommt, dass immer mehr LohnempfängerInnen grenzüberschreitend miteinander verbunden sind, oft ohne dass sie sich dessen bewusst sind (obwohl die Covid-19-Krise diese Einbindung für viele sichtbarer gemacht haben mag). In dem *World Economic and Social Outlook 2015* der Internationalen Arbeitsorganisation (IAO) wurde geschätzt, dass »in 40 Ländern, auf die 85 Prozent des weltweiten Bruttoinlandsprodukts entfallen und die etwa zwei Drittel der weltweiten Erwerbsbevölkerung stellen, die Zahl der Arbeitsplätze in der globalen Lieferkette zwischen 1995 und 2013 um 157 Millionen oder 53 Prozent stieg, so dass es 2013 insgesamt 453 Millionen Arbeitsplätze in der globalen Lieferkette gab.«[327] Dies entsprach einem Viertel der Beschäftigten. Während die Transnationalisierung die Industrialisierung im globalen Süden stark vorantrieb, sind die geschaffenen Arbeitsplätze weitgehend solche für ungelernte Arbeitskräfte und werden zunehmend von Frauen besetzt. Der Internationale Gewerkschaftsbund (IGB) stellt fest:

> »80 % des Welthandels und 60 % der weltweiten Produktion werden heute von den Lieferketten multinationaler Unternehmen abgedeckt.

326 https://www.ilo.org/global/topics/wages/minimum-wages/beneficiaries/WCMS_436463/lang--en/index.htm, abgerufen 21. Mai 2024.

327 *World Employment and Social Outlook 2015: The Changing Nature of Jobs* (Genf 2015).

> Die Mehrheit der Beschäftigten in den Lieferketten ist in unsicheren und oft prekären Arbeitsverhältnissen mit Hungerlöhnen und langen Arbeitszeiten gefangen. Informelle Arbeit, erzwungene Überstunden und Sklaverei sind ebenfalls anzutreffen. Ein aktueller Bericht des IGB zeigt, dass 50 der weltweit größten Unternehmen nur 6 % der Beschäftigten in ihren Lieferketten direkt beschäftigen – die restlichen 94 % sind Teil der versteckten Arbeitskräfte der globalen Produktion.«[328]

Der internationale Handel nahm durch diese Entwicklung erheblich zu, da Waren heute anders als früher nicht mehr primär an einem Ort oder zumindest in einem Land hergestellt werden und daher Komponenten international transferiert werden müssen.[329] Eine Folge war die Zunahme der Arbeitsplätze in Transport und Logistik – Flexibilität und Liefergeschwindigkeit wurden immer wichtiger. Die Zahl der Beschäftigten in den Handelsmarinen stieg – trotz der Schiffsautomatisierung – von knapp 1,19 Mio. im Jahr 2005 auf 1,67 Mio. im Jahr 2015.[330] Die Besatzungen werden zunehmend aus kulturell unterschiedlichen Verhältnissen rekrutiert. Internationale Lieferunternehmen wie Fedex, UPS und DHL expandierten stark. UPS zum Beispiel hat weltweit 395.000 MitarbeiterInnen und ist damit fast so groß wie die 400.000 Mann starke US-Armee. Es folgen Fedex mit weltweit 300.000 und DHL mit 275.000 MitarbeiterInnen. Die britischen Streitkräfte haben zusammengenommen 80.000 Angestellte und Reservisten.[331]

Zudem gibt es noch einen weiteren Faktor, der die wirtschaftliche Vernetzung von ArbeitnehmerInnen aus verschiedenen Teilen der Welt

328 https://www.ituc-csi.org/supply-chains-resources-hub, abgerufen 29. Mai 2024.

329 Paul R. Krugman, »Growing World Trade: Causes and Consequences«, *Brookings Papers on Economic Activity*, 26, 1 (1995), S. 327–77, hier 334; Kei-Mu Yi, »Can Vertical Specialization Explain the Growth of World Trade?«, *Journal of Political Economy*, 111, 1 (2003), S. 52–102, hier 90.

330 International Chamber of Shipping, *Manpower Report 2015* (London 2015), Executive Summary; Priscilla Leong, »Understanding the Seafarer Global Labour Market in the Context of a Seafarer ›Shortage‹«, PhD thesis, School of Social Sciences, Cardiff University 2012, S. 35. Neuere Daten standen mir nicht zur Verfügung.

331 Joe Allen, »Studying Logistics«, *Jacobin*, 12. Februar 2015. Zu den Arbeitsbedingungen im Transportsektor: *Sectoral Studies on Decent Work in Global Supply Chains. Comparative Analysis of Good Practices by Multinational Enterprises in Promoting Decent Work in Global Supply Chains* (Genf 2016), S. 139–73, https://www.ilo.org/sector/Resources/publications/WCMS_467295/lang--en/index.htm, abgerufen 29. Mai 2024.

verstärkt, nämlich die Migration. Der Anteil der internationalen MigrantInnen an der Weltbevölkerung nahm von 2000 bis 2020 von 2,8 % auf 3,5 % zu.[332] Auch vergrößerte sich in den letzten Jahren die von ihnen zurückgelegte Entfernung, wobei insbesondere die Süd-Nord-Migration an Bedeutung gewann. Laut einer Studie der Weltbank stieg ihr Umfang von 16 % im Jahr 1960 auf 37 % im Jahr 2000. Zum Beispiel bilden MigrantInnen aus Ostasien und dem Pazifikraum, die einst anderswohin in der Region auswanderten, heute beträchtliche Gemeinschaften auf der ganzen Welt. Immer mehr AfrikanerInnen leben in Europa und den USA. Schließlich nimmt auch der Anteil von Frauen an den internationalen Migrationsströmen immer mehr zu.[333]

Das absolute und relative Wachstum der WeltarbeiterInnenklasse und ihre zunehmende Vernetzung könnten nun den Eindruck erwecken, dass die WeltarbeiterInnenbewegung stärker würde. Nichts wäre jedoch unzutreffender. Die Stärke der traditionellen ArbeiterInnenbewegungen ist fast überall rückläufig, wie wir zuvor gesehen haben.

Zwei internationale Arbeitsteilungen

Wie können wir dieses Paradox erklären? Wieso vollzogen sich wachsende Proletarisierung und die Schwächung der ArbeiterInnenbewegungen parallel? Die weltweite Gleichzeitigkeit der Krise der Bewegungen lässt vermuten, dass die Hauptursache nicht im Scheitern einzelner organisatorischer Führungen liegt, sondern dass allgemeinere Faktoren zum Tragen kommen. Erklärungsansätze müssen die langfristige Entwicklung des Weltkapitalismus in Betracht ziehen.

Die seit den 1960er Jahren entstandene internationale Arbeitsteilung war bekanntlich die *zweite* globale Arbeitsteilung. Ihr vorangegangen waren zwei frühere Stadien. Während des 17. und 18. Jahrhunderts war der globale Warenfluss hauptsächlich unidirektional. Rohstoffe für den Norden wurden im globalen Süden größtenteils durch Plünderung und

332 https://www.un-ilibrary.org/migration/world-migration-report-2020_b1710e30-en, abgerufen 29. Mai 2024.

333 Çağlar Özden, Christopher R. Parsons, Maurice Schiff u. Terrie L. Walmsley, »Where on Earth is Everybody? The Evolution of Global Bilateral Migration 1960–2000«, *The World Bank Economic Review*, 25, 1 (2011), S. 12–56, hier 15–16.

Ausbeutung erworben. Zwangsarbeiter schürften in Mexiko und Bolivien Gold und Silber, und versklavte Arbeiter bauten in Brasilien, der Karibik, im Süden der USA und auf Java Zuckerrohr und Kaffee an. Der landwirtschaftliche Handel blieb noch bescheiden. Er bestand aus Zucker, ein paar Gewürzen, Edelmetallen und Luxusgütern. Das Unterfangen war mit viel Romantik ummantelt und verursachte viel Blutvergießen, aber es brachte einfach nicht viel.[334]

Im 19. Jahrhundert folgte die *erste internationale Arbeitsteilung.* Das Wachstum des metropolitanen Kapitalismus erhöhte die Notwendigkeit, europäische Waren in den Kolonien zu verkaufen. Der Nord-Süd-Austausch etablierte sich: Der Süden lieferte weiterhin Waren (tropische und subtropische *cash crops*) in den Norden, während der Norden nun Industriegüter in den Süden exportierte. Dies förderte den Freihandel; das Monopol der *British East India Company* (EIC) auf den indischen Überseehandel und den Binnenhandel stellte nun zunehmend ein Hindernis dar. Nachdem die EIC ihr Monopol verloren hatte, wurde der freie Verkauf britischer Textilien und anderer gewerblicher Produkte in Indien möglich, was die dortige Industrie zerstörte. In einer parlamentarischen Petition wurde 1840 festgestellt, Großbritannien »ist es gelungen, Indien von einem produzierenden Land in ein Land zu verwandeln, das Rohstoffe exportiert.«[335]

Die erste globale Arbeitsteilung führte im Süden somit zu einer Deindustrialisierung. Patrick O'Brien schätzte, dass »der Anteil der weltweiten Industrieerzeugung, der aus der Produktion in den Volkswirtschaften der Dritten Welt stammt, von etwa 70 Prozent (1750–1800) auf 10 Prozent (ca. 1950) gesunken ist.«[336] Von etwa 1750 bis 1950 war die kapitalistische Industrialisierung weitgehend auf den Nordatlantikraum beschränkt. Diese internationale Arbeitsteilung fand auf einem globalen Markt statt, der als halbkapitalistisch bezeichnet werden kann. Wie Ken Tarbuck vermerkte: »Viele der Abnehmer der in Großbritannien (und zunehmend auch in Westeuropa und Amerika) produzierten kapitalistischen Waren hatten keine kapitalistische Wirtschaft. Insbesondere die Waren, die in

334 W. Arthur Lewis, *The Evolution of the International Economic Order* (Princeton 1978), S. 5.

335 Zitiert bei Irfan Habib, *The Indian Economy, 1858–1914* (Neu Delhi 2007), S. 31.

336 Patrick Karl O'Brien, »Industrialization«, in: Jerry H. Bentley (Hg.), *The Oxford Handbook of World History* (Oxford 2011), S. 304–24, hier 309.

die kapitalistischen Länder importiert wurden, wurden im Großen und Ganzen noch auf nicht-kapitalistische Weise produziert.«[337]

Ab den 1870er Jahren gipfelte diese Entwicklung in der ersten Phase der Globalisierung. Harry Magdoff stellte fest, dass sich in den letzten Jahrzehnten des 19. Jahrhunderts ein neues globales Muster der Wirtschaftsbeziehungen mit drei charakteristischen Merkmalen herausgebildet hatte: »(1) Die Zahl der Waren, die in großem Umfang in den internationalen Handel gelangten, vervielfachte sich; (2) der Wettbewerb zwischen vielen weit voneinander entfernten Regionen der Welt trat zum ersten Mal auf oder verschärfte sich; und (3) der Lebensstandard der Arbeiter und die Ertragsfähigkeit der Industrie in den europäischen Nationen hingen von der Aufrechterhaltung der Versorgung aus Übersee ab, während der Lebensstandard der Rohstoffproduzenten von den Marktschwankungen abhing, die manchmal auf der anderen Seite der Welt auftraten.«[338] In den Zwischenkriegsjahren verlangsamte sich das globale Wachstum, der Welthandel ging zurück, und im globalen Süden traten autarke Tendenzen auf.[339]

Die Probleme der kapitalistischen Weltwirtschaft schienen sich infolge der Gründung der Sowjetunion nach 1917 und der Ausweitung des »real existierenden Sozialismus« auf Osteuropa, China usw. nach dem Zweiten Weltkrieg zu verschärfen. Diese Entwicklungen hatten zwei Hauptfolgen: Kapitalistische Unternehmen waren in einem beträchtlichen Teil der Welt nicht mehr möglich, und mehrere Jahrzehnte lang hatte es den Anschein, als sei eine konkrete Alternative zum Kapitalismus entstanden: die zentral geplante Wirtschaft. Trotz – und vielleicht auch teilweise dank – der sowjetischen Bedrohung begann nach dem Zweiten Weltkrieg eine zweite längere Periode des kapitalistischen Wachstums, die noch turbulenter war als die erste.[340] Mit dem Aufstieg der *zweiten*

337 Ken Tarbuck, »Marxism in the New Age: Towards the Twenty-First Century«, *New Interventions*, 3, 3 (1992), [Teil 3.1].

338 Harry Magdoff, *The Age of Imperialism. The Economics of U. S. Foreign Policy* (New York 1969), S. 32.

339 Peter Boomgaard und Ian Brown argumentieren beispielsweise, »die wichtigste langfristige Auswirkung der Depression in Südostasien war [...], dass die Rolle des Staates in der Wirtschaft in Richtung Schutz und Autarkie stark zunahm.« Peter Boomgaard u. Ian Brown, »Introduction«, in: Boomgaard u. Brown (Hg.), *Weathering The Storm. The Economies of Southeast Asia in the 1930s Depression* (Leiden 2000), S. 1–19, hier 11.

340 Der Wettbewerb zwischen dem kapitalistischen und dem sowjetischen System und das schnelle Wachstum der Wirtschaft der UdSSR waren vermutlich förderlich für den Aufstieg der Wohlfahrtsstaaten im

internationalen Arbeitsteilung begann im Süden die Industrialisierung. Dieser Trend wurde erheblich verstärkt, als sich die Volksrepublik China ab den 1980er und 1990er Jahren zu einer aufstrebenden kapitalistischen Supermacht entwickelte. Zum Teil aufgrund dieser Veränderungen gingen die Industriearbeitsplätze im Norden stark zurück, obwohl die Industrieproduktion dort kaum oder gar nicht abnahm.[341]

Die erste und die zweite internationale Arbeitsteilung führten zu sehr unterschiedlichen Machtverhältnissen zwischen Kapital und Arbeit. Der Aufstieg der modernen ArbeiterInnenbewegung spiegelt diesen Unterschied deutlich wider. Im Norden begann er in der Zeit der ersten Arbeitsteilung. Die moderne Bewegung der Konsumgenossenschaften entstand in den 1840er Jahren und breitete sich rasch im gesamten Nordatlantikraum und darüber hinaus aus. Die Gewerkschaften gab es natürlich schon erheblich länger, aber ihre Konsolidierung und Anerkennung begann (wie beschrieben in Kap. 7) in den 1860er Jahren, ungefähr mit der Gründung des englisch-walisischen Gewerkschaftskongresses TUC im Jahr 1868. Diese Tendenzen wurden durch die Große Depression von 1873–96 verstärkt; es war genau zu jener Zeit, dass eine Gründungswelle sozialdemokratischer Parteien über den nordatlantischen Raum rollte.

Während der zweiten internationalen Arbeitsteilung wurden diese Organisationen der ersten Gründungswelle, wie gesagt, ernsthaft geschwächt. Aber ihr relativer Niedergang wurde nicht durch eine zweite Gründungswelle im globalen Süden kompensiert. Zwar kamen dort Konsumgenossenschaften und Gewerkschaften auf, aber ihr Einfluss blieb relativ gering. Bedeutende ArbeiterInnenparteien entwickelten sich nach dem Zweiten Weltkrieg ebenfalls fast nirgends.

Diese Beobachtungen ergeben mindestens zwei Fragen: Warum wiederholte sich die erste Gründungswelle von ArbeiterInnenorganisationen nicht während der zweiten internationalen Arbeitsteilung im Süden? Und warum wurden die ArbeiterInnenbewegungen im Norden während der

---

nordatlantischen Kapitalismus bis in die 1950er Jahre. Die sowjetische Bedrohung war jedoch relativ kurzlebig. Die Sowjetunion war, wie ich an anderer Stelle dargelegt habe, eine soziale Formation ohne endogene Dynamik, und ihre Stagnation und ihr Untergang waren unvermeidlich. Siehe Marcel van der Linden (Hg.), *Was war die Sowjetunion?* (Wien 2007).

341 »In den Industrieländern insgesamt hat sich die tatsächliche Produktion des verarbeitenden Gewerbes recht gut gehalten, wenn man die Veränderungen bei Einkommen und Bevölkerung berücksichtigt.« Dani Rodrik, »Premature deindustrialization«, *Journal of Economic Growth*, 21 (2016), S. 1–31, hier 2.

zweiten internationalen Arbeitsteilung fast überall geschwächt? Beide Fragen kann ich hier nur ansatzweise beantworten.

Massenemigration und Unterbeschäftigung

Wie können wir den Kontrast zwischen Nord und Süd erklären? Vermutlich spielten mehrere Faktoren eine Rolle. Erstens gibt es den demografischen Unterschied. Die Weltbevölkerung im Allgemeinen und im Süden im Besonderen wuchs nach dem Zweiten Weltkrieg viel schneller als die Bevölkerung in den atlantischen Regionen im langen 19. Jahrhundert. Daraus folgt ein zweiter Unterschied: Das Verhältnis zwischen der Verfügbarkeit von Land und der Zahl der Arbeitskräfte (die *Land-Labour Ratio*) war in Europa Mitte des 19. Jahrhunderts verhältnismäßig niedrig im Vergleich zu dem viel höheren Druck auf die Agrarressourcen anderswo, insbesondere in Asien, gegen Mitte des 20. Jahrhunderts. Während sich die Abkehr von der Agrarwirtschaft und Abwanderung aus ländlichen Gebieten zwischen 1850 und 1914 in Europa auf 120 bis 150 Millionen Menschen belief, summierte sich der Exodus, der ein Jahrhundert später aus den großen Ländern Asiens erfolgte, leicht auf über 700 Millionen meist landarme und landlose Bauern. Ein dritter Aspekt betrifft den starken Anstieg der Kapitalintensität von Produktionsprozessen in den letzten anderthalb Jahrhunderten. Früher waren die durchschnittlichen Investitionen für einen Arbeitsplatz erheblich niedriger als heute. Unterbeschäftigte landwirtschaftliche Arbeitskräfte konnten teilweise von der Industrie aufgenommen werden. Die Zahl der Arbeitsplätze im Verhältnis zum investierten Kapital ging jedoch seitdem erheblich zurück.

Im langen 19. Jahrhundert verringerte die Massenemigration eine relative Überbevölkerung in Westeuropa (Tabelle 8.2). Die Gesamtbevölkerung in allen zwölf Ländern wuchs in der Periode zwischen ca. 1850 und ca. 1910 um rund 90 Millionen, während im gleichen Zeitraum etwa 32 Millionen Menschen auswanderten, d. h. über ein Drittel dessen, worum die Bevölkerung gewachsen war.

Tabelle 8.2: Emigration aus Westeuropa und westeuropäisches Bevölkerungswachstum, 1850–1910

	Emigration 1851–1910 in Millionen (A)	*Bevölkerungswachstum 1850–1911 in Millionen (B)*	*Emigration im Verhältnis zum Bevölkerungswachstum in % (Schätzwert: A/B)*
Belgien	0,07	3,1	0,2
Dänemark	0,25	1,4	17,9
Deutschland	4,22	24,9	16,9
Frankreich	0,35	3,8	9,2
Italien	6,39	10,3	62,0
Niederlande	0,16	2,8	0,6
Norwegen	0,69	1,0	69,0
Österreich-Ungarn	0,8	18,8	4,3
Spanien	2,48	-	-
Schweden	0,99	2,0	49,5
Schweiz	0,21	1,4	15,0
Vereinigtes Königreich	13,29*	20,0	66,5

**Ohne 1851–1852.*

Quelle: Eigene Berechnung auf der Grundlage von B. R. Mitchell, Statistical Appendix, in: Carlo M. Cipolla (Hg.), The Fontana Economic History of Europe, The Emergence of Industrial Societies, Bd. 2 (London 1973), S. 747–51.

Der historische Demograf Peter Marschalck fasste die deutsche Entwicklung so zusammen: die Emigration

> »entlastete die deutsche Wirtschaft zu jener Zeit von genau jener Zahl von Menschen, für die sie keine Arbeitsgelegenheit mehr bieten konnte, ohne eine gleiche Zahl von Beschäftigten ihrer Ressourcengrundlage zu berauben. Die deutsche Industrie hatte also immer eine ›industrielle Reservearmee‹ zur Verfügung, deren Größe nicht zu [langfristiger] Arbeitslosigkeit führte; soziale Unruhen wurden

> so vermieden und die industrielle Entwicklung wurde nicht behindert. [...] Da die überschüssige Bevölkerung, das heißt die ›Arbeitslosen‹, Arbeits- und Lebensmöglichkeiten jenseits des Atlantiks fanden, war die Emigration ein wichtiger Faktor in der Entwicklung Deutschlands zur größten Industrienation Europas«.[342]

Die Massenemigration diente wahrscheinlich auch als Sicherheitsventil. Bereits Fritz Sternberg nahm an, dass die europäische Massenemigration »einen wichtigen Kanal eröffnet« habe, »durch den die europäischen Reservearmeen [der Arbeitslosen – MvdL] abziehen konnten, was die gesellschaftlichen Gegensätze verringerte«.[343] Und Albert Hirschman vermutete: »Die Geschichte Europas im 19. Jahrhundert wäre wahrscheinlich entweder weitaus turbulenter oder weitaus repressiver verlaufen und die Entwicklung hin zu einer repräsentativen Regierung wäre weitaus stärker ins Stocken geraten, wenn nicht Millionen von Menschen in die Vereinigten Staaten und andere Länder hätten auswandern können.«[344]

Im globalen Süden herrschte eine andere Situation. Viele Menschen wanderten im gleichen Zeitraum aus China und Britisch-Indien aus, obwohl diese Migration einen weitaus geringeren Anteil ihrer eigenen Bevölkerung ausmachte. Entgegen der landläufigen Meinung gab es im Zeitraum 1846–1940 nämlich drei große Migrationsströme: nicht nur von Europa nach Amerika, sondern auch von Nord- und Südasien in andere Teile des globalen Südens. Diese drei Ströme waren zahlenmäßig ungefähr gleich groß und umfassten jeweils etwa 50 Millionen Menschen (Tabelle 8.3). Aber die asiatischen und europäischen Migrationsströme blieben getrennt. Infolgedessen konnte »die Metropole die Arbeitsreserven in der Peripherie für ihre systemische wirtschaftliche Stabilität nutzen und gleichzeitig eine gewisse soziale Stabilität innerhalb ihrer eigenen Grenzen erreichen.«[345]

342 Peter Marschalck, *Deutsche Überseewanderung im 19. Jahrhundert. Ein Beitrag zur soziologischen Theorie der Bevölkerung* (Stuttgart 1973), S. 94.

343 Fritz Sternberg, *Kapitalismus und Sozialismus vor dem Weltgericht* (Köln 1951), S. 62.

344 Albert O. Hirschman, »Exit, Voice, and Loyalty. Further Reflections and a Survey of Recent Contributions«, *The Milbank Memorial Fund Quarterly*, 58, 3 (1980), S. 430–53, hier 442.

345 Prabhat Patnaik u. Utsa Patnaik, *A Theory of Imperialism* (Neu Delhi 2016), S. 56.

Tabelle 8.3: Globale Migrationsströme, 1846–1940

Ziel	*Herkunft*	*Anzahl*	*Nebenherkunft*
Nord- und Südamerika	Europa	55–58 Millionen	2,5 Millionen aus Indien, China, Japan, Afrika
Südostasien, Küste des Indischen Ozeans, Südpazifik	Indien, Südchina	48–52 Millionen	4 Millionen aus Afrika, Europa, Nordostasien, Naher Osten
Mandschurei, Sibirien, Zentralasien, Japan	Nordostasien, Russland	46–51 Millionen	

Quelle: Adam McKeown, »Global Migration, 1846–1940«, Journal of World History, 15, 2 (2004), S. 155–89, hier 156.

Während des Aufstiegs der zweiten internationalen Arbeitsteilung nach 1945 änderte sich die Situation im globalen Süden in dieser Hinsicht überhaupt nicht. Das Beispiel des Landes Indien veranschaulicht das: Im Jahr 1951 zählte das Land 361 Millionen EinwohnerInnen und im Jahr 2011 1.211 Millionen: 850 Millionen mehr. Eine Entlastung des Arbeitsmarktdrucks in gleichem Maße wie in Westeuropa im 19. Jahrhundert hätte in diesem Zeitraum eine Nettoauswanderung von über 280 Millionen Menschen erforderlich gemacht. Obwohl keine statistischen Angaben zur gesamten Migration verfügbar sind, muss die tatsächliche Zahl der indischen Auswanderer in diesen rund sechzig Jahren erheblich niedriger gewesen sein: Im Jahre 2010 betrug die Diaspora 21,7 Millionen und die Zahl der indischen Auswanderer 11,0 Millionen, was insgesamt 32,7 Millionen InderInnen im Ausland entspricht.[346] Kurz gesagt: Die Akteure der Frühindustrialisierung mussten weitaus weniger Menschen absorbieren.

346 Chinmay Tumbe, *India Moving. A History of Migration* (Neu Delhi 2019). Ich verdanke diesen Hinweis K. P. Kannan.

Nachvollziehbarerweise war Unterbeschäftigung daher weit verbreitet, insbesondere in Afrika, Asien und Lateinamerika. Paul Bairoch schätzte bereits in den 1990er Jahren, dass die Gesamtinaktivität im globalen Süden etwa 30–40 % der potenziell aktiven Zeit betrug. Er nannte diese Situation »historisch beispiellos, außer möglicherweise im Römischen Reich«. Und er fügte hinzu: »Der Vergleich der gegenwärtigen Situation in den Ländern der Dritten Welt mit der der Industrieländer im 19. Jahrhundert zeigt zwei grundlegende Unterschiede. Die durchschnittliche Arbeitslosenquote war in den Städten der Industrieländer mit 4 bis 6 Prozent weitaus niedriger, und vor allem war die Arbeitslosigkeit zyklisch, d. h. im Wesentlichen auf die Jahre wirtschaftlicher Not konzentriert, während die Arbeitslosigkeit in der Dritten Welt strukturell ist.«[347]

Unter diesen Umständen erwiesen sich viele bewährte Methoden aus der ersten Phase der ArbeiterInnenbewegung als unwirksam. Damit ein echtes Tarifverhandlungssystem funktioniert, müssen nämlich mehrere Voraussetzungen erfüllt sein, darunter erstens »ein rechtliches und politisches System, das die Existenz und das Funktionieren von einigermaßen freien Arbeitnehmerorganisationen ermöglicht »; zweitens das Erfordernis, dass »die Gewerkschaften mehr oder weniger stabil, einigermaßen gut organisiert und in Bezug auf die Verhandlungsstärke den Arbeitgebern einigermaßen ebenbürtig sein müssen«; und drittens, dass die Einkommen relativ hoch und steigend sind, »so dass es bei den Konflikten zwischen Arbeitnehmern und Arbeitgebern hauptsächlich um die Verteilung des jährlichen Zuwachses des Sozialprodukts geht und nicht um die Veränderungen bei den Anteilen der verschiedenen sozialen Gruppen an einem bestimmten Nationaleinkommen.«[348]

Gewerkschaften wiederum waren eine wichtige Stütze der ArbeiterInnenparteien im Norden. Die Beziehungen zwischen Gewerkschaften und Partei waren normalerweise eng. In mehreren Fällen ergriff die Gewerkschaftsbewegung selbst die Initiative zur Gründung der Partei, während in anderen Fällen die Partei die Bildung eines nationalen Gewerkschaftsbundes förderte. Vor diesem Hintergrund ist es wahrscheinlich kein Zufall,

347 Paul Bairoch, *Victoires et deboires. Histoire économique et sociale du monde du XVIe siècle à nos jours*, Bd. 3 (Paris 1997), S. 778.

348 Sturmthal, »Industrial Relations Strategies«, S. 9; Adolf Sturmthal, »Unions and Economic Development«, *Economic Development and Cultural Change*, 8, 2 (1960), S. 199–205, hier S. 201.

dass viele Parteien während des langen wirtschaftlichen Abschwungs von 1873–95 entstanden. In Wirtschaftskrisensituationen kann der Gewerkschaftsflügel der ArbeiterInnenbewegung nur selten sehr viel tun, und die Notwendigkeit direkter politischer Maßnahmen wird zwingender. Diese Entwicklung wiederholte sich im Süden also nicht, und dies macht den Süd-Nord-Kontrast etwas verständlicher.

Der Wiederaufstieg des Handelskapitals

Zunächst müssen wir feststellen, dass die Zeit zwischen dem Börsencrash von 1929 und der Krise von 1974 historisch außergewöhnlich war. »Der gesamte Zeitraum von 1929 bis zu den 1970er Jahren stellt eine erhebliche Abweichung von den Trends dar, die durch die Industrie- und Transportrevolution des 19. Jahrhunderts ausgelöst wurden. Nach den 1970er Jahren kehrte die Welt zu den Entwicklungen des 19. Jahrhunderts und den damit verbundenen finanziellen Turbulenzen zurück, die in der Systemkrise 2007–9 gipfelten.«[349]

Die Veränderungen der Jahre 1929–74 hatten also ein Vorspiel und ein Nachspiel bzw. Nachwirkungen. Was machte diese Zeit so besonders? Die Interpretationen sind sehr unterschiedlich, aber HistorikerInnen weisen im Allgemeinen darauf hin, dass der Kapitalismus im nordatlantischen Raum im frühen 20. Jahrhundert eine Reihe wichtiger Veränderungen erfuhr. Der Erste Weltkrieg wird oft als Wendepunkt erwähnt. In Westdeutschland hatte die sozialdemokratische Theorie des organisierten Kapitalismus, die Rudolf Hilferding ab 1915 entwickelte, einen gewissen Einfluss. Nach dieser Auffassung wäre eine wachsende Durchdringung von Wirtschaft und Staat eingetreten, mit Kartell- und Trustentwicklung und der Ersetzung des freien Wettbewerbs durch geplante Produktion.[350] In kommunistischen Kreisen war die Theorie des staatmonopolistischen

349 Herman M. Schwartz, *States versus Markets. The Emergence of a Global Economy*. 3. Auflage (Houndmills u. New York, 2010), S. 181. Dieses Muster spiegelt sich auch in den liberalen Ideologien wider: Robert Henry Cox, »From the Imperialist to the Neo-Liberal World Order, 1900–2000«, *Économie appliquée*, 55, 2 (2002), S. 77–89.

350 Rudolf Hilferding, »Arbeitsgemeinschaft der Klassen?«, *Der Kampf*, 8 (8. Oktober 1915), S. 321–29; ders., »Die Aufgaben der Sozialdemokratie in der Republik«, in: *Sozialdemokratischer Parteitag 1927 in Kiel. Protokoll* (Berlin 1927), S. 165–84; Heinrich August Winkler (Hg.), *Organisierter Kapitalismus. Voraussetzungen und Anfänge* (Göttingen 1974).

Kapitalismus lange Zeit in Mode. Sie beruhte auf Lenins These, dass der Erste Weltkrieg den Laissez-Faire-Kapitalismus, in enger Zusammenarbeit mit dem Staat, in einen von großen Unternehmen dominierten Kapitalismus verwandelt habe.[351] Wieder andere AutorenInnen sahen als das entscheidende Phänomen den Aufstieg des Fordismus an, das heißt einer Form des Kapitalismus, wo Unternehmensgewinne und Arbeiterlöhne positiv rückgekoppelt sind.[352] Und schließlich gab es auch AutorInnen, die den Korporatismus als das wichtigste Merkmal der neuen Verhältnisse betrachteten.[353] Ich kann all diese Theorien hier nicht bewerten,[354] aber sie stimmten darin überein, dass in den frühen Jahrzehnten des letzten Jahrhunderts wesentliche Veränderungen in der Struktur des fortgeschrittenen Kapitalismus stattfanden. Nach etwa einem halben Jahrhundert wurde deutlich, dass die neue Form des Kapitalismus wieder zu Ende ging. Man sprach von der »Krise des Fordismus« oder vom »Ende des organisierten Kapitalismus«.[355]

Anfänglich wurde allgemein angenommen, dass der Abschwung der Weltwirtschaft nicht aufzuhalten sein würde. Der konservative britisch-russische Historiker Michael Postan schrieb 1935, dass die Zweifel der Sozialisten an der Lebensfähigkeit des Kapitalismus zunehmend von anderen geteilt wurden: »Heutzutage werden die lautesten Klagen über das mangelhafte Funktionieren des Systems von seinen eifrigsten Verteidigern vorgebracht. Der Unterschied zwischen ihnen und den Antikapitalisten beschränkt sich weitgehend auf die Frage nach den Ursprüngen. [...] Aber

351 Charlene Gannage, »E. S. Varga and the Theory of State Monopoly Capitalism«, *Review of Radical Political Economics*, 12, 3 (1980), S. 36–49; Gerold Ambrosius, *Zur Geschichte des Begriffs und der Theorie des Staatskapitalismus und des staatsmonopolistischen Kapitalismus* (Tübingen 1981).

352 Robert Boyer u. Yves Saillard, *Théorie de la régulation: l'état des savoirs.* Nouvelle édition complétée (Paris 2002); Michel Aglietta, *A Theory of Capitalist Regulation: The US Experience* (London u. New York 2015).

353 Philippe C. Schmitter u. Gerhard Lehmbruch (Hg.), *Trends Toward Corporatist Intermediation* (London u. Beverly Hills 1979).

354 Ansätze bieten Jürgen Kocka, »Organisierter Kapitalismus oder Staatsmonopolistischer Kapitalismus?«, in: Winkler, *Organisierter Kapitalismus*, S. 19–35; Bruno Théret u. Michel Wieviorka, *Critique de la théorie du »capitalisme monopoliste d'état«* (Paris 1978); Hans-Jürgen Puhle, »Historische Konzepte des entwickelten Industriekapitalismus. ›Organisierter Kapitalismus‹ und ›Korporatismus‹«, *Geschichte und Gesellschaft*, 10, 2 (1984), S. 165–84.

355 Paul Boccara, *Études sur le capitalisme monopoliste d'État, sa crise et son issue* (Paris 1973); Joachim Hirsch, »Fordismus und Postfordismus: Die gegenwärtige gesellschaftliche Krise und ihre Folgen«, *Politische Vierteljahresschrift*, 26, 2 (1985), S. 160–82; Scott Lash u. John Urry, *The End of Organized Capitalism* (Cambridge 1987).

so sehr sie sich auch über den Ursprung und die Ursache uneinig sind, so einig sind sie sich doch über die Realität der Krankheit und ihrer Symptome.«[356] Und der liberale Ökonom Joseph Schumpeter meinte kurz nach Ende des Zweiten Weltkriegs, dass es in der kapitalistischen Gesellschaft »eine Tendenz zur Selbstzerstörung« gebe, die unausweichlich zu ihrer Auflösung führen müsse.[357] Noch bis zum Anfang der 1950er Jahre glaubte fast niemand an einen längeren Aufschwung als reale Möglichkeit.[358] Dann kam eine Zeit stürmischen Wachstums, die den Historiker David Landes dazu brachte zu vermuten, dass Europa das Geheimnis des unendlichen Wachstums und Wohlstands erlernt habe.[359]

Die gesamte Periode verkörperte den Höhepunkt der internationalen ArbeiterInnenbewegung im Norden und im Allgemeinen – so können wir zumindest im Rückblick sagen, denn zuerst sah es ja mit dem Aufkommen des Nationalsozialismus und Faschismus und dem Zweiten Weltkrieg ganz anders aus. Alle Bestandteile der ArbeiterInnenbewegung blühten auf, am stärksten natürlich in den ersten Jahrzehnten nach 1945, den Jahren, die man in Frankreich vielsagend *Les Trente Glorieuses* nennt. Die drei Hauptzweige der ArbeiterInnenbewegung erreichten ihre Blüte. Konsumgenossenschaften gediehen, bis ab den 1950–60er Jahren Umwälzungen im Kleinhandel (zunehmende Konkurrenz moderner Supermärkte, Massenwerbung usw.) zu wirtschaftlichen Schwierigkeiten führten.[360] Gewerkschaften wuchsen im Allgemeinen ebenfalls; die meisten von ihnen wiesen in den 1970er oder 1980er Jahren ihre höchsten Mitgliederzahlen auf (Tabelle 7.4). Auch den ArbeiterInnenparteien ging es gut. Im größten Teil Westeuropas – abgesehen von Frankreich und Portugal – erreichten sie wahlpolitisch ihren Höhepunkt im Zeitraum zwischen 1920 und 1989 (Tabelle 4.1).

356 M. M. Postan, »Recent Trends in the Accumulation of Capital«, *Economic History Review*, 6, 1 (1935), S. 1–12, hier 1.

357 Joseph A. Schumpeter, *Kapitalismus, Sozialismus und Demokratie*. Zweite, erweiterte Auflage. Einleitung von Edgar Salin (Bern 1950), S. 261.

358 Bis Mitte der 1950er Jahre bestand »allgemeiner Pessimismus in Bezug auf die Wirtschaft«. David Cannadine, »The Present and Past in the English Industrial Revolution 1880–1980«, *Past and Present*, 103 (Mai 1984), S. 131–72, hier 149.

359 David S. Landes, *The Unbound Prometheus. Technological Change and Industrial Development in Western Europe from 1750 to the Present* (Cambridge 1969), S. 498.

360 Dazu jetzt viel ausführlicher Mary Hilson, Silke Neunsinger u. Greg Patmore (Hg.), *A Global History of Consumer Co-operation since 1850. Movements and Businesses* (Leiden u. Boston 2017).

Parallel zu dieser Entwicklung, aber nur teilweise dadurch verursacht, kamen in den reichsten Regionen des Weltkapitalismus – das heißt nicht nur in Westeuropa, sondern auch in Japan, Australien, in geringerem Umfang in Nordamerika – Sozialstaaten zustande mit u. a. Arbeitsschutzgesetzgebung, Arbeitszeitregelungen, Pflichtversicherungen, Institutionalisierung von Kollektivverträgen usw. Dieser Trend war zum Teil auch eine Reaktion auf die als bedrohlich wahrgenommenen »sozialistischen Experimente« in der Sowjetunion und anderswo. In vielen Familien wurde der Mann dadurch zum Haupternährer, während die Frau keiner bezahlten Arbeit mehr nachging, sondern sich auf den Haushalt und die Kinder konzentrierte. In den 1970er-80er Jahren fand dieser Vormarsch der europäischen ArbeiterInnenbewegung sein Ende.

Wie Michał Kalecki noch während des Zweiten Weltkrieges vorausgesagt hatte, spiegelte der Vollbeschäftigungskapitalismus tatsächlich die wachsende Macht der ArbeiterInnenklasse wider, auf deren Herausforderung das Kapital eine Antwort finden musste. Die durchschnittliche Profitrate sank allmählich wieder, und das Wirtschaftswachstum ging zurück. Dies bewirkte einen ideologischen Wandel von einer expansionistischen, nachfragebezogenen Politik hin zu einer gegen die ArbeiterInnenklasse gerichteten, angebotsorientierten Politik mit widersprechender Nachfragepolitik.[361] Infolgedessen sank die Lohnquote (also der Anteil der Löhne am gesamtwirtschaftlich erzielten Einkommen) seit den 1980er Jahren in vielen Ländern in je unterschiedlicher Geschwindigkeit (Abb. 8.1).[362]

361 Samuel Bowles u. Robert Boyer, »A Wage-led Employment Regime: Income Distribution, Labour Discipline, and Aggregate Demand in Welfare Capitalism«, in: Stephen A. Marglin u. Juliet B. Schor (Hg.), *The Golden Age of Capitalism. Reinterpreting the Postwar Experience* (Oxford 1990), S. 187–217, hier 212.

362 ILO u. OECD, *The Labour Share in G20 Economies. Report prepared for the G20 Employment Working Group Antalya, Turkey, 26–27 February 2015*: https://www.oecd.org/g20/topics/employment-and-social-policy/The-Labour-Share-in-G20-Economies.pdf, mit Grafiken für Frankreich (1897-), Großbritannien (1856-), und die USA (1899-), alle auf S. 15; Loukas Karabarbounis u. Brent Neiman, »The Global Decline of the Labor Share«, *The Quarterly Journal of Economics*, 129, 1 (2014), S. 61–103 (für die Periode nach 1975). Nützlich sind auch Tali Kristal, »Good Times, Bad Times: Postwar Labor's Share of National Income in Capitalist Democracies«, *American Sociological Review*, 75, 5 (2010), S. 729–63; Engelbert Stockhammer, *Why Have Wage Shares Fallen? A Panel Analysis of the Determinants of Functional Income Distribution* (Genf 2013); und John Smith, *Imperialism in the Twenty-first Century* (New York 2016), S. 145–55.

Abbildung 8.1: Bereinigte Arbeitseinkommensquote in ausgewählten Ländern, 1960–2016 in Prozent

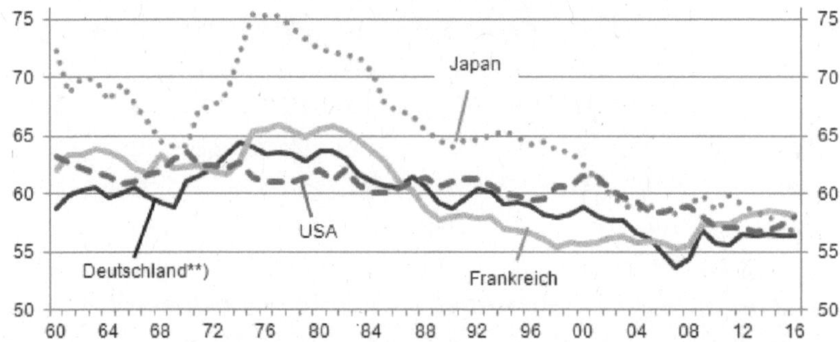

Quelle: AMECO

Mit dem Ende des »Vormarsches« kehrten viele sozialökonomische Elemente aus der Zeit vor dem »Intermezzo« zurück, natürlich in veränderter Form. Die zweite Globalisierung ist der auffallendste, jedoch nur einer unter vielen Aspekten. So sei etwa auf das starke Wachstum der indirekten Beschäftigung hingewiesen, womit ich meine, dass MitarbeiterInnen nicht direkt bei dem Unternehmen beschäftigt sind, in dem sie arbeiten, sondern über Agenturen oder Subunternehmern. Eine solche indirekte Beschäftigung war auch um 1900 noch weit verbreitet.[363]

Ein Aspekt, den ich besonders hervorheben möchte, ist *die Wiederkehr des Handelskapitals*. Zur Veranschaulichung sei ein Beispiel angeführt: 1996 eröffnete Volkswagen in der brasilianischen Stadt Resende eine Niederlassung, die als »Fabrik der Zukunft« bezeichnet wurde. Die Filiale (die 2009 von MAN SE erworben wurde) beschäftigt 4500 MitarbeiterInnen. Täglich produzieren zwei Schichten 240 Lastwagen und Busse. Das Besondere an der Fabrik ist, dass der Eigentümer selbst in Resende so gut wie nichts tut. Das Unternehmen besitzt die Gebäude, stellt die Ausrüstung zur Verfügung und überprüft die Qualität der Endprodukte. Die eigentliche Bau- oder Montagearbeit wird jedoch von ArbeiterInnen

363 Thomas Welskopp, *Arbeit und Macht im Hüttenwerk. Arbeits- und industrielle Beziehungen in der deutschen und amerikanischen Eisen- und Stahlindustrie von den 1860er bis zu den 1930er Jahren* (Bonn 1994).

ausgeführt, die von sieben Auftragnehmern eingestellt wurden, die in einem sogenannten modularen Konsortium zusammengefasst sind.

Diese Art von Verlagssystem wird immer häufiger. Die Bekleidungsindustrie greift bereits seit Jahrzehnten darauf zurück. Nike beschäftigt heutzutage beispielsweise in den USA rund 2000 MitarbeiterInnen, die hauptsächlich Marketing und Logistik betreiben. Die »echte« Schuhherstellung wird von 75.000 MitarbeiterInnen in verschiedenen asiatischen Ländern durchgeführt. Sie werden jedoch hauptsächlich nicht von Nike, sondern von lokalen (Sub-)Auftragnehmern eingesetzt.

Selbst riesige Investitionsgüter wie Flugzeuge werden zunehmend durch Vergabe von Unteraufträgen hergestellt. Anlässlich der Boeing-737-MAX-Abstürze in 2018 und 2019 wiesen ForscherInnen und JournalistInnen darauf hin, dass Boeing bereits seit rund zwanzig Jahren einen Großteil seiner Softwareentwicklung an indische IT-SpezialistInnen mit geringen Kenntnissen der Luftfahrt ausgelagert, die für 9 oder 10 Dollar pro Stunde arbeiten. Das Design des Flugzeugs wurde an eine Firma in Moskau vergeben, und es brauchte achtzehn Erinnerungen, um die dortigen TechnikerInnen davon zu überzeugen, dass die Rauchmelder an das elektrische System angeschlossen werden sollten …[364]

In diesen und in vielen anderen Fällen stehen die traditionellen Hersteller nicht mehr im Mittelpunkt. Was wir sehen, ist eine Geschäftsform, die, wenn auch auf einem sehr viel höheren Level wirtschaftlicher Komplexität, im Wesentlichen derjenigen in alten Heimindustrien ähnelt, in denen ein Verleger Garn vor die Haustür armer WeberInnen brachte. Die Haushalte der WeberInnen verarbeiteten das Garn zu Textilien, die dann vom Unternehmer oder seinen Vertretern wieder abgeholt und zum Stückpreis abgerechnet wurden. Ein solcher Unternehmer kommt dem nahe, was Marx einen Warenhandelskapitalisten nannte – ein Unternehmer, dessen Hauptaufgabe es ist, billig zu kaufen und teuer zu verkaufen: »Er produziert keine Waren, sondern handelt nur mit ihnen, vermittelt ihre Bewegung«.[365] Was wir in den letzten Jahren beobachten, ist in der Tat die Rückkehr des Warenhandelskapitals. Der Unterschied zum alten Verlagssystem liegt höchstens darin, dass der Warenhändler

364 https://www.bloomberg.com/news/articles/2019-06-28/boeing-s-737-max-software-outsourced-to-9-an-hour-engineers, abgerufen 31. Mai 2024.

365 Karl Marx, *Das Kapital*, Bd. 3 (Marx-Engels Werke, Bd. 25), S. 280.

im neuen Verlagssystem nicht nur das zirkulierende Kapital (die Rohstoffe wie z. B. Garn) zur Verfügung stellt, sondern auch das fixe Kapital (Maschinen usw.).

Die partielle Rückkehr zu einer früheren Art des Kapitalismus ist bemerkenswert. Es ist üblich, das Handelskapital als *Vorläufer* des Industriekapitals anzusehen. Zunächst fungierten die Händler lediglich als Vermittler zwischen den HerstellerInnen und den VerbraucherInnen. Allmählich verstärkten sie ihren Einfluss auf den Produktionsprozess, und letztendlich kontrollierten sie die gesamte Herstellung und wurden zu produktivem Kapital. Dieser Prozess wurde in den letzten Jahren teilweise wieder umgekehrt. Viele Unternehmen kehrten zur früheren Praxis zurück, während sie ihre Kontrolle über die Produktionskette, die im Vergleich zu früheren Zeiten viel länger wurde, mit Hilfe der neuesten Kommunikationstechnologien und den modernsten betriebswirtschaftlichen Maßnahmen eher strafften als schwächten.[366]

Politische ÖkonomInnen sprechen in diesem Zusammenhang von »Arm's-Length Outsourcing«. John Smith nannte drei Gründe, warum große Unternehmen zu dieser Strategie übergehen: Ihre Subunternehmer in Afrika, Asien und Lateinamerika können 1) in einen starken Wettbewerb gezwungen werden, wodurch es möglich wird, in einem stärkeren Maß Löhne zu senken und Arbeitsprozesse zu intensivieren, als dies für die eigenen Manager durchführbar wäre; 2) für Umweltverschmutzung, Armutslöhne und Unterdrückung von Gewerkschaften verantwortlich gemacht werden; und 3) mit Kosten und Risiken zyklischer Nachfrageschwankungen und großen Störungen auf dem Weltmarkt belastet werden. Die zusätzlichen Gewinne werden dann verfügbar für Aktienrückkäufe, Dividendenzahlungen und spekulative Anlagen.[367]

Dieser letzte Aspekt steht unmittelbar im Zusammenhang mit einem anderen Trend, der viel mehr Beachtung fand: der zunehmenden Macht des Finanzsektors (in Marx' Worten: des Geldhandelskapitals und des

366 Hinzu kommt das enorme Wachstum traditioneller Formen des Handelskapitals, z. B von Supermarktkonzernen wie Aldi oder Walmart (mit 2,2 Millionen ArbeitnehmerInnen der größte Arbeitgeber weltweit). Dazu Nelson Lichtenstein, »The Return of Merchant Capitalism«, *International Labor and Working-Class History*, 81 (Frühjahr 2012), S. 8–27; Vamsi Vakulabharana, »Merchant Capital in Neoliberal Capitalism: A Mere Appendage to Industrial Capital or a Determining Force?«, *Studies in People's History*, 2, 1 (2015), S. 105–16.

367 Smith, *Imperialism*, S. 80–83.

zinstragenden Kapitals). Die Wirtschaftskraft von Banken und Versicherungsunternehmen nahm enorm zu, und die kurzfristigen Interessen der Aktionäre wiegen oft mehr als die langfristigen Interessen der Unternehmen, geschweige denn die Sorge um die Belegschaft. Eine kürzlich durchgeführte belgische Studie mit 698 börsennotierten westeuropäischen Unternehmen ergab, dass 559 von ihnen – also 80 % – ausschließlich finanzielle Erfolgsindikatoren verwendeten.[368]

Strukturveränderungen

All diese Entwicklungen bringen wichtige Veränderungen im globalen Kapitalismus zum Ausdruck. Erstens veränderte der wachsende Einfluss von Handels- und Geldkapital das Kräfteverhältnis innerhalb der Kapitalistenklasse. Produktives Kapital (Industrie, Bergbau) ist oft nicht mehr dominant, sondern untergeordnet. Die Macht der Gewerkschaften in diesen Sektoren wird durch diese Entwicklung geschwächt, da sie im produktiven Sektor häufig viel stärker sind als im Handels- und Finanzsektor.

Zweitens wuchs der Umfang des produktiven Kapitals enorm und erstreckt sich nun über einen viel größeren Teil der Welt als vor einem halben Jahrhundert. Wichtige Industrien, insbesondere arbeitsintensive wie Schiffbau und Textilien, verlagerten sich vom Nordatlantikraum, wo Gewerkschaften relativ stark sind, nach Ost- und Südasien, wo die Gewerkschaften meistens bedeutend schwächer sind.

Drittens können wir, wie bereits beschrieben, eine »Transnationalisierung« der Arbeitsprozesse beobachten. Während sich in der politischen Arena der Schwerpunkt wieder mehr in Richtung Nationalstaat bewegt, gelingt es dem Handelskapital, territoriale Grenzen fast nach Belieben zu überschreiten und sich Regierungskontrollen zu entziehen.

Viertens führten diese Tendenzen zu einem rasch wachsenden Mangel an Arbeitsplätzen. Nach Angaben der Internationalen Arbeitsorganisation sind zwischen 5 % und 6 % der weltweiten Arbeitskräfte arbeitslos. Doch diese Zahl täuscht. In Ländern, in denen es praktisch keine Arbeitslosenunterstützung und andere Sozialversicherungsregelungen gibt, sind

368 https://www.duurzaam-ondernemen.nl/onderzoek-onder-ceos-europese-bedrijven-shareholder-value-boven-stakeholder-value/, abgerufen 31. Mai 2024.

die Arbeitslosenquoten in der Regel bemerkenswert niedrig, da es sich nur sehr wenige leisten können, überhaupt keine Arbeit zu verrichten. Da sie über keine Produktionsmittel verfügen, müssen sie mit Gelegenheitsarbeiten das Auslangen finden oder sich mit Bettelei oder Prostitution durchschlagen. Das tatsächliche Problem der Arbeitslosigkeit ist um ein Vielfaches größer, als die Statistiken der IAO vermuten lassen. Gallup, das bekannte US-amerikanische Markt- und Meinungsforschungsinstitut, machte einige interessante Beobachtungen dazu. In den letzten Jahren führte es globale Umfragen durch, aus denen hervorging, dass 2014 und 2016 32 % der EinwohnerInnen im Alter von 23 bis 65 Jahren in 155 Ländern sogenannte »gute Jobs« hatten – d. h. sie arbeiteten mindestens 30 Stunden pro Woche für einen Arbeitgeber. Gallup ist der Ansicht, dass ein großer Teil aller anderen ArbeitnehmerInnen – die Hälfte der Selbstständigen und Personen, die Teilzeit arbeiten, aber Vollzeit arbeiten möchten – zu den Arbeitslosen hinzugezählt werden sollten, was insgesamt rund 33 % ergibt, die arbeitslos oder unterbeschäftigt sind.[369]

Es ist nicht leicht, die triumphale Wiederkehr des Handelskapitals zu erklären. Die zentrale Frage scheint zu sein, ob sich die Faktoren, die vormals den Übergang von der Hausindustrie zu Fabriken begünstigten, jetzt teilweise oder vollständig umkehren. Historiker haben für den ersten Übergang drei Arten von Erklärungen vorgeschlagen: technologische Innovationen, betriebliche Machtverhältnisse und Kostenüberlegungen. Meiner Ansicht nach schließen sich diese Ansätze nicht gegenseitig aus – sie sollten in ihrem Zusammenhang analysiert werden. Wir können uns dabei auch von früheren Fällen inspirieren lassen, in denen große Unternehmer die hausindustrielle Produktion wieder einführten, wie beispielsweise in der Seidenindustrie in Paterson, New Jersey, nach dem Streik von 1913.[370]

Ich muss mich hier mit einigen Vermutungen begnügen, die sich auf eine Kombination der drei Erklärungsstränge beziehen, d. h. auf die Wechselwirkung der neuen Informations- und Kommunikationstechnologien einerseits und Macht und Effizienz andererseits. Eine erste Überlegung

369 Gallup, *State of the Global Workplace* (New York 2017), S. 18; John Clifton, »Real Global Unemployment Is 33 %, Not 6 %«, *Gallup Blog*, 1. Mai 2018.

370 »Contract Work in the Paterson, N. J., Silk Industry«, *Monthly Labor Review*, 29, 2 (1929), S. 277–84; Shichiro Matsui, *The History of the Silk Industry in the United States* (New York 1930), S. 175–77.

betrifft die Sozialisation der Arbeitskräfte. In der frühindustriellen Epoche des Nordatlantikraums bedauerten die Unternehmer fortwährend die Unzuverlässigkeit ihrer Produzenten, deren Faulheit, Verschwendung und Unterschlagungen. Bernard Mandeville klagte im 18. Jahrhundert:

> »Jedermann weiß, dass es eine ungeheure Zahl von Gesellen im Weber-, Schneider-, Tuchwirkergewerbe und noch bei vielen andern Handwerkern gibt. Diese werden, wenn sie bei vier Tagen Arbeit in der Woche auskommen können, kaum zu überreden sein, am fünften auch noch etwas zu tun. Ferner weiß man, dass es Tausende von arbeitenden Männern aller Art gibt, die sich, haben sie auch kaum zu leben, allen möglichen Unannehmlichkeiten aussetzen, sich mit ihren Meistern überwerfen, hungern und Schulden machen, nur um sich Feiertage zu verschaffen.«[371]

Werner Sombart gab zahlreiche Beispiele für Arbeitsunlust und nannte als wichtigen Grund dafür die vorherrschende Überzeugung, »daß man nicht weiter arbeitet, wenn man ›genug‹ hat.«[372] Diese »Phylogenese der Normen abstrakter Arbeit« wurde erst nach langer Zeit erfolgreich abgeschlossen.[373]

> »Es kostet Jahrhunderte, bis der ›freie‹ Arbeiter infolge entwickelter kapitalistischer Produktionsweise sich freiwillig dazu versteht, d. h. gesellschaftlich gezwungen ist, für den Preis seiner gewohnheitsmäßigen Lebensmittel seine ganze aktive Lebenszeit, ja seine Arbeitsfähigkeit selbst, seine Erstgeburt für ein Gericht Linsen zu verkaufen.«[374]

Die kapitalistische »Umerziehung« der Arbeitskräfte wurde zum Teil durch hierarchische Arbeitsorganisationen bewirkt, deren Zweck es war,

371 Bernard Mandeville, *Die Bienenfabel oder Private Laster, öffentliche Vorteile.* Einleitung Walter Euchner. 2. Aufl. (Frankfurt/Main 1980), S. 230–31.

372 Werner Sombart, *Der moderne Kapitalismus. Historisch-systematische Darstellung des gesamteuropäischen Wirtschaftslebens von seinen Anfängen bis zur Gegenwart.* 4., unveränderte Auflage (München u. Leipzig 1921), Bd. 1, Teil 2, S. 807.

373 Der Begriff wurde entwickelt in der noch immer anregenden Studie von Alfred Krovoza, *Produktion und Sozialisation.* Mit einem Vorwort von Peter Brückner (Frankfurt/Main 1976).

374 Karl Marx, *Das Kapital,* Bd. 1 (MEW, Bd. 23), S. 287.

die eingebrachte Arbeitsmenge (*output*) pro Arbeitskraft zu vergrößern.[375] Anders gesagt: Im Kapitalismus ist der Mensch »auf das Erwerben als Zweck seines Lebens, nicht mehr das Erwerben auf den Menschen als Mittel zum Zweck der Befriedigung seiner materiellen Lebensbedürfnisse bezogen.«[376]

Nun, wo die Normen abstrakter Arbeit beim größten Teil der Lohnabhängigen in den nordatlantischen Ländern verinnerlicht wurden, können Hierarchie und externer Arbeitszwang abgemildert werden. Damit entsteht, in Kombination mit neuen Informations- und Kommunikationsmitteln, die Möglichkeit anderer Arbeitsformen, wie z. B. der postfordistische Toyotismus und Fernarbeit.

Hinzu kommt die Frage der Effizienz. Ronald Coase argumentierte, dass Unternehmen gegründet werden, um Transaktionskosten zu senken. Durch die Einführung von Unternehmen müssen Mitarbeiter nicht jede Woche oder jeden Monat neue Arbeitsverträge abschließen, Lieferanten brauchen nicht immer wieder neu gesucht zu werden, Warenlieferungen können über einen längeren Zeitraum geregelt werden usw.[377] In letzter Zeit sehen wir eine relative Senkung der Transaktionskosten als Folge grundlegender Neuerungen in der Kommunikations- und Informationstechnologie. Richard Langlois versuchte hat den Aufstieg des »Arm's-Length Outsourcing« in diesem Sinne zu erklären: Durch Märkte kann nun vieles schneller und besser geregelt werden als früher, und dadurch verringert sich im Vergleich die Effizienz vertikal integrierter Unternehmen. Er beobachtete in den Vereinigten Staaten ein »Modell«, das in vielerlei Hinsicht den Verhältnissen, die dem amerikanischen Bürgerkrieg vorangingen, ähnelt: »Die Produktion findet in zahlreichen verschiedenen Unternehmen statt, deren Leistungen durch den Austausch am Markt im weitesten Sinne koordiniert werden. In diesem Sinne verschwindet die

375 Stephen Marglin, »Was tun die Vorgesetzten? Ursprünge und Funktionen der Hierarchie in der kapitalistischen Produktion«, *Technologie und Politik*, 8 (August 1977), S. 148–203, hier 179.

376 Max Weber, »Die protestantische Ethik und der Geist des Kapitalismus«, in: Weber, *Gesammelte Aufsätze zur Religionssoziologie*, Bd. 1 (Tübingen 1920), S. 17–206, hier 35–36.

377 R. H. Coase, »The Nature of the Firm«, *Economica*, 4, 16 (1937), S. 386–405; ders., »The Problem of Social Cost«, *Journal of Law and Economics*, 3 (Oktober 1960), S. 95–156. Eine interessante, aber wenig beachtete Tatsache ist, dass Coase seinen ersten Aufsatz als Beitrag zur Diskussion über Planwirtschaft verstand; er wollte zeigen, dass es sogar im Kapitalismus nicht nur Märkte, sondern auch (innerbetriebliche) Planung gibt. Siehe David Campbell u. Matthias Klaes, »The Principle of Institutional Direction: Coase's Regulatory Critique of Intervention«, *Cambridge Journal of Economics*, 29, 2 (2005), S. 263–88.

sichtbare Hand des Managements.« Jedoch ist die Verarbeitungsmenge viel umfangreicher und die Arbeitsabläufe werden viel enger koordiniert als vor zweihundert Jahren.[378]

Die Kombination der hier erörterten Aspekte trägt hoffentlich zum Verständnis der neuen Arbeitsverhältnisse bei. Aber noch sehr viel mehr Forschung wird nötig sein, um die Hintergründe der globalen ArbeiterInnenbewegungskrise gründlich zu verstehen und so zu ihrer Überwindung beizutragen.

Es ist offensichtlich, dass diese Überlegungen nur äußerst vorläufig sind und noch viele Lücken enthalten. Hoffentlich aber ist es nicht wie von Kurt Tucholsky beschrieben: »Manche Gegenstände werden durch ein einziges Löchlein entwertet; weil an einer Stelle von ihnen etwas nicht ist, gilt nun das ganze übrige nichts mehr.«[379]

378 Richard N. Langlois, »The Vanishing Hand: The Changing Dynamics of Industrial Capitalism«, *Industrial and Corporate Change*, 12, 2 (2003), S. 351–85, hier 373. Patrick Eiden-Offe trifft deshalb wohl den Nagel auf den Kopf, wenn er von der »inversen Aktualität des Vormärz« spricht: Eiden-Offe, *Die Poesie der Klasse. Romantischer Antikapitalismus und die Erfindung des Proletariats* (Berlin 2017).

379 Kaspar Hauser [Kurt Tucholsky], »Zur soziologischen Psychologie der Löcher«, *Die Weltbühne*, 17. März 1931, H. 11, S. 389.

9. Ausblick

Es dürfte keine Übertreibung sein zu sagen, dass die klassischen ArbeiterInnenbewegungen weltweit in einer Krise stecken. Diese Krise scheint das Ende eines langen Zyklus zu markieren. Nach einem Vorspiel ab dem 14. Jahrhundert sind seit dem 18. Jahrhundert zahllose Bemühungen um Selbstorganisation und politische Artikulation von ArbeiterInneninteressen zu beobachten, die unter anderem mit den Revolutionen in Haiti (1791), Russland (1917) und Bolivien (1952) und dem Aufstieg mächtiger ArbeiterInnenorganisationen in Teilen Amerikas, Europas, des südlichen Afrikas, Ostasiens und des westlichen Pazifiks ihren Höhepunkt erreichten. Natürlich bestand diese Entwicklung nicht ausschließlich aus Erfolgen, und die Niederlagen mögen die Siege sogar überwiegen. Lange Zeit schien der allgemeine Trend jedoch in Richtung Verbesserung der Lebensbedingungen zu gehen: »Die Internationale erkämpft das Menschenrecht!«

Beeinflusst durch das rasche Aufkommen des Kapitalismus und den sich wandelnden Charakter der Nationalstaaten, spaltete sich die Bewegung nach den Revolutionen von 1848 allmählich auf: Ein Flügel strebte nach dem Aufbau einer alternativen Gesellschaft ohne Staaten im Hier und Jetzt (Anarchismus/Syndikalismus), der andere eher nach einer Umwandlung des Staates, sodass dieser zum Aufbau besagter alternativer Gesellschaft genutzt werden konnte (Sozialdemokratie; kommunistische Bewegungen; arabischer Sozialismus; afrikanischer Sozialismus; indischer Sozialismus usw.). Beide Tendenzen konnten das ursprüngliche Ziel, den Kapitalismus durch eine sozial gerechte und demokratische Gesellschaft zu ersetzen, nicht erreichen.[380]

Die verschiedenen Bestrebungen scheinen sich alle in einer Sackgasse zu befinden, in einigen Fällen stagnierten sie sehr schnell, in anderen eher langsam. Der Anarchismus unter ArbeiterInnen und Kleinbauern/-bäuerinnen erreichte seinen globalen Höhepunkt in den Jahrzehnten vor dem Ersten Weltkrieg. Der revolutionäre Syndikalismus hatte weltweit

380 Zu diesem und den folgenden Abschnitten siehe ausführlicher die Einführungskapitel in Marcel van der Linden (Hg.), *The Cambridge History of Socialism*, 2 Bde. (Cambridge 2023).

gesehen seine Blütezeit zwischen 1890 und 1940. Von ihren Mitgliedern kontrollierte Konsumgenossenschaften entstanden in der ersten Hälfte des 19. Jahrhunderts und gingen ab den 1950er Jahren wieder zurück. In den ersten Jahrzehnten des 20. Jahrhunderts begann der Durchbruch der Gewerkschaftsbewegung, die in den 1950er und 1980er Jahren ihren Höhepunkt erreichte. Die »realsozialistischen« Versuche in der Sowjetunion, in Osteuropa, China und Südostasien führten letztlich zu kapitalistischen Gesellschaften. Viele der kommunistischen Parteien in anderen Ländern verschwanden, und die meisten sozialdemokratischen und Labour-Parteien kamen von ihrem politischen Kurs ab.

Gleichzeitig blieben die Gewerkschaftsbewegungen im Süden im Durchschnitt deutlich schwächer als die des Nordens. Zwar gab es vereinzelt gewerkschaftliche Macht, aber der gewerkschaftliche Organisationsgrad war im Allgemeinen eher gering und ist selbst in Ländern mit relativ starken Gewerkschaften rückläufig (siehe auch Tabelle 7.4). So sank der gewerkschaftliche Organisationsgrad in Brasilien zwischen 2000 und 2013 von 28,3 auf 16,6 % der Erwerbsbevölkerung und in Indien von 13,8 im Jahr 2004 auf 9,8 % im Jahr 2012 usw. – Dabei ist zu bedenken, dass solche Zahlen in der Regel nur den formellen Sektor widerspiegeln und der informelle Sektor im Vergleich viel größer ist (z. B. in Indien etwa 8 % gegenüber 92 %). Und was die ArbeiterInnenparteien betrifft, so ist die Situation im Süden noch düsterer. Eric Hobsbawm stellte einmal fest, dass nach dem Zweiten Weltkrieg »kaum solche Parteien aus den Arbeiterklassen heraus entstanden sind, vor allem nicht in der so genannten ›Dritten Welt‹«.[381] Die Ausnahme, die die Regel bestätigt, war die 1980 gegründete brasilianische Arbeiterpartei, die auf ihrem Höhepunkt im Jahr 2014 fast 17 % der abgegebenen Stimmen erhielt. Der Anarchismus und der Syndikalismus verloren längst ihren Schwung – auch wenn es hier und da Wiederbelebungen gibt, meist in einem relativ kleinen Rahmen. Die sozialdemokratischen Parteien mussten viel Ungemach erfahren und können meines Erachtens kaum noch als Teil der ArbeiterInnenbewegung angesehen werden. Die meisten nicht-regierenden kommunistischen Parteien brachen zusammen oder führen ein Randdasein. Die internationale Gewerkschaftsbewegung ist

381 Eric J. Hobsbawm, *Worlds of Labour. Further Studies in the History of Labour* (London 1984), S. 60.

geschwächt und fand bisher keine überzeugenden Antworten auf die aktuellen Herausforderungen.

Die verschiedenen ArbeiterInnenbewegungen, die das Rohmaterial für die vorangegangenen Kapitel lieferten, scheinen alle einen ganz bestimmten Lebenszyklus zu durchlaufen. Ich habe versucht, darin einige Muster zu erkennen, aber natürlich kann noch viel mehr darüber gesagt werden. Auf jeden Fall wurde deutlich, dass alle Arten von Bewegungen unter bestimmten Umständen entstanden, dann manchmal kräftig aufblühen konnten und schließlich durch neue und andere Umstände wieder geschwächt oder sogar ganz untergraben wurden.

Solche Lebenszyklen scheinen vor allem durch zwei Faktoren bedingt zu sein.[382] Einerseits ein Phänomen, das wir als Organisationsatrophie bezeichnen könnten, d. h. eine Verkümmerung infolge sturen Festhaltens an bewährten Methoden und Routinen, während sich das Umfeld verändert. Infolgedessen fällt es Organisationen oft schwer, auf neue Entwicklungen zu reagieren. Die drastischste Form davon ist natürlich die Repression, aber auch Verschiebungen in den globalen wirtschaftlichen Machtverhältnissen, in den Berufsstrukturen usw. können eine große Rolle spielen, ebenso wie das Entstehen neuer sozialer Bewegungen, die andere Ziele verfolgen als die alten.

Der Begriff »Krise« bedeutet, dass ein »Moment der Wahrheit« eingetreten ist. Mediziner verwenden den Begriff, um darauf hinzuweisen, dass eine gefährliche Entwicklung eingetreten ist, die das Leben des Patienten an den Rand des Abgrunds bringt: Der Tod ist in Sicht, aber auch eine Besserung ist noch möglich. Dass sich die klassischen ArbeiterInnenbewegungen in der Krise befinden, bedeutet also nicht, dass ihr Ende unausweichlich ist, denn eine Besserung ist möglich – wenn entsprechende Maßnahmen ergriffen werden.

Wie die vorangegangenen Kapitel ebenfalls zeigten, ist der Niedergang der Bewegungen keineswegs ein geradliniger Prozess. Zwar ist häufig perspektivisch ein Abwärtstrend zu beobachten, doch wird dieser nicht selten durch Aufschwünge von kürzerer oder auch längerer Dauer unterbrochen. Bei der Erklärung von Krisen ist es daher sinnvoll, zwischen

382 Einige weitere Überlegungen in: David A. Whetten, »Sources, Responses, and Effects of Organizational Decline«, in: John R. Kimberley, Robert H. Miles et al. (Hg.), *The Organizational Life Cycle. Issues in the Creation, Transformation and Decline of Organizations* (San Francisco 1980), S. 342–62.

tieferen Ursachen und »Auslösern« zu unterscheiden. Tiefere Ursachen hängen mit langfristigen Entwicklungen von Wirtschaftsprozessen, sozialen Strukturen und kulturellen Beziehungen zusammen. »Auslöser« sind kurzfristige Einflüsse. Die Kombination der beiden Aspekte erklärt, warum sich Bewegungen vorübergehend stark verändern können, während trotzdem eine längerfristige Tendenz noch erkennbar ist.

Die anhaltende Notwendigkeit von ArbeiterInnenbewegungen

Die Krise der ArbeitnehmerInnenbewegungen ist besorgniserregend, weil es in der arbeitenden Bevölkerung nach wie vor einen sehr großen Bedarf an wirksamer wirtschaftlicher und politischer Interessenvertretung gibt. Wie sehen unter diesen Umständen die Aussichten für die ArbeitnehmerInnenbewegungen aus? Langfristig gesehen sind die Dinge vielleicht nicht so düster, wie sie heute erscheinen. Eine Reihe von Faktoren kann sich ändern und so einen optimistischeren Blick ermöglichen.

Erstens ist vielleicht ein Hinweis auf eine paradoxe Entwicklung nützlich. Die Schwächung der ArbeiterInnenbewegungen hat es anderen Bewegungen ermöglicht, sich einen Teil ihres ehemaligen Aktionsfeldes anzueignen. Religiöse und nationalistische Bewegungen füllen teilweise das derzeit bestehende sozial-politische Vakuum, indem sie Klassenkonflikte umlenken. Sie bieten ihren AnhängerInnen elementare Formen sozialer Sicherheit und Vertrauensnetze, aber auch Selbstwertgefühl und klare Lebensziele. Viele arme Menschen werden von solchen Bewegungen in all ihren Varianten angezogen – von den Pfingstbewegungen in Lateinamerika und Subsahara-Afrika bis hin zum Salafismus in Nordafrika, dem Nahen Osten und Zentralasien. Auch prekär lebende Jugendliche in kapitalistischen Industriestädten scheinen sich manchmal zu Gruppen hingezogen zu fühlen, die eine neue religiöse Gewissheit bieten. Der Historiker Sabyasachi Bhattacharya bezeichnet diesen Trend als »Vernakularisierung der Arbeiterpolitik«; er schafft »eine Solidarität von Menschen mit einer gemeinsamen Sache, die sozial oder kulturell oder manchmal auch regressiv religiös sein kann; die so gewonnene Solidarität kann und wird genutzt, um eine Agenda zu verfolgen, die parallel zur Agenda der Gewerkschaften läuft oder diese ersetzt«.[383] Ein eindeutiges, rechtsextremes Beispiel ist die hindufaschistische Shiv-Sena-Bewegung, die nach der Niederlage des großen TextilarbeiterInnenstreiks in Bombay 1980–81 an Einfluss gewann. Die sozialen Plagen wie Arbeitslosigkeit, Verelendung, zunehmende Kleinkriminalität und Menschenhandel machten die Shiv Sainiks, wie die Anhänger der Bewegung genannt werden, sehr schnell populär. Sie boten den Armen nicht nur Ehre, Status und Selbstachtung, sondern arbeiteten auch mit gelben »Gewerkschaften« zusammen, die einen gewissen Schutz boten.[384]

Zweitens werden die Klassenkonflikte nicht abnehmen, und die ArbeitnehmerInnen auf der ganzen Welt werden weiterhin die Notwendigkeit wirksamer Organisationen und Kampfformen spüren. Werfen wir nur einen kurzen Blick auf die Entwicklungen der letzten Jahre. Die *Carnegie Endowment for International Peace* beobachtet seit einigen Jahren soziale Proteste auf globaler Ebene. In ihrem Bericht über das Jahr 2023 stellt die Organisation fest:

> »Die Flut von Anti-Regierungs-Protesten, die weltweit Länder in Aufruhr versetzt hatte, dauerte auch 2023 an. […] Neue Proteste brachen in dreiundachtzig Ländern aus, von China und der Demokratischen Republik Kongo bis zum Irak und Nordmazedonien. […] Darüber hinaus hielten einige Proteste, die bereits vor diesem Jahr begonnen hatten, an, darunter Demonstrationen der Lehrer in Ungarn, Demonstrationen gegen die Regierungspartei in Bangladesch und gegen den ›Selbstputsch‹ des tunesischen Präsidenten Kais Saied im Juli 2021 und dessen hartes Durchgreifen gegen die Opposition. Auch die große Protestbewegung im Iran, die im Oktober 2022 mit dem Tod von Mahsa Amini in Polizeigewahrsam begonnen hatte und den Slogan ›Frau, Leben, Freiheit‹ populär machte, setzte sich fort.«[385]

383 Sabyasachi Bhattacharya, »Introduction«, in: Bhattacharya u. Rana P. Behal (Hg.), *The Vernacularization of Labour Politics* (Neu Delhi 2016), S 2.

384 Gérard Heuzé-Briguant, »Populism and the Workers Movement: Shiv Sena and Labour in Mumbai«, *South Asia: Journal of South Asian Studies*, 22, 2 (1999), S. 119–48.

385 Thomas Carothers u. Brendan Hartnett, »Protests in 2023: Widespread Citizen Anger Continues, With Sources Multiplying«, https://carnegieendowment.org/posts/2023/12/protests-in-2023-widespread-citizen-anger-continues-with-sources-multiplying, abgerufen 10. Juni 2024. Eigene Übersetzung. Siehe auch Carnegie's Global Protest Tracker: https://carnegieendowment.org/features/global-protest-tracker?lang=en, abgerufen 10. Juni 2024.

An der Streikfront tun sich interessante Dinge, auch bei den beiden Supermächten. Das in Hongkong ansässige *China Labour Bulletin* sammelt Streikdaten für die Volksrepublik China. In seinem Bericht für das Jahr 2023 stellt das Bulletin fest, dass es 1794 »Vorfälle« gab, mehr als das Doppelte der Gesamtzahl von 2022 (831 Vorfälle) und mehr als das Niveau der kollektiven ArbeitnehmerInnenaktionen vor der Pandemie, wobei die wichtigsten Sektoren das Baugewerbe und die verarbeitende Industrie waren. Der Hintergrund ist die derzeitige Rezession. Im Leitartikel heißt es:

> »Die hohe Jugendarbeitslosigkeit hat dazu geführt, dass mehr Universitätsstudenten die Arbeitslosigkeit akzeptieren oder Teilzeitjobs und andere Möglichkeiten suchen, um über die Runden zu kommen. Was die Arbeitnehmer betrifft, die direkt entlassen wurden und deren Leistungen gekürzt wurden, so haben viele weitere Streiks und Proteste begonnen. Unter diesen Umständen brauchen Chinas Arbeitnehmer Gewerkschaften, die sie vertreten können, bevor und nachdem Rechte verletzt werden.«[386]

Für die USA kam das *Economic Policy Institute* aus Washington Anfang 2024 zu dem Schluss, dass es im vorangegangenen Jahr zu einem »Wiederaufleben der kollektiven Aktionen unter den Arbeitnehmern« gekommen war:

> »Die Beschäftigten reichten in Rekordzahl Petitionen für Gewerkschaftswahlen ein und erzielten durch Arbeitsniederlegungen und Vertragsverhandlungen erhebliche Lohnerhöhungen. Darüber hinaus wurden die Organisierungsbemühungen in einer Vielzahl von Sektoren fortgesetzt, darunter das Gesundheitswesen, gemeinnützige Organisationen, das Hochschulwesen, Museen, der Einzelhandel und die verarbeitende Industrie. Streiks gehörten zu den wichtigsten Formen kollektiver Maßnahmen im Jahr 2023.«[387]

386 *China Labour Bulletin Strike Map data analysis: 2023 year in review for workers' rights*, https://clb.org.hk/en/content/china-labour-bulletin-strike-map-data-analysis-2023-year-review-workers-rights, abgerufen 10. Juni 2024, Kursivierung von mir – MvdL.

387 Margaret Poydock u. Jennifer Sherer, »Major strike activity increased by 280 % in 2023«, https://files.epi.org/uploads/279299.pdf; Medewerkers van dezelfde instelling betoogt dat er grote behoefte bestaat

Laut dem *Labor Action Tracker* von Cornell ILR gab es bis zum 31. Oktober 354 Streiks im Jahr 2023, an denen rund 492.000 ArbeitnehmerInnen beteiligt waren – »fast achtmal so viele wie im gleichen Zeitraum 2021 und fast viermal so viele wie im Jahr 2022.«[388]

In Europa kam es zu Massenprotesten, zum Beispiel in Frankreich zwischen Jänner und Juni 2023 gegen die Rentenreform der Regierung Borne. »Mehr als eine Million Menschen sind in Paris und anderen französischen Städten im Rahmen landesweiter Proteste gegen Vorschläge zur Anhebung des Rentenalters auf die Straße gegangen. Acht der größten Gewerkschaften beteiligten sich an dem Streik gegen die Rentenreformen. [...] Über 200 Demonstrationen wurden im ganzen Land gemeldet.«[389] Unter anderem in Deutschland und Spanien ereigneten sich große Streiks im öffentlichen Verkehrswesen.

Im Jahr zuvor hatten sich in Indien »mehr als 200 Millionen Arbeitnehmer am 28. und 29. März [2022] an einem zweitägigen landesweiten Streik unter dem Motto ›Rettet das Volk und rettet die Nation‹ beteiligt. Das Gemeinsame Forum der Zentralgewerkschaften, das sich aus zentralen Gewerkschaften und unabhängigen Branchenverbänden, darunter auch IndustriALL-Mitgliedsorganisationen, zusammensetzt, rief den Streik aus Protest gegen die arbeitnehmer-, bauern- und volksfeindliche Politik der Regierung aus.«[390] In Vietnam brach 2005 eine Welle wilder Streiks aus, die 2011 einen vorläufigen Höhepunkt erreichte, aber immer noch andauert.[391]

Hinzu kommt – *drittens* –, dass die globale Erwerbsbevölkerung größer und stärker vernetzt ist als je zuvor. Die Zahl der Beschäftigten (LohnempfängerInnen) stieg weltweit stark an (Tabelle 8.1). Gleichzeitig finden innerhalb der einzelnen Regionen enorme Verschiebungen

---

aan vakbonden: Heidi, Shierholz, Celine McNicholas, Margaret Poydock, u. Jennifer Sherer, *Workers Want Unions, but the Latest Data Point to Obstacles in Their Path* (Washington, DC 2024).

388 https://www.livemint.com/industry/for-labor-unions-2023-was-the-year-of-the-strike-and-big-victories-11701705803399.html, abgerufen 10. Juni 2024.

389 https://en.wikipedia.org/wiki/2023_French_pension_reform_strikes#:~:text=A%20series%20of%20protests%20began,age%20from%2062%20to%2064, abgerufen 10. Juni 2024.

390 https://www.industriall-union.org/millions-of-workers-join-nationwide-strike, abgerufen 10. Juni 2024.

391 Tu Phuong Nguyen, »Workers' Strikes in Vietnam from a Regulatory Perspective«, *Asian Studies Review*, 41, 2 (2017), S. 263–80; Mark Anner u. Xiangmin Liu, »Harmonious Unions and Rebellious Workers: A Study of Wildcat Strikes in Vietnam«, *Industrial and Labor Relations Review*, 69, 1 (Jänner 2016), S. 3–28.

statt. Eine historische Migration vom Land in die anschwellenden Megastädte ist im Gange. Im Jahr 1960 lag die Gesamtzahl der internationalen MigrantInnen weltweit bei etwa 72 Millionen; bis 2015 hatte sie sich auf 243 Millionen verdreifacht.[392]

Auch die Binnenmigration nahm deutlich zu. Im Jahr 2000 schätzte das Nationale Statistikamt der Volksrepublik China die Zahl der ländlichen WanderarbeiterInnen auf 113 Millionen. Zehn Jahre später hatte sich diese Zahl auf 240 Millionen mehr als verdoppelt. 155 Millionen davon arbeiteten außerhalb ihres Heimatgebiets. Von diesen 155 Millionen waren etwa 72 % in der verarbeitenden Industrie, im Baugewerbe, in der Lebensmittel- und Getränkeindustrie, im Groß- und Einzelhandel und im Gastgewerbe beschäftigt. Die Volkszählung von 2020 zeigt, dass die Zahl der WanderarbeiterInnen – definiert als Personen ohne lokale Haushaltsregistrierung (*hukou*) – weiter auf 376 Millionen stieg.[393] In Indien nahm die interne Arbeitsmigration seit den 1990er Jahren explosionsartig zu, wobei die Rate der temporären und saisonalen Migration in armen Regionen wie Nagaland und Madhya Pradesh am höchsten ist.[394] Heute gibt es in Indien etwa 600 Millionen BinnenmigrantInnen, die meisten von ihnen sind ArbeitnehmerInnen, die keinen Zugang zum formellen Arbeitsmarkt haben.[395]

Viertens gibt es auch explizite Anzeichen für eine Erneuerung. Die Organisierungsbemühungen für zuvor nicht organisierte Beschäftigte in Krankenhäusern und im Pflegesektor nahmen in den letzten Jahren zu. Der Aufstieg des Internationalen Netzwerks für Hausangestellte seit 2009 und seine Kampagne, die zum IAO-Übereinkommen 189 über menschenwürdige Arbeit für Hausangestellte (IAO, 2011) führte, war für viele eine Inspiration. Die aktuellen Streiks von inhaftierten ArbeitnehmerInnen in den Vereinigten Staaten zeigen, dass neue Teile der ArbeiterInnenklasse zu mobilisieren beginnen. In vielen Ländern versuchen die Gewerkschaften, sich für »informelle« und »illegale« ArbeitnehmerInnen zu öffnen. In den letzten Jahren ist es der ugandischen *Amalgamated Transport*

392 https://data.worldbank.org/indicator/SM.POP.TOTL, abgerufen 21. Mai 2024.

393 Kam Wing Chan, »Internal Migration in China: Integrating Migration with Urbanization Policies and Hukou Reform«, *Policy Note 16, KNOMAD* (November 2021), S. 1.

394 R.B. Bhagat u. S. Mohanty, »Emerging Pattern of Urbanization and the Contribution of Migration in Urban Growth in India«, *Asian Population Studies*, 5, 1 (2009), S. 5–20.

395 S.I. Rajan u. M. Sumeetha (Hg.), *Handbook of Internal Migration in India* (New Delhi 2020).

and General Workers‹ Union (ATGWU) gelungen, eine große Zahl von informellen Transportarbeitern zu organisieren.[396]

Spektakulär ist auch die 2006 gegründete indische *New Trade Union Initiative* (NTUI), die die Bedeutung sowohl der bezahlten als auch der unbezahlten Arbeit von Frauen anerkennt; sie versucht, nicht nur den »formellen« Sektor zu organisieren, sondern auch VertragsarbeiterInnen, GelegenheitsarbeiterInnen, Hausangestellte, Selbstständige sowie die arme Bevölkerung in der Stadt und auf dem Land; außerdem versucht sie, den Rahmen für Tarifverhandlungen entsprechend umzugestalten.

Eine Studie der International Transportworkers Federation zeigt, dass an vielen Orten neuartige ArbeiterInnenorganisationen entstanden:

> »Es gibt viele Beispiele wie die 400 Organisationen von Straßenverkäufern in Indien, die sich in der National Association of Street Vendors of India (NASVI) zusammengeschlossen haben, und die Organisationen von Verkäufern, Markthändlern und grenzüberschreitenden Händlern aus verschiedenen Regionen Sambias, die sich in der AZIEA zusammengeschlossen haben, sowie über zwanzig weitere Organisationen von Straßen- und Marktverkäufern, die dem wachsenden internationalen Bündnis StreetNet angehören. StreetNet ist eine demokratisch strukturierte internationale Organisation von Straßen- und Marktverkäufern und Hausierern, die sich stark auf die Vertretung von Frauen in ihren Strukturen konzentriert.«[397]

Bemerkenswert ist auch, dass wir in vielen Teilen der Welt das Wiederentstehen von Organisationsformen erleben, die vor allem in den frühen klassischen ArbeiterInnenbewegungen eine große Rolle spielten. Man denke zum Beispiel an Hilfskassen auf Gegenseitigkeit, d. h. Formen der gegenseitigen Versicherung gegen Krankheit oder Arbeitslosigkeit – eine Form des Selbstschutzes, die spätestens aus dem 18. Jahrhundert stammt. Erwähnenswert sind auch die Wohnungsgenossenschaften und kleinen

396 Dave Spooner u. John Mark Mwanika, »Transforming Transport Unions through Mass Organisation of Informal Workers: A Case Study of the ATGWU in Uganda«, *Global Labour Journal*, 9, 2 (2018), S. 150–66.

397 Chris Bonner, *Organising Informal Transport Workers. Global Research Project: Overview Report* (London 2006), S. 40.

Konsumgenossenschaften, z. B. die Solidarischen Einkaufsgemeinschaften, die seit den 1990er Jahren in mehreren Ländern das Licht der Welt erblickten.[398] Wir können aber auch an neue Arten von Genossenschaften denken, die auf älteren Modellen aufbauen, z. B. Energieproduktionsgenossenschaften, die mit unterschiedlichen Energieträgern arbeiten (z. B. Photovoltaik, Wind, Biogas). Oder Energieverbrauchergenossenschaften, die das Ziel verfolgen »ihre Mitglieder mit Energie zu versorgen, die sie möglichst günstig und nachhaltig von unterschiedlichen Anbietern einkaufen und dann weiter verteilen.«[399]

Aussichten

Es geht also nun darum, den Versuch zu machen »eine neue Arbeiterbewegung zu schaffen«.[400] Von großer Bedeutung wird dabei die Wiederbelebung der Gewerkschaften sein. Minimale Voraussetzungen dafür sind wahrscheinlich folgende:

- Die Zielgruppe muss neu definiert werden. Der in der ersten Phase entwickelte Begriff der ArbeiterInnenklasse ist eurozentristisch, er muss überprüft und erweitert werden.[401] Etliche der Gewerkschaften in der Peripherie und Semiperipherie gaben in ihrer Praxis die alte Abgrenzung schon vor längerem auf und rekrutieren allerlei Gruppen von »HalbproletarierInnen«.
- Es steht fest, dass die neu zu definierende Zielgruppe nicht länger von weißen, männlichen Arbeitern aus der nordatlantischen Region dominiert werden wird, sondern von Frauen und Farbigen, die oft

398 Z. B. Francesca Forno, Cristina Grasseni u. Silvana Signori, »Italy's Solidarity Purchase Groups as ›Citizenship Labs‹«, in: *Putting Sustainability into Practice: Advances and Applications of Social Practice Theories* (Cheltenham 2015), S. 67–88; Isabel Miralles, Domenico Dentoni u. Stefano Pascucci, »Understanding the Organization of Sharing Economy in Agri-food Systems: Evidence from Alternative Food Networks in Valencia«, *Agriculture and Human Values*, 34 (2017), S. 833–54.

399 Susanne Elsen u. Heike Walk, »Genossenschaften und Zivilgesellschaft. Historische Dynamiken und zukunftsfähige Potenziale einer öko-sozialen Transformation«, *Forschungsjournal soziale Bewegungen*, September 2016, S. 60–72, hier 69.

400 Helga Grebing, »'Abschied von der Arbeiterbewegung' – Ein international vergleichbares Phänomen in nachindustriellen Gesellschaften?«, *Gewerkschaftliche Monatshefte*, 1987–2, S. 76–91, hier 91.

401 Ricardo Antunes, *Os sentidos do trabalho: ensaio sobre a afirmação e a negação do trabalho* (São Paulo 1999), S. 101–17; Marcel van der Linden, *Workers of the World. Eine Globalgeschichte der Arbeit* (Frankfurt/Main 2017).

in Formen von Selbstausbeutung, in prekären Jobs oder Schuldknechtschaft beschäftigt sind. Die Gewerkschaftsbewegung wird ihre Arbeitsweise drastisch ändern müssen, damit sie diesen »neuen« ArbeiterInnen helfen kann, ihre Interessen wirksam zu berücksichtigen. Dies impliziert auch das Ende der Zentralität kollektiver Tarifverträge, denn diese gehen davon aus, dass ArbeitnehmerInnen über einen längeren Zeitraum für ein und denselben Unternehmer arbeiten.[402]

- Die Doppelstruktur der internationalen Gewerkschaftsbewegung (Zusammenarbeit von nationalen Verbänden und internationalen Gewerkschaftssekretariaten) ist ein problematisches Erbe aus der Vergangenheit, das über Bord geworfen werden muss. Optimal wäre wahrscheinlich eine neue Einheitsstruktur von internationalen Gewerkschaftssekretariaten, die für die »neuen« Zielgruppen offen sind.
- Die recht autokratische Herangehensweise, die innerhalb der heutigen Gewerkschaftsbewegung vorherrscht, müsste einer demokratischen Herangehensweise und der Entscheidungsmacht einfacher Mitglieder Platz machen. Die Entwicklung einer solchen neuen Struktur wird durch die Möglichkeiten des Internets vereinfacht.[403]
- Während bisher in der internationalen Gewerkschaftsbewegung der Versuch der Einflussnahme auf Regierungen und transnationale Organisationen die bedeutendste Aktivität war (mit – als wichtigste – Ausnahme der Anti-Apartheidskampagne der 1980er Jahre) und man sich häufig an Staaten reibt,[404] müsste in Zukunft viel entschiedener mit tatsächlicher Aktion gearbeitet werden, in der Form von Boykotts, Streiks und dergleichen. Dies würde implizieren, dass die Organisationen auch intern ansehnlich verstärkt werden. Zu Recht merkte Dimitris Stevis an, dass internationale ArbeiterInnenorganisationen bisher »nicht einfach schlafende Giganten« sind, sondern »fundamental schwache, zwischen den Nationen vermittelnde Föderationen«.[405]

402 Vgl. Rohini Hensman, *Workers, Unions, and Global Capitalism. Lessons from India* (New York 2011).
403 Eric Lee, *The Labour Movement and the Internet: The New Internationalism* (London 1997).
404 Gerard Greenfield, »The ICFTU and the Politics of Compromise«, in: Ellen Meiksins Wood, Peter Meiksins u. Michael Yates (Hg.), *Rising from the Ashes? Labor in the Age of »Global« Capitalism* (New York 1998), S. 180–89.
405 Dimitris Stevis, »International Labor Organizations, 1864–1997: The Weight of History and the Challenges of the Present«, *Journal of World-Systems* Research, 4, 1 (Winter 1998), S. 52–75, hier 66.

Die Frage ist, ob die gegenwärtige Gewerkschaftsbewegung in der Lage ist, diese Herausforderungen zu bestehen. Während der ersten Übergangsphase im späten 19. Jahrhundert waren die Schwierigkeiten so überwältigend, dass die alten Organisationen kollabierten. Erst ein Vierteljahrhundert später wurde es möglich, neue internationale Organisationen zu bilden. Wir sollten nicht vergessen, dass die Gewerkschaften der »subnationalen« Phase oft noch sehr fragil waren und dass es ihnen an Erfahrung fehlte. In der gegenwärtigen Übergangsphase scheinen die Chancen größer zu sein, dass die existierenden organisatorischen Formen fähig sein werden, sich anzupassen. Aber es bleibt sehr wahrscheinlich, dass die Entwicklung des transnationalen Internationalismus ein schwieriger Prozess sein wird, durchsetzt mit fehlschlagenden Experimenten und Momenten tiefer Krisen. Organisationsstrukturen und Verhaltensweisen, die mehr als ein Jahrhundert lang bestanden haben, können nicht so einfach geändert werden. Und es ist zudem höchst unwahrscheinlich, dass neue Strukturen und Umgangsformen durch Reformen von oben, durch Initiativen der zentralen Führungen, entstehen werden. Wenn es eines gibt, das uns die Geschichte gelehrt hat, dann ist es der Umstand, dass sich Gewerkschaftsstrukturen fast niemals reibungslos entwickeln. Im Allgemeinen sind neue Strukturen das Ergebnis von Konflikten und riskanten Versuchen. Druck von unten (durch konkurrierende Netzwerke, alternative Aktionsmodelle usw.) wird sehr wichtig sein. Wie dieser Druck genau aussehen wird und ob durch ihn rechtzeitig große Änderungen erzielt werden können – das kann wohl niemand sagen.

Die Wiederbelebung und Stärkung der Gewerkschaften reicht aber nicht aus. Erforderlich ist auch der (Wieder)Aufbau einer politischen Kraft. Doch wie sollte diese Kraft aussehen? Ich bezweifle, dass das politische Parteien im herkömmlichen Sinne sein sollten, denn die klassischen Mitgliederparteien haben sich mehr und mehr überlebt.[406] Möglicherweise gibt es andere Wege, AnhängerInnen demokratisch zu organisieren.[407]

406 Hierzu u. a. Paul F. Whiteley, »Is the Party over? The Decline of Party Activism and Membership Across the Democratic World«, *Party Politics*, 17, 1 (2011), S. 21–44; Ingrid van Biezen u. Thomas Poguntke, »The Decline of Membership-based Politics«, *Party Politics*, 20, 2 (2014), S. 205–16.

407 So z. B. Susan E. Scarrow, »The Changing Nature of Political Party Membership«, *Oxford Research Encyclopedia of Politics* (2017), https://doi.org/10.1093/acrefore/9780190228637.013.226, abgerufen 10. Juni 2024.

Wie dem auch sei – sollte es zu einer Wiederbelebung kommen, werden die neuen politischen Formen wahrscheinlich anders aussehen als die traditionelleren. Optimal wäre wohl ein völlig neuer »Bauplan«, der mindestens drei wesentliche Merkmale aufweist. Erstens scheint es sicher zu sein, dass ein Erfolg nur möglich ist, wenn die großen Herausforderungen (Weltwirtschaft, Ökologie, Gleichstellung der Geschlechter, soziale Sicherheit, Klimawandel usw.) substanziell kombiniert und transnational angegangen werden.

Zweitens sollte das Verhältnis zwischen politischen und wirtschaftlichen Kämpfen völlig neu überdacht werden. István Mészáros argumentierte zu Recht, dass eine der großen Tragödien in der Geschichte der ArbeiterInnenbewegung im 20. Jahrhundert

> »die interne Spaltung [war], die als Trennung des so genannten ›industriellen Arms‹ der Bewegung (der Gewerkschaften) vom ›politischen Arm‹ (den politischen Parteien) beschrieben wird. Diese Trennung hat zu einer starken Einschränkung der Arbeiterbewegung geführt, indem ihre Aktionen auf sehr enge Grenzen beschränkt wurden. Die politischen Parteien sind auf eine Situation beschränkt, in der die Menschen, die sie eigentlich vertreten sollten, die Möglichkeit haben, zu wählen – einmal in vier oder fünf Jahren einen Zettel in die Wahlurne zu werfen – und damit ihre Entscheidungsgewalt zugunsten derjenigen aufgeben, die im Parlament sitzen. Das Bedeutende an den laufenden Veränderungen ist nun, dass es notwendig wird, die Gewerkschaftsbewegung selbst (den ›industriellen Arm‹) direkt politisch werden zu lassen.«[408]

Und drittens muss die Zweiteilung in Anarchismus und Parteisozialismus, die die globale ArbeiterInnenbewegung seit den 1860er Jahren beherrschte, überdacht werden. Der Anarchismus betonte tendenziell – wenn auch nicht ausschließlich – den »Sozialismus von unten«, d.h. die Ansicht, dass »der Sozialismus nur durch die Selbstemanzipation der aktivierten, in Bewegung geratenen Massen verwirklicht werden kann, die mit ihren

408 István Mészáros, *The Challenge and Burden of Historical Time. Socialism in the Twenty-First Century* (New York 2008), S. 93.

eigenen Händen nach Freiheit greifen [...] als Akteure (nicht nur als Subjekte) auf der Bühne der Geschichte«. Die Parteisozialisten hingegen betonen gewöhnlich den »Sozialismus von oben«, d. h. die Auffassung, dass der Sozialismus den Massen von einer herrschenden Elite »übergeben« werden muss[409] – eine Tendenz, die sich in den letzten Jahrzehnten noch verstärkte, da die politischen Parteien kaum noch in der Gesellschaft verwurzelt sind. Sie versuchen zwar, den BürgerInnen zuzuhören, vor allem in Wahlkampfzeiten, aber sie sind vor allem ein Mittel geworden, durch das der Staat mit der Gesellschaft kommuniziert, und nicht umgekehrt.[410]

Wenn der Sozialismus überleben soll, wird er daher wohl Ansätze »von unten« und »von oben« kombinieren müssen, indem er Regierungspolitik, Selbstorganisation und groß angelegte Mobilisierung strategisch miteinander verbindet. Ein solcher Wandel wird sehr viel Zeit in Anspruch nehmen. Nach Max Weber war »Der Geist des Kapitalismus« »das Produkt eines lang andauernden Erziehungsprozesses«, der sich über Jahrhunderte erstreckte.[411] Ebenso ist eine sozialistische Gesellschaft wahrscheinlich nur als Ergebnis eines umfassenden Lernprozesses denkbar, eines Prozesses, in dem der gesellschaftliche Wandel von einer Selbstveränderung begleitet wird.

**

Ein oder anderthalb Jahre nach der missglückten deutschen Revolution 1848–49 hatten Marx und Engels gefolgert, dass die Chancen einer Umwälzung vorläufig vergeben waren. »Bei dieser allgemeinen Prosperität,

409 Hal Draper, »The Two Souls of Socialism«, *New Politics* 5, 1 (1966), S. 57–84. Der Gegensatz zwischen »von oben« und »von unten« spiegelt den Gegensatz zwischen Parteisozialismus und Anarchismus nicht vollständig wider. Auf der einen Seite gab es AnarchistInnen, die glaubten, dass ein aufgeklärter Despot eine freie Gesellschaft herbeiführen könnte. Proudhon sah 1852 in Kaiser Louis Bonaparte den »Agenten einer neuen Periode«, »eine überlegene Formel der Revolution« und den Erbauer eines sozialistischen Frankreichs: Pierre-Joseph Proudhon, *La Révolution sociale démontrée par le coup d'état du 2 décembre* (Paris 1852), S. 77, 115, 278. Und während des Spanischen Bürgerkriegs gehörten der republikanischen Regierung vier anarchistische MinisterInnen an, darunter die berühmte Federica Montseny. Andererseits gibt es in der Geschichte der sozialistischen Parteibewegungen auch Versuche, die Basisdemokratie zu entwickeln; ein bekanntes Beispiel ist das *participatory budgeting*, das erstmals Ende der 1980er Jahre von der brasilianischen Arbeiterpartei in Porto Alegre eingeführt und anschließend in vielen anderen Ländern erprobt wurde.

410 Peter Mair, *Ruling the Void: The Hollowing of Western Democracy* (London 2014).

411 Max Weber, »Die protestantische Ethik und der Geist des Kapitalismus«, in: Weber, *Gesammelte Aufsätze zur Religionssoziologie*, Bd. 1 (Tübingen 1920), S. 17–206, hier 46.

worin die Produktivkräfte der bürgerlichen Gesellschaft sich so üppig entwickeln, wie dies innerhalb der bürgerlichen Verhältnisse überhaupt möglich ist, kann von einer wirklichen Revolution keine Rede sein.«[412] Vor diesem Hintergrund sagte Marx 1850 seinen Gegnern innerhalb des Bundes der Kommunisten, der Willich-Schapper-Fraktion: »Statt der wirklichen Verhältnisse [ist] der *Wille* als Hauptsache in der Revolution hervorgehoben worden. Während wir den Arbeitern sagen: Ihr habt 15, 20, 50 Jahre Bürgerkrieg durchzumachen, um die Verhältnisse zu ändern, um euch selbst zur Herrschaft zu befähigen, ist stattdessen gesagt worden: Wir müssen *gleich* zur Herrschaft kommen, oder wir können uns schlafen legen.«[413]

Dieser Gedanke wurde rund hundert Jahre später wieder von Hans-Jürgen Krahl aufgenommen, der einige Monate vor seinem Tod betonte, »dass die Krisensituation, die materielles Elend schafft, nicht an sich selber die Revolution produziert«. Erst sei eine Änderung des kollektiven Bewusstseins erforderlich, über einen »Prozess der Bewusstseinsveränderung, der sicherlich aktionsgebunden sein muss« und der sich sehr »in die Länge ziehen« werde. »Nicht auf einen primären Machtkampf um die politische Macht im Staate kommt es an, sondern darauf, einen wirklich sehr langen Aufklärungsprozess in die Wege zu leiten.«[414] Einen ähnlichen Standpunkt verteidigte in den letzten Jahren Karl Heinz Roth.

Was mir an diesem Vorschlag gefällt, sind das Denken in einem mittelfristigen Zeitraum und die Betonung der sozialen Autonomie als Lernziel. Dieser Lernprozess ist aus mindestens drei zusammenhängenden Gründen absolut unentbehrlich, wenn wir eine selbstverwaltende Gesellschaft errichten wollen.

Erstens, weil nur autonome Menschen sich autoritären Verführungen widersetzen werden. Zu Recht verwies Otto Fenichel schon vor langer Zeit darauf, dass sozialer Unfriede nicht notwendig Aufruhr erzeugt. Er bringt vielmehr

412 Marx und Engels, »Revue« (1850), *MEW,* Bd. 7, S. 421–63, hier 440.

413 »Sitzung der Zentralbehörde vom 15. September 1850«, *MEW,* Bd. 8, S. 597–601, hier 598.

414 Hans-Jürgen Krahl, *Konstitution und Klassenkampf: Zur historischen Dialektik von bürgerlicher Emanzipation und proletarischer Revolution. Schriften, Reden und Entwürfe aus den Jahren 1966–1970* (Frankfurt/Main 1971), S. 238.

> »gleichzeitig zwei einander widersprechende Reaktionen hervor, nämlich eine Neigung zur Rebellion sowie die Tendenz, sich ›verlassen‹ zu fühlen und sich aus diesem Grund nach der Wiederkehr eines allmächtigen Retters zu sehnen. Die relative Stärke der aktiven Tendenz, etwas an einer Situation zu verändern, und der passiven, regressiven Sehnsucht hängt von verschiedenen Umständen ab. Einer von ihnen ist äußerst offensichtlich. Je größer die Hoffnungen auf einen Erfolg sind, desto stärker sind die aufrührerischen Neigungen. Je größer die Hoffnungslosigkeit ist, desto stärker ist die Sehnsucht nach Regression.«[415]

Zu wählen ist also zwischen Autonomie und Regression, wobei ich anmerken will, dass diese Regression nicht unvermeidlich in faschistischen Neigungen zum Ausdruck kommen muss, aber eben so sehr in zunehmender Furcht – das Gefühl, allenthalben von Krankheiten, Terroristen und Kriminellen bedroht zu sein –, dass daraus wiederum das Verlangen nach mehr und mehr Helfern, Beratern und »Experten« erwachsen kann.[416]

Zweitens, weil eine wirklich demokratische Umwälzung nur auf einer Massen*teilnahme* basieren kann – und nicht nur auf einer *Unterstützung* durch die Massen, wie während der Russischen Oktoberrevolution, die doch eher ein breit gestützter Staatsstreich war. Schon Otto Rühle wusste: »Am wichtigsten aber ist *der Abbau der Autorität in der menschlichen Seele,* weil ohne ihn ein Abbau der Autorität weder in der Organisation, noch in Taktik und Theorie möglich ist.«[417]

Drittens, weil das selbstständige Handeln und Denken eine unverzichtbare Voraussetzung für das Durchbrechen einer Konsumhaltung ist. Einer der ersten, die dies einsahen, war – ungeachtet seiner technokratischen Attitüde – Rudolf Bahro, der die »massenhafte Überwindung der Subalternität« (die »Daseinsform und Denkform ›kleiner Leute‹«) als »die einzig mögliche Alternative zu der grenzenlosen Expansion der

415 Otto Fenichel, »Psychoanalytische Bemerkungen über Fromms Buch ›Die Furcht vor der Freiheit‹« (1944), in: ders., *Aufsätze*, hg. v. Klaus Laermann, Bd. 2 (Frankfurt/Main 1981), S. 296–317, hier 300.

416 Dies ist das zentrale Thema in vielen Schriften von Frank Füredi, einem Autor, der sich leider immer mehr in eine konservative Richtung entwickelt hat: Frank Füredi, *Culture of Fear*, revised edition (London u. New York 2002), und ders., *Politics of Fear* (London u. New York 2005).

417 Otto Rühle, *Zur Psychologie des proletarischen Kindes* (Frankfurt/Main 1969), S. 141.

materiellen Bedürfnisse« auffasste.[418] Die von einer solchen Kulturrevolution beförderte wirkliche Entfaltung menschlicher Individualität macht die Aufhebung von Ersatzbedürfnissen möglich und damit eine Neuordnung der Weltwirtschaft.

Um schließlich die Autonomie zu fördern, sind kleine und große Erfolge erforderlich, die erkennen lassen, dass der Kampf lohnt. Diese Erfolge können auch andernorts, von anderen erzielt worden sein, wie es die Geschichte vielmals gezeigt hat (z. B. erfolgreiche Streiks, die andere Streiks stimulierten). Dies jedoch erfordert wiederum eine umfassende Kenntnis und Einsicht in den Kampf anderer, also den Aufbau alternativer transkontinentaler Netzwerke und Massenmedien.

> Wem gelingt es? – Trübe Frage,
> Der das Schicksal sich vermummt,
> Wenn am unglückseligsten Tage
> Blutend alles Volk verstummt.
> Doch erfrischet neue Lieder,
> Steht nicht länger tief gebeugt:
> Denn der Boden zeugt sie wieder,
> Wie von je er sie gezeugt.
>
> *Goethe, Faust, II, 3. Akt, »Arkadien«*

418 Rudolf Bahro, *Die Alternative. Zur Kritik des real existierenden Sozialismus* (Frankfurt/Main 1977), S. 321.

Register

A

B

C

H

I

J

K

L

M

N

O

P

R

S

T

U

V

W

Z